맹자·장자 CSO에 취임하다

맹자·장자에게

RISK

리/스/크 매/니/지/먼/트

MANAGEMENT

를 묻다

최 병 철 지음

대경북스

맹자·장자에게

Risk Management를 묻다

1판 1쇄 인쇄 2024년 5월 16일
1판 1쇄 발행 2024년 5월 22일

지은이 최병철

발행인 김영대
펴낸 곳 대경북스
등록번호 제 1-1003호
주소 서울시 강동구 천중로42길 45(길동 379-15) 2F
전화 (02) 485-1988, 485-2586~87
팩스 (02) 485-1488
홈페이지 http://www.dkbooks.co.kr
e-mail dkbooks@chol.com

ISBN 979-11-7168-041-2 03320

Prologue

국가와 기업은 안전경영의 수준을 높이고 싶어한다. 그러면 무엇부터 시작해야 할까? 당연히 의식의 수준을 높이는 것부터 시작해야 한다. 그렇다면 가장 높은 수준에서 사고하는 영역은 어디일까? 단연코 인문학이다. 그렇다면 춘추전국시대만큼 위험했을 때가 있었을까? 그런 점에서 그 당시의 기록은 모두 위험관리에 관한 이야기라고 해도 과언이 아니다. 당연히 공자나 맹자, 노자와 장자, 한비자의 저작물은 모두 안전관리 책이라고 해도 틀리지 않다고 생각한다. 어차피 인류는 생존을 위해 살아왔고 그 과정에 살아남은 것들의 이야기만 유효하다면, 세월과 싸워서 살아남은 책인 고전의 내용은 아직도 유효하다. 맹자와 장자의 주장은 일면 대치되기도 하지만 결국 ESH(환경·안전·보건)라는 공통의 주제에서만큼은 교집합으로 만난다.

다른 일을 하면서도 직·간접적으로 ESG 영역에 발을 딛고 살아왔다. 우리는 매일 안전, 보건, 환경과 관련된 수많은 사고 소식을 들으며 살아간다. 또한 기후 위기를 전하는 뉴스를 들으면서 불안해한다. 코로나19로 인한 인명 피해나 혹은 경제적 피해 등은 논외로 하더라도, 매일매일을 극도의 불안 속에 살아간다. 그럼에도 우리는 제법 의연하다. 아니, 의연하다기보다는 무감각하다. 우리나라에서는 하루에 평균 900여 명이 사망한다. 그중에 100여 명은 여러 가지 사고로 사망한다. 무감각할 수밖에 없는 수치다. 죽음이라는 목적지를 향해 살아가는 것이 인생이고 삶이라면 질병에 걸리거나 나이가 많아서 죽는 자연사는 책임 문제를 동반하지 않거나 본인의 몫으로 남는다. 그러나 사고에 의한 죽음은 당사자와 관련된 삶이 송두리째 무너지는 것과 더불어 책임 문제를 동반한다. 나름의 꿈과 계획 속에 있는 가족을 비롯한 관계자들에게까지 영향을 미친다.

누가 뭐라 해도 행복의 수준은 안전의 수준이 담보한다. 이 논리가 확장되어 결국에는 가정의 행복과 직장의 행복 수준은 바로 안전 수준에 의해 담보된다는 점에 공감하는 분위기이다.

사고 또는 위험과는 거리가 있는 직업들이 인기가 있다. 실상 그런 직업을 가진 부모님들이 꾸려가는 가정이 여러 가지 측면에서 더 행복할 가능성이 높은 것도 사실이다. 환경·안전·보건(ESH)경영은 이제 회사 운영에서 중요한 축으로 자리잡아가고 있다. 좋은 것이 아니라 해야 하는 것일 때 모든 것은 발전한다. 선택이 아니라 필수여야 한다. 기업이나 국가를 비롯한 모든 조직에서 안전이 필수라는 담론이 최근 중대재해 처벌법 제정이나 ESG 경영 형태로 나타나고 있다. 선택 과목이었을 때는 수준의 향상이 그리 시급하지 않았다. 하지만 필수 과목이 되면 그 수준이 모든 평가에서 매우 중요하게 작용한다.

그렇다면 안전관리 수준을 높이기 위해서는 어떻게 해야 하는가?

첫째 평균값을 높이는 것이 우선이다. 다음으로 차별성과 독창적인 역량으로 발전시켜야 한다. 그렇다면 평균값을 높이는 가장 쉬운 방법은 무엇일까? 가장 탁월한 수준에 있는 지식과 개념을 안전에 차용하여 접목시켜야 한다. 그렇다면 가장 탁월한 수준에 있는 것은 무엇일까? 알다시피 자연 세계를 해석하는 가장 높은 수준의 학문은 수학이다. 그리고 인간 세계를 해석하는 가장 높은 수준의 학문은 철학이다.

우리나라의 안전관리 평균 수준을 선진국 수준으로 끌어올리는 가장 쉬운 방법은 탁월한 수준에 있는 사상가들의 철학을 안전과 융합시키는 것이다. 이 책은 그런 의도에서 쓰여졌다. 고전은 기나긴 세월과 싸워서 살아남은 책이다. 살아남을 수 있었던 이유는 그 세월의 변화에도 변하지 않고 적용 가능한 어떤 것들을 담고 있기 때문이다. 이것이 탁월함이다. 탁월함을 사유하고 구체적으로 실현한 사람들을 천재라고 부른다. 노자와 공자, 맹자와 장자나 한비자, 사마천 같은 사상가들은 천재다.

오늘 한 말이 내년은커녕 내일 맞을 것이란 확신조차 없는 우둔함으로 살아가는 입장에서 볼 때 2,500년의 세월을 견뎌냈다는 것은 그 자체만으로도 엄청난 것이다. 이 책은 위에 열거한 천재들이 안전에 대해서 한마디 한다면 어땠을까를 유추해서 적은 것이다. 동양학이니 철학이니 하는 학문을 깊이 공부하지 못한 일천함으로 써 내려가다 보니 많은 부분에서 오역하거나 왜곡한 것이 있을 것이다. 한자가 섞여 있는 책을 만나는 것만으로도 힘들어하는 분들을 위해 가급적 한자는 생략하려고 했다. 가급적 이야기 중심으로 발췌한 것도 이러한 이유다. 이런 편의적 인용이 자칫 이 분야 권위자들께 실례가 될 수도 있을 것이다. 그러나 학문이나 사상의 가치는 현실 속에 어떻게 적용되고 영향을 미치는가에 있다고 본다. 필자는 철학이 관념이나 지식으로만 존재하는 것이 아니라 현실과 삶에 영향을 주고 실제로 작동하는 모습으로 존재해야 한다고 생각한다. 이런 점에서 널리 헤아려 주실 것을 부탁드린다.

제4차 산업혁명이라는 미래 사회의 메가 트렌드를 앞두고 2,500년 전의 이야기가 ESG 경영이나 안전경영에 어떤 도움을 줄지 의심하는 독자가 있다면 의심이나 걱정을 내려놓기를 바란다. 춘추전국시대가 어떤 시대인가? 지금 우리가 살고 있는 것보다는 몇 곱절은 더 불안정한 사회였다. 그 시대적 암울함과 불안정을 극복하고 생존하기 위해 처절하게 방법을 고민했던 제자백가들이 있었다. 그들의 이야기가 집대성되어 검증된 것이 우리가 알고 있는 굵직굵직한 사상가들이다. 이런 점에서 필자는 노자, 공자가 말하거나 쓴 그 어떤 책들도 결국 국가의 안전경영과 개인의 안전 관리에 관한 내용이라고 생각한다.

바라건대 이 책이 ESG나 안전경영에 책임을 지는 분들과 일선 현장에서 위험과 싸우고 있는 실무자들에게 인용되길 희망한다. 안전관리자, 관리감독자 등의 안전 관련 업무를 수행하는 사람들이 안전교육이나 안전 정책을 입안하는 과정에서 자그마한 힌트가 되고 이야기가 되길 욕심내 본다. 매번 반복되는 안전교육에 신선함을 주고 호기심을 유발하는 것이 매일 같이 위험 현장을 뛰어다녀야 하는 실무자 입장에서는 또 다른 과제이고 스트레스다. 인용하기 쉽도록 이야기 중심으로 책을 쓴 이유다.

　사용자는 근로자의 안전의식을 탓하고 근로자는 사용자의 불안전 환경을 탓하는 반목적 시선이 아니라 사용자나 근로자 각자가 사상가들의 권위를 빌려서라도 스스로 성찰하고 새로운 안전을 모색하게 하는 지침서가 되기를 기대해 본다.

　해석은 참고문헌에서 인용하였으며, 전통문화연구회의 〈동양고전종합 DB〉에서 주로 참조하였다. 독자들의 한자에 대한 부담감을 줄이기 위해 가급적 한자 원문은 인용하지 않았음을 밝혀둔다.

차 례

제1편
맹자·장자를 빌어 안전을 말하는 이유 10가지

제2편 맹자에게 안전경영을 배운다

제1장 맹자의 사상과 안전경영

제4장 맹자에게 배우는 안전교육

제5장 맹자에게 배우는 안전 리더십

제3편 장자에게 안전문화를 묻다

제6장 안전과 혁신

제9장 효과와 효율 그리고 문화

제10장 동물에게 배우는안전문화

제11장 우 임금의 지혜와 안전경영

제12장 새와 쥐의 리스크 매니지먼트는?

차 례

제1편

맹자·장자를 빌어 안전을 말하는 이유 10가지

이 책은 ESH(환경, 안전, 보건) 관계자들이 고민하는 내용을 맹자와 장자에게 질문했다는 가정을 하고, 그 고민을 10개 정도로 분류해서 적은 것이다.

한국 영화가 1,000만 관객 시대를 열게 했던 계기를 만들어 준 영화가 박찬욱 감독의 〈올드보이〉라는 설명을 어디선가 들은 기억이 있다. 그 영화 중에 "자꾸 틀린 질문만 하니까 맞는 대답이 나올 리가 없잖아"라는 명대사가 나온다. '왜 가두었을까?'를 묻지 말고 '왜 풀어주었을까?'를 물어야 한다는 것이다. ESH 분야의 문제도 결국 '왜 안 될까?'보다는 '어떻게 하면 좀 나아질까?'를 묻는 것이 좋지 않을까 생각해 본다.

춘추전국시대와 안전경영의
공통점은 무엇인가?

ESH(환경, 안전, 보건) 업무를 보면 새로운 것을 시도해야 한다는 강박이 있다. 반복은 변화하지 않는 것이고 그것은 결국 노력하지 않는 것으로 보는 인식 때문이다. ESH 관련 업무를 맡게 되는 사람들의 가장 우선된 고민일 것이다. 이런 지점에서 2,500년도 더 된 이야기가 지금 시대에 적합할 것이냐에 대한 의문이 생길 수 있다.

춘추전국시대란 BC 720년부터 BC 233년까지 대략 500년간의 시기이다. 시대적으로는 철기시대이다. 춘추전국시대는 춘추시대와 전국시대로 구분한다. 춘추시대는 140여 개 나라의 군주들이 패권을 다투던 극도로 혼란스러운 시대이다. 전국시대는 그 나라들이 7개의 나라로 정리가 되고 마지막 패권을 다투던 시대이다. 결국 진나라의 시황제에 의해 통일이 되면서 그 막을 내리게 된다.

매일 같이 열강들이 다툼과 크고 작은 전쟁을 하던 시대이다. 그 과정에서 백성들의 생명은 아무렇지도 않게 희생되었고, 신체를 다치거나 생활 터전이 파괴되는 일이 비일비재하게 일어났을 것이다. 언제 적국의 포로가 될지 모르는 극도의 공포가 엄습했던 시대였다. 또한 주나라를 중심으로 한 봉건제가 무너져 가던 시절이다. 세계를 지배하고 통치하던 사상적 가치체제가 붕괴한 것이다. 가치체계가 일순간 사라졌다. 오늘까지 맞았던 가치가 갑자기 내일은 아무것도 아니게 된 것이다.

한 마디로 정신적·물리적·신체적으로 극도로 불안한 상태가 지속되던 시기였다. 어쩌면 고도로 물질문명이 발달한 현대사회와 크게 다를 바가 없다. 우리는 코로나19라는 팬데믹 상황을 경험했다. 그전까지 보고, 만나고, 행했던 가치가 일순간 온라인 혹은 사이버상으로 전이되는 충격을 경험했다. 기존 가치 체제로 기득권을 누리던 세력이나 집단의 당혹스러움은 극에 달했다. 제4차 산업혁명이라는 대변혁 앞에서 각 주체마다 생존을 위해 몸부림을 쳤다. 기득권의 정점에 있던 법, 언론, 교육 등이 극도로 반발하는 것을 보면 이 사태를 실감할 수 있다.

호사가들은 이런 혼란함을 틈타 등장한다. 그들은 나름의 전문성으로 포장한 이론을 내뱉는다. 최근의 호사가들은 권문세가에 의탁해서 간신히 생계를 유지하던 춘추시대 때의 제자백가들과는 다르다. 유튜브 등을 통해 스스로 생계를 감당할 수 있게 되었기 때문이다. 더더욱 혼란이 가중되는 이유이기도 하다. 결국 호사가들이 하는 모든 말들은 생존과 지속가능성의 입장에서 무엇이 더 생존에 유리하느냐와 무엇이 더 안전하냐를 이야기하는 것이다. 한마디로 안전에 관한 이야기다.

춘추전국시대 때도 그랬다. 그 혼란한 상황에서 등장한 사람들이 제자백가다. 새로운 사상적 가치체계를 제시하는 사람들이 크게 늘어 났다. 이런 사람 중에서 공자와 노자 혹은 맹자와 제자나 한비자 같은 사람들이 나왔다. 결국 이들의 주장을 자신들이 썼거나 제자들이 정리 해서 써 내려간 각종 서적은 '어떻게 살아남을 것인가?'에 대한 내용 이라 해도 과언이 아니다. 이런 점에서 공자, 노자, 장자 등 이 책에서 다루는 성인들은 ESH 관련, 특히 안전경영책임자였다고 생각한다. 어떻게 하면 정신적으로 혹은 물리적으로 안전할 수 있을까를 고민한 사람들이기 때문이다.

기본은 반복된다. 중요하기 때문이다. 안전은 이런 점에서 반복된다. 현업에 있는 담당자들이 가장 힘들어 하는 부분이기도 하다. 반복을 진부 하거나 노력하지 않는 것으로 보는 시각 때문이다. 반복에 대한 명분을 어떻게 지켜갈 것인가에 대한 철학이 부재하면 상급자를 설득할 수 없다. 설득할 수 없으면 설득당한다. 결국 하부조직은 또다시 새로운 것을 찾아 기웃거리기 시작한다. 기웃거려서 보고 베낀 것이 지속력을 확보하기란 쉽지 않다. 결국 정작 반복되어야 할 것은 사라지고 반복되지 말아야 할 것이 반복된다. 뿌리를 내려 문화로 성숙해 가지 못하는 이유이고 정체 의 메커니즘이다.

무엇이 태도를 결정하는가?

하루 생활을 하는 중에 가장 많이 듣는 단어는 뭘까? 행복, 사랑, 자유보다는 오히려 안전, 성과, 열심과 같은 단어들이 아닐까? 그중에서도 안전과 관련된 '조심, 신중, 천천히' 같은 단어를 유독 많이 듣게 된다. 반복하는 것은 수준이 낮은 것일까? 그런데 의무란 반복을 의미하고 반복하는 것은 중요한 것 아닌가? 그런데 왜 우리는 반대로 여길까?

안전의 수준이 바로 국가와 사회의 수준이다. 안전이 확보되지 않은 행복은 존재하기 어렵다. 아니 존재한다고 하더라도 지속적이지 못하다. 지속적이지 않은 행복은 불안이다. 안전의식 수준이나 안전관리 수준을 높이려면 인간이 가진 최고 수준의 학문을 접목해야 한다. 앞에서 이야기했듯이 자연 세계의 해석이나 이해에 관한 가장 수준 높은 학문은 수학과 과학이다. 인간 세계에 대한 가장 수준 높은 학문은 철학이다.

그리고 인간의 소중함에 대한 가장 심도 있는 결과물은 인문학이다. 안전관리에서 늘 주장하는 내용인 인간 존엄성이나 생명의 고귀함에 대한 내용은 사실 인문학이 주장하는 내용과 한치도 다르지 않다.

물질에 우선순위를 둔 채 살아온 우리 인류의 삶은 날이 가면 갈수록 그 기대와는 다르게 불안과 갈등, 그리고 사고의 양을 증대시키고 있다. 당연히 인간을 중심으로 한 본연의 성(性)을 회복하자는 인문학의 외침은 안전관리자들이 늘 하는 말과 다르지 않다. 이런 의미에서 안전 관계자들은 인문학의 실천자들이다. 가장 높은 수준에서의 사유가 안전관리 수준을 가장 높은 수준으로 향상시킬 것임을 굳게 믿는다. 안전교육은 의무교육이다. 의무교육은 가장 중요하니까 의무화한 것이다. 그런데 우리는 반대로 생각한다. 가장 하찮은 것으로 여긴다. 이것은 교육이 이루어지는 과정에서 그렇게 생각할 수 있는 여지를 준 것이기도 하다.

지금 시대에 공자나 노자가 살아 있어 안전관리에 대해 한마디 하신다면 졸거나 혹은 그에 반발하겠는가? 그 어떤 학자나 권위자라 하더라도 성인들에게 이러쿵저러쿵하겠는가? 최고책임자의 ESH에 대한 의지가 확고해야 하는 이유이기도 하지만 달리 말하면 가장 힘없는 사람이 이 말을 하고 있다는 반증이기도 하다. 그래서 맹자, 장자와 같은 성인을 소환한 것이다. 안전 수준을 인문학적 수준에서 바라볼 수 있다면 가장 높은 수준에서 ESH 업무를 바라볼 수 있게 되리라 확신한다.

인간존엄을 지표로 말할 수 있는가?

ESG 경영과 중대재해 처벌법이라는 외부환경의 변화가 안전경영의 중요성에 대한 경각심을 높이고 있다. 안전경영이란 말이 사용된 지는 제법 오래되었다. 누구나 그 필요성이나 중요성을 인정한다. 그러나 실질적으로 안전경영을 실천했느냐고 물으면 자신 있게 말하는 사람이나 기업은 별로 없다. ESH 관련 경영지표가 성과 측정이나 평가에 반영되지 않거나 반영하기 어려운 점 때문이다.

경영성과 지표에 재해율이 반영된다고 하지만, 재해율은 재해의 강도를 반영하지 못한다. 사망 등의 중대 재해와 일반 경상 재해는 똑같이 1건으로 산정된다. 이런 이유에서 안전경영은 늘 뒷전이다. 재해손실액 역시 하인리히가 말하는 직접비의 4배를 간접비로 보는 방식에 선뜻 동의하기 어렵다. 영업이나 생산처럼 얼마나 생산되거나 판매되어 얼마의 이익이 생겼다는 평가에 이의를 제기하기 어려운 것과는 다르다.

상황이 이러하니 안전경영은 늘 계몽적 수준을 넘어서지 못했다. 이 또한 인간의 목숨이 그저 생산성이나 매출이라는 숫자로 평가되고 있다는 반증이고, 이것 역시 옳지 못하다는 점에서 진퇴양난의 난처한 상황에 부닥치게 된다. 그러나 어떤 경우에도 양보할 수 없는 것은 인간의 존엄성이다. 인간 존엄성을 경영에서 이야기하는 화폐가치로 환산하려는 시도 자체가 억지스러운 것이다. 안전을 담당하는 사람들이 자신들의 존재감을 드러내려는 궁여지책이 오히려 역효과를 낳은 것이다.

안전경영은 품질경영이나 생산성 향상과는 근본적으로 다르다. 안전 확보를 위해 투입한 비용의 효과를 단순히 전년대비 사고가 줄었다는 식의 비교값 만으로 치환하여 비교하는 행위는 잘못된 것이다. 안전경영은 가장 고귀한 것을 지켜가는 행위다. 국보급 문화재를 보호하거나 유지하는 데 들어가는 돈을 비용으로 치부하거나 또는 문화재가 경제적 성과를 얼마나 상승시켰다는 식으로 말하지는 않는다. 하물며 인간의 목숨을 지키고 신체가 다치지 않도록 하는 일이라면 더 말해서 무엇하겠는가?

안전경영은 인문학에서 말하는 인간 존엄의 개념에서 평가되고 실행되어야 한다. 하지만 이런 이야기를 과연 누가 할 수 있을까? 세상은 온통 돈이고 물질 중심으로 돌아가는데 말이다. 당연히 안전경영도 이런 관점에서 접근하는 시도가 증가한다. ESH 부서도 앞다투어 그런 지표를 만들기 위해 계산기를 두드린다. 그러다 보면 어느새 인간존엄성은 몇 개의 통계값으로 바뀌어 있다. 그러면 인간 존엄에 대한 본질적 중요성은 누가 말할 것이며, 말한하고 한들 호소력을 가질 것인가? 그나마 맹자나 장자 같은 선현들의 글을 읽어서라도 어디가 원점이고 어디가 돌아가야 할 지점인지를 알 수 있다는 것은 여간 다행스러운 일이 아니다.

안전관리의 양면성을
어떻게 극복할 것인가?

어떤 것에 진리라고 생각하고 의미를 부여하면 가치가 만들어진다. 우리 인류는 나름의 가치를 고민하고 만들어낸다. 그리고 그것을 믿거나 혹은 지키려 하고, 교육한다. 그런데 그러한 가치체계가 발전하는 것이 아니라 오히려 붕괴하는 시점이 있다. 사회가 극도로 불안할 때이다. 흑사병이 발생한 후 신본주의는 인본주의에 자리를 내주었다. 그렇게 르네상스 시대가 시작되었다. 스페인 독감으로 수천만 명의 목숨이 사라진 후에 영국의 패권은 미국으로 넘어간다. 새로운 질서와 새로운 가치가 등장한 것이다. 청동기 시대가 끝나고 철기시대가 시작된 춘추시대 때도 같은 상황이었다.

극도로 불안전한 상태라는 것은 새로운 변혁이나 혁신 또는 기회라는 이름으로 불리기도 한다. 우리 사회는 의도적으로 불안정한 상태를 만들어 내기도 한다. 불안정한 상태에서는 때로는 불안전한 행동이 면죄부를 받기도 한다.

극도로 불안한 상태가 되면 그동안의 가치체계는 송두리째 무너진다. 팬데믹 상황에서는 어제까지만 해도 옳았던 가치가 무너지고 새로운 가치가 출현한다. 저항했던 가치가 순식간에 몰락한다. 대면 중심이었던 모든 가치가 온라인 중심으로 바뀐다. 특히 교육이 그렇다. 어떤 상태를 감시하고 관찰하는 방법이 기계 혹은 최첨단 기술이 접목된 형태로 대체된다. 이것이 바로 불안전 상태나 행동을 관리하는 것이 주된 업무인 안전관리의 어려운 점이기도 하다. 다른 부분이나 영역은 발전하는데, 왜 안전은 늘 그 자리에서 맴도는지의 주된 이유이다.

여기에서 생각을 전환해 보자. 시대적 상황이 바뀌어도 변하지 않는 그 어떤 것이 있다면 그것은 안전에 대한 인간의 욕구다. 죽지 않으려 하고 다치지 않으려고 하는 인간의 욕망은 변하지 않는다. 이 가치만은 불변이다. 안전경영이 소멸하지 않는 영역으로 남아 있을 근거이기도 하다. 그러나 역설적이지만 이것은 매우 위험한 생각을 내포하고 있다. 그것은 바로 안전에 대한 욕망을 충족시키려 하기보다는 위험을 내포하지 않은 기계나 장비로 대체하고자 한다는 점이다. 결국 이것은 위험 작업을 장비로 대체하고 더 나아가 로봇산업이 발전하게 하는 촉매가 되기도 한다. 결국 이러한 리스크 관리의 시스템화로 그 결과에 대한 책임이 오롯이 불안전 행동으로 전가될 가능성이 높아진다. 재해가 발생하면 그 책임이 부주의 혹은 불안전행동을 한 재해자의 몫으로 넘어가게 된다.

　흔히 안전관리자의 최종 목표는 더 이상 위험관리가 필요 없는 상황이라고 이야기한다. 결국 안전관리자가 필요 없어지는 상황이 최종 종착점이다. 그러나 그것이 인간의 대체라는 방식으로 이루어진다면 그것은 안전관리의 왜곡이다. 일을 해야 한다는 인간의 욕망과 다치지 않아야 한다는 인간의 욕망이 충돌할 때 인간 배제라는 방식으로 접근하는 것은 또 다른 불안을 촉발한다. 이런 점에서도 우리는 가치의 충돌에 대한 대처법을 성인들의 지혜에서 배울 필요가 있다.

안전에 문화라는 단어를
붙여 쓰는 이유?

인간이 만들어 낸 가장 수준 높은 단어는 사랑과 문화다. 누군가가 구사하는 언어의 수준은 그 사람이 살아내는 삶의 세계이다. 이런 말은 인문학에서 다루는 아주 흔한 주제이기도 하다. 비트겐슈타인은 '철학은 이 세계를 언어를 통해 표현하지만, 그 언어는 전체를 말하는 것이지 부문을 말하지 못하므로 언어는 헛소리'라 했다. 함석헌, 신영복 선생님도 '언어의 수준이 사유나 세상을 바라보는 시선의 수준'이라고 말씀하신다. 우리가 왜 사는가에 대한 질문에서 빠지지 않는 단어가 결국 행복과 사랑이다. 사랑을 충족하기 위한 인간 노력의 실천적 목표지점이 문화 수준의 향상이다. 이처럼 사랑과 문화라는 단어는 우리 삶의 가장 높은 수준에서 사용된다. 어떤 사람이 수준이 있는지 없는지는 이 두 개의 단어를 얼마나 자연스럽게 구사하는가를 보면 알 수 있다.

그런데 그 수준 높은 문화라는 단어에 왜 안전에 붙여서 사용할까?

필자는 이것을 교육할 때마다 물어본다. 아니 우리가 가장 소중하게 생각하는 가치인 성적, 성과 또는 돈이나 미모 등은 왜 문화라는 단어를 함께 사용하지 않느냐는 것이다. 답을 듣고자 함이 아니라 궁극적으로 안전관리의 한계성이나 어려운 점을 이해시킬 목적으로 생각할 시간을 주려고 묻는 것이다.

누구라도 알겠지만 결국 안전이라는 측면을 놓고 보면, 99명이 잘해도 1명이 잘못하면 99명 전체에게 안 좋은 영향을 미칠 수 있다. 결국 전체가 협력해야 수준이 향상되고 제대로 된 안전을 확보할 수 있다. 그래서 안전에 문화를 붙여서 사용한다.

반면에 성과는 그렇지 않다. 어떤 조직에서 특별한 재능을 가진 사람이 만들어 낸 성과로 그 조직 구성원 다수의 성과가 향상된다. 덕분에 그 조직 전체가 몇 년을 먹고 살 만큼의 성과도 어느 한 개인이 만들어 낼 수 있는 것이다.

안전은 문화화되어야 한다. 그러므로 안전교육은 해당 부분 근무자만 받는 것이 아니다. 조직 구성원 전체가 받아야 한다. 다른 부서의 관리자나 책임자들이 다 자신의 고유한 업무를 가지고 있음에도 불구하고 그들을 대상으로 교육을 진행하는 이유이기도 하다. 이러한 공감대가 형성되면 안전을 자신의 업무에 반영하겠다는 의욕이 생긴다. 그렇지 않으면 의무적으로 하는 것이니 의무가 될 뿐이고 의무에서 수준 향상을 기대하기란 현실적으로 어렵다.

어떻게 하면 안전문화 수준을 높일 수 있을까? 2,500여 년 전을 살

앞던 분들의 가장 큰 고민도 어쩌면 이것이 아니었을까 싶다. 그 긴 세월을 고민하고 그 고민이 다시 다듬어졌으리라. 그렇다면 그 답을 새로 찾으려 하기보다는 이미 나와 있는 답을 검토해 보는 것도 좋지 않을까? 이런 이유로 인문학에서 안전문화나 경영을 배우는 것은 매우 실효적이다.

가끔 그런 이상적이고 초현실적인 이야기보다 구체적이고 당장 현장에서 접목시킬 수 있는 구체적 방법을 교육해 달라는 요청을 받기도 한다. 물론 필요한 이야기다. 그러나 우리가 제시하는 구체적 방법 역시 작업장 특성을 고려한 것이 아니라 극히 일반적인 내용들이다. 시키는 것이 수준이 높은 것인가? 아니면 스스로 하는 것이 수준이 높은 것인가? 안전문화를 이야기하는 사람은 가장 높은 수준의 단어를 사용하면서도, 결국 노예나 머슴의 수준에서 작업하기를 혹은 안전관리를 해주기를 원한다. 어느 것이 더 좋다거나 중요하다고 말하는 것이 아니다. 기업경영을 넘어 국가경영과 같은 담론들도 성현들의 말씀과 지혜를 반영하고 있다. 그런데 왜 안전관리 차원에서 쓰인 그 지혜를 정작 안전관리에 적용하지 않는가?

인문학에서 다루는 내용들은 그 시대의 가장 탁월한 수준에서의 생각과 그 실천 사례들이다. 앞에서도 언급했지만 탁월함은 탁월한 사유에서 나오고 그 탁월한 사유는 탁월한 삶을 살아간 사람만이 하는 것이다. 이런 이유에서 인문학을 안전경영에 접목하는 것은 매우 효과적인 안전

수준 향상 방법이다.

　또 다른 측면에서 접근해 보자. 위험 수준이 가장 낮은 사회가 안전 수준이 가장 높은 사회다. 그렇다면 안전관리의 수준은 위험 수준이 가장 낮은 곳에 초점을 맞추어야 한다. 위험을 평균값으로 접근하는 것은 곤란하다. 통계는 우리 사회를 평균값만큼 향상시키는 데는 이바지했다. 목표가 선명해지게 하는 효과가 있기 때문이다. 그러나 평균은 상위값과 하위값을 가려지게 한다. 고위험마저도 평균 정도로 인식되게 한다. 반대로 낮은 수준의 안전상태가 평균은 되는 것처럼 왜곡시키기도 한다. 이러한 시도는 다분히 착시효과를 일으킨다. 경제가 성장하면 행복도가 올라갈 것 같은 착시가 그렇다. 산업재해 사망자는 엄연히 2,200명 수준이지만 사고성 사망자는 숫자는 900명이 되지 않는다. 흡사 50% 이상 감소한 듯한 착시를 일으킨다.

　인문학은 이런 점에서 의도나 왜곡이 숨어들 여지를 주지 않는다. 노장의 무위(無爲)사상 한 마디로 그러한 얄팍한 의도는 설 자리를 잃는다. 공맹의 인의예지(仁義禮智)는 평균이라는 적당주의가 설 곳이 없어지게 한다. 가장 낮은 수준의 위험을 관리하는 것이 가장 높은 수준의 안전관리다. 누가 봐도 위험한 것을 관리하지 않거나, '그 정도는 어쩔 수 없다'라는 인식은 가장 낮은 수준의 안전문화다.

안전경영은 지속가능성에
어떤 영향을 미치는가?

불안감은 왠지 지속가능할 것 같지 않을때 생기는 감정이다. 끝날 것 같은 느낌이 들면 그 어떤 처방도 무효다. 집중하지 않으려 한다. 안전사고는 우리 사회의 지속가능성을 해치는 불평등의 가장 큰 원인 중 하나였다. 위험한 일을 회피하려 하고, 재해를 입은 사람의 경제적 불평등은 당연히 따라온다. 지구촌의 지속가능성을 회복해 보자는 것이 ESG경영이다.

ESG란 환경(Environmental), 사회(Social), 지배구조(Governance)의 기업의 지속가능성을 가진 성장을 달성하는 데 필요한 3가지 핵심 요소를 말한다. 재정적인 목표치와 별개로 비재무적인 지표가 기업의 가치 평가에서 중요한 역할을 한다는 의미에서 중요한 가치로 평가되고 있다.

◇ 환경(Environmental) : 기후변화 및 탄소 배출, 환경오염 및 환경규

제, 생태계 및 생물 다양성

◇ 사회(Social) : 안전사고 예방 데이터 보호 및 프라이버시, 인권과 성별 평등 및 다양성, 지역사회 관계

◇ 지배구조(Governance) : 이사회나 감사위원회 구성, 뇌물 및 반부패, 기업윤리를 고려한 경영

이러한 것들이 우리 지구촌의 지속가능성(Sustainability)을 높인다고 본다. 이미 세계화된 지구촌의 문제를 해결해야 한다. 그렇지 않으면 지속해서 살아갈 수 없다. 지역의 문제가 아니라 지구촌의 문제이며, 당연하게도 그 촌에 살고 있는 인간들의 문제이다. 결국 지구촌의 위기 상황을 어떻게 해결할 것인가에 세계의 공감대가 모여졌고 그 실천 방법으로 ESG가 제시된 것이다. 한마디로 ESG에 어긋나는 인간들의 경제활동을 제한하자는 것이다. 대부분 기업이 만들어 낸 결과이므로 기업들이 주축이 되게 하겠다는 것이고 결국 ESG의 수준이 미달하는 기업들은 경쟁력을 상실하게 하겠다는 의미도 된다.

코로나19 팬데믹 문제는 결국 자연 생태계를 파괴함으로서 생겨난 문제다. 그 생태계를 파괴했던 것은 과도한 경쟁이다. 능력주의는 불평등을 낳고 불평등은 능력의 차이라는 인식을 낳았다. 이는 더 큰 경쟁을 불러왔다. 이러한 모든 일은 결국 지배구조라는 부문에 기인하는 것으로 본다. 이러한 과도한 경쟁에서는 속도라는 측면이 강조된다. 속

도는 성과에는 긍정적일 수 있으나 안전에는 치명적인 요소이다. 이런 점에서 ESG 경영은 안전이라는 비재무적인 요소로 평가되던 영역이 제도권 속에서 평가되기 시작했다는 의미가 있다. 불평등이나 인권유린 등이 점차 안전사고의 범주에 포함되고 있다. 산업안전보건법에서 감정노동자들을 보호하는 내용이 추가되고, 산업재해보상보험법에서도 자살이나 스트레스 관련 내용도 포함하는 것이 그 대표적인 사례다.

그동안 경영에서는 재무적인 요소만을 중요하게 다루어왔다. 이것은 자본가 즉 주주들이 주축이었다는 증거다. 주주 입장에서 가장 관심 있는 것은 주식가격과 배당금이다. 그것이 높고 많으면 경영을 잘하는 것이다. 이것을 주주 자본주의(shareholder capitalism)라 부른다. 반면에 주주가 아닌 직원이나 고객 입장에서 좋은 경영은 주주의 생각과는 다소 배치된다. 배당금을 더 주면 성과급을 더 줄 수 없다. 직원 복지나 고객 서비스를 강화하면 배당금이 줄어든다.

그러나 이제 주주자본주의가 잘못된 것임을 깨닫기 시작했다. 물론 그 결과를 체험하고 나서야 알게 된 것이 안타깝지만 지금이라도 깨닫고 공통된 생각을 하게 된 것은 참으로 다행스러운 일이다. 그간의 주주자본주의를 이해관계자 자본주의(stakeholder capitalism)로, 재무적 요소에서 비재무적 요소로의 전환이 지속가능성을 확보하는 유일한 방법이라고 인식하기 시작했다. 이제 경영은 주주 자본주의에서 이해관계자 전체의 이익을 증대시키는 방향으로 변모해야 한다. 공자나 노자 혹은 맹자나 장자가 한 말씀들이 결국 이런 이야기 아닌가. 지금에 와서 하는 ESG 경영이란 지속가능성에 대한 사회적 욕망은 그 분들이 살아가던 시절에 더 높지 않았을까? 욕망이 간절할 때 가장 치열하고 가장 치열할 때 가장 순수하다면 2,500년 전의 이야기가 지금 적용되지 못할 이유는 없다.

무엇으로 가치를 지켜내는가?

ESH 업무를 하다 보면 이 분야에 대해서는 유독 참견하는 사람이 많다. 누구라도 알 만큼은 알기 때문일까? 살아온 삶이 안전, 보건이었으니 그럴 만도 하다. 문제는 그 누구도 설득할 수 없고, 설득당하려고 하지도 않는다는 것이다. 이런 이유에서 안전담당자의 뚜렷한 관점과 철학은 매우 중요하다. 공자나 맹자가 주유천하를 했지만 결국 그 누구도 설득해 내지 못했다. 그렇다고 해서 그 뜻을 굽히지 않았기에 지금까지도 그들의 사상이 살아있는 것처럼 말이다. ESH와 무관한 업무를 했던 사람이 안전경영을 맡게 되는 것이 문제는 아니다. 그저 이 분야에 대한 철학이나 가치관이 없는 사람이 맡게 될 때 문제가 있는 것이다. 철학이 없으면 설득당한다. 가치를 지켜내지 못하고 힘과 이익에 설득당하는 이들이 만들어 내는 그럴듯한 이유가 가짜를 진짜로 둔갑시킨다.

사상은 한문으로 思想이라고 쓴다. 생각 '사' 자와 생각 '상'이다. 무엇이 다른가? 사(思)는 머리에 떠오른 것이다. 상(想)은 어떤 나무를 눈으로 볼 때 생겨나는 마음이다. 결국 사상은 세계를 바라보는 생각이다. 이것은 세상이 바뀔 때마다 바뀐다. 그것을 바라보는 지점을 관점이라 한다. 역사를 바라보는 관점이 전쟁을 중심으로 한 것을 전쟁사관이라 한다. 역사를 종교적 관점으로 바라보면 종교사관이라 한다.

그렇다면 안전에 대한 관점은 시대에 따라 어떻게 변화됐는가?

안전은 처음에 생존 차원에서 인식되었으나 지금은 행복의 관점으로 인식된다. 생존에 가장 위협적인 것은 자연재해와 맹수였다. 이것은 자연의 영역이고 신의 섭리라고 받아들여졌다. 인간의 집단생활을 시작하고 정착을 통해 소유가 욕망으로 발전하고, 결국 자연재해보다는 오히려 인간들끼리 벌이는 약육강식의 전쟁이라는 폭력이 더 큰 위험 요인으로 등장하기 시작했다.

전쟁마저도 개인이 어찌할 수 없는 영역이었다. 이것이 바로 우리가 가지는 안전의식이 그저 운에 의존할 수밖에 없는 것으로 인식되었던 원인이었을지도 모른다. 그래서 우리는 행복의 행(幸)을 다행 '행' 자로 쓰게 되었는지도 모른다.

그러나 산업화 이후에 위험은 개인의 영역으로 구체화되기 시작했다. 안전관리를 통해 사고를 예방할 수 있다가 아니라 예방해야 한다는 인식이 생겨났다. 그러나 이런 인식의 변화에도 불구하고 예방하려는 노력보다는 산업환경의 변화 속도가 훨씬 빨랐다. 개인이나 혹은 소

규모 집단 차원에서 미처 위험에 대처하기도 전에 또 다른 위험이 나타나기 시작했다. 최근에는 이러한 대응과 위험 발생 속도의 갭을 줄이기 위해 좀 더 강력한 규제를 법제화하게 되었고, 결국 기업의 지속가능성을 위협하는 가장 큰 요인으로 인식되게 되었다.

안전은 최근 가장 중요한 직업 선택의 요소이기도 하다. 노동을 통한 수입이 많다 하더라도 위험한 일이라면 회피하려 한다. 위험의 크기만큼 소득이 높은 것도 사실이다. 최근 들어 기능이나 기술을 가진 전문직의 급여 수준이 높아지는 것은 결국 불안전에 기인한다. 물리적 불안전 상태와 일의 지속성에 대한 불안전성이 그것이다. 우리나라는 1인당 국민소득 3만 5천 불을 넘어서서 이제 선진국 수준에 진입했다. 소득이 높아진다는 것은 삶에서 위험에 대한 인식이 달라지는 것이다. 아울러 사고로 인한 손실 금액이 커진다는 의미이며, 손실의 주체가 누구냐에 따라서 그 부담이 커진다는 의미다. 이것이 안전사고에 대한 인식을 바꾼다. 생명이 가장 존엄한 것이라고 하지만 안타깝게도 경제적 가치로 환산되는 운명을 무시할 수는 없다.

손실 금액 산정 시 경제적 행위의 손실만을 기준으로 산정하는 것이 엄연한 현실이다. 앞으로는 행복의 가치를 손실에 반영하려고 할 것이다. 단순히 생계만을 손실로 보려는 것은 시대적으로 맞지 않는다. 전쟁을 통해 패권을 차지하려는 영웅들이 무시무시한 힘 앞에서도 굴하지 않고 가치를 지켜내는 부드러운 방법을 배울 수 있을 것이다.

속도의 차이를 어떻게 극복할 것인가?

안전관리 수준이 발전하는 속도와 위험 요인이 다양화되거나 커지는 속도의 차이만큼이 실질적 위험의 수준이다. 이런 점에서 원시시대에는 시간이 흐를수록 안전해졌다고 할 수 있다. 조상들의 시행착오를 후대가 학습한다면 위험에 대처하는 수준이 오히려 더 높았을 수 있다. 그렇다면 이러한 갭을 줄이는 가장 좋은 방법이 무엇일까? 가장 먼저 사용했던 방식이 안전 보건 기술의 수준을 높이는 것이었다. 성과가 좋았을 것은 자명하다. 그러나 기술의 발전은 기술개발을 위한 비용, 각종 생산시설 및 설비의 가격상승이라는 부담을 가져왔다. 더욱 치명적인 역효과는 바로 기술은 결국 모든 사고의 책임이 행위자의 몫으로 귀결될 가능성이 커진다는 점이다.

지금도 이런 현상 때문에 장비의 작동이나 정해진 프로세스 등 설계에서 기인한 오류는 원인을 분석하는 과정에서 배제되거나 다소 소홀하게 취급되는 경향이 있다. 기계의 작동에 행위자가 맞추어야 한다는 식의 접근방식이 그렇다.

그다음 단계의 안전관리 수준은 시스템적 접근이었다. 제도나 전체적인 프로세스 관리를 통해 경영 행위에서 최소한의 지켜야 할 기준을 제시한다. 아울러 국소적이거나 협의적 접근이 아닌 전사적인 관점에서 접근하려는 시도도 있다. 늘 그렇듯이 시스템적 접근은 상당한 수준까지의 향상이란 결과를 단기간에 만들어 낸다. 이러한 시스템적 접근은 우리나라가 안전관리 시스템에 필요한 제도, 규정, 매뉴얼 등을 제정하고 틀을 갖추게 하는 데 크게 기여했다. 사실 오히려 너무 많은 매뉴얼과 지침 때문에 실행력을 떨어뜨리거나 집중하지 못하는 부작용을 걱정해야 할 정도에 이르렀다.

그 마지막 단계는 문화적 접근이다. 기술이나 제도 등의 시스템 수준이 높다고 하더라고 그 조직 구성원 개개인의 수준과 조직의 수준이 따라주지 못하면 한 단계 높은 수준으로 발전하기 어렵다. 문화는 인간이 만들어 낸 정신적 산물이다. 아무리 좋은 기술이나 제도도 개인이나 조직이 받아들일 수준으로 형성되어 있지 않다면 소용이 없다.

그렇다면 문화적 수준이 향상되는 데 가장 큰 저해 요소는 무엇일까? 그것은 무엇을 더 소중하게 생각하느냐의 문제이다. 사람이 아닌 물질이 더 가치 있는 것으로 여겨진다면, 인명 중시를 최고의 가치로 생각하는 안전과는 크게 대치된다. 실상 그렇게 우리 사회는 발전해 왔다. 고도성장이란 화려한 네온사인 이면에는 물질 만능이란 가치가 전제되어 있었다. 그렇게 형성되고 굳어진 의식을 바꾸기는 쉽지 않다. 이 문제에 보다 실천적 차원으로 접근하고 있는 것이 앞에서 살펴본 ESG 경영이다.

왜 환경을 파괴했는가? 왜 인권과 평등을 무시했는가? 그것은 결국 주주 자본주의라는 이념이었고, 주주의 이익을 극대화하려는 관점에서 모든 행위가 진행되었다는 의미다. 주주의 이익을 나타내는 것이 성과지표이고, 그것에 의해 재무적 지표가 기업의 가치로 평가되었다. 그러나 이제부터는 기업을 평가할 때 비재무적 지표를 성과지표에 반영한다고 한다. 안전문화 수준을 끌어올리는 가장 효과적이고 즉각적인 방법은 바로 안전관리 수준을 경영의 성과 및 평가지표로 반영하는 것이다. 매출액이 얼마이고 영업이익이 얼마인가? 그래서 주주 배당을 얼마나 했는가로 기업을 평가하는 것이 아니라 환경이나 이해 관계자들에 대한 배려 수준 역시 성과지표로 평가하면 된다.

안전 보건관리 수준에 대한 성과지표를 개발하고 그것을 객관적으로 측정하는 일들이 당면한 과제이다. 이런 측면에서 안전관리는 결과지표뿐 아니라 과정지표도 같이 평가해야 한다. 재해율이나 사망 만인율 등의 결과지표가 아니라 사고 예방을 위한 점검이나 교육 또는 시설 투자 등의 과정 평가도 병행하여 이루어지지 않으면 발생하는 무임승차 문제를 해결할 수 없다. 이것이 그동안 안전문화의 수준 향상을 더디게 만든 중요한 요인이다. 열심히 안전관리를 수행했어도 결과적으로 가벼운 사고가 발생할 수 있다. 반면 안전관리에 전혀 신경 쓰지 않아도 아무런 사고가 발생하지 않기도 한다. 안전관리를 열심히 수행했음에도 그렇지 않은 경우보다 상대적으로 낮은 평가를 받는다면 어떻겠는가? 실제 이런 일들이 조직 내에서 수없이 벌어지고 있다.

이것이 결국 '안전관리는 운이다'라는 왜곡된 시선을 낳게 한 주범이다. 그동안 알면서도 묵인하거나 방치한 이유는 바로 과정을 평가할 경우 객관화하기가 어렵다는 점이고 무엇보다 결정적인 것은 과정을 평가할 경우 비용이 동반해서 증가한다는 점 때문이다. 이런 점에서 비재무적 요소로 분류되던 안전관리 성과를 핵심성과지표(KPI)에 포함하는 노력이 필요하다. 아울러 이런 노력을 위한 공감대가 형성되기 위해서는 인명이 물질보다 중요하다는 의식 수준의 향상이 수반되어야 한다. 앞서 말한 것처럼 가장 높은 수준의 의식 수준을 다루고 있는 것이 인문학이라고 한다면 인문학과 안전경영은 밀접한 관계를 유지해야만 한다.

ESH가치와 기업생존부등식의 관계는?

Value는 가치다. 가치의 복수 Values는 가치관이다. 결국 가치는 가치관이 만들어 낸다. 우리는 기업의 생존부등식을 기억한다. 경영학자 윤석철 교수는 '제품의 가치 〉제품의 가격 〉제품의 원가'여야 한다고 주장했다. 그동안 우리는 원가를 최소화하는 데 초점을 맞추어 왔다. 부연 설명이 필요 없을 만큼 이 경쟁은 이제 한계에 도달했다. 끝이 없고 그 과정에서 수많은 비정규직 근로자와 열악한 협력업체들이 탄생했다. 세상이 불공평해졌고, 양극화는 가속화되어 급기야는 우리 사회 전체의 생존을 걱정해야 하는 지경에 이르렀다.

생존이 걱정되는 공포가 몰려오면 서로 헐뜯고, 물어뜯고, 잡아 뜯기 시작한다. 당연히 사회는 양분화되고 갈등값은 치솟는다. 자극적이고 교묘한 말로 먹고사는 호사가가 등장한다, 설득하고 포용하기보다는 자기편만을 끌고 가는 것이 훨씬 쉽기 때문이다. 이때부터는 교언(巧言)이 실력으로 둔갑한다. 우리 사회는 그들에게 기꺼이 인기라는 갑옷을 입혀준다. 결국 가장 중심부에는 원가를 낮추기 위한 경쟁이 자리 잡게 됨을 알 수 있다.

그런데 기업생존 부등식을 자세히 살펴보면 원가를 낮추는 것만이 유일한 방법은 아니다. 원가가 아닌 가치를 높이는 방법으로도 얼마든지 기업은 생존한다. '가격 〉 원가' 부등식 말고도 '가치 〉 가격'의 부등식도 유효하다. 물론 더 어렵다. 그렇지만 불가능한 것도 아니다. 다만 여기에서 가치를 결정하는 것은 바로 사회적 가치관이란 점에 주목해야 한다. 그래서 Vale의 복수는 Values인지 모른다. 가치관은 무엇인가? 옳다고 또는 좋다고 생각한 것 혹은 합의한 것이다.

기업이 생존하려는 것은 사람이 살려는 것과 같다. 기업은 생존해야 하는 즉 지속가능성을 가져야 할 사회적 책임이 있다. 기업의 생존은 사람들 욕구를 충족시키는 것을 넘어 고용을 유지하고, 그리고 새로운 부가가치를 창출해야 할 책임이 있다. 그런데 그동안 기업은 원가를 낮추는 방식으로만 접근하려 하다 보니 안전·보건·환경이란 업무영역은 원가 상승의 요인으로만 인식되었던 것이다.

이제 ESH라는 업무에서 가치를 높일 수 있다는 사회적 합의가 필요하다. 유기농 건강제품을 생산하는 것을 모토로 해서 설립된 풀무원은 인삼 제품 판매를 중단했다. 그 이유는 '재배 과정에서 농약 사용이 불가피한 인삼 제품은 미량이라도 농약이 잔류할 수밖에 없다'기 때문이라고 한다. 또 천연이나 재생 원료로만 제품을 생산하는 파타고니아라는 의류회사에서 자사 제품이 결국 쓰레기가 되니 "이 재킷을 사지 마세요 (Don't buy this jacket)."라고 광고 해도 오히려 매출이 늘어나는 사례들은 이제 흔한 사례가 되었다. 소비자가 기꺼이 가치에 비용을 지불하기 시작한 것이다. 아파트 공사 중 사망사고가 있었던 아파트라는 사실을 안다면 그 아파트에 살려고 하는 사람이 있을까? 반대로 사소한 안전사고 한번 안 났던 아파트라고 홍보하면 어떨까? 아마도 아파트 가격에 충분히 영향을 미칠 것이다. 이처럼 안전은 가격이나 가치에 충분히 영향을 미칠 수 있다. 이제부터라도 안전경영의 가치를 인정하고, 원가를 낮추는 관점이 아닌 제품의 가치를 높이는 관점으로 전환해야 한다. 맹자와 장자는 춘추전국시대라는 혼란한 상황에서도 인간의 가치를 어떻게 높일까를 고민한 사상가다. 이것이 바로 그분들의 이야기를 들어야 하는 이유다.

불신이 만든 불통을
어떻게 해결해야 하는가?

기업체에 가서 담당 임원이나 담당자들과 대화를 나누다 보면 이구동성으로 조직의 동맥경화에 대한 이야기를 풀어놓는다. 한 마디로 현장이 움직이지 않는다는 것이다. 뇌출혈은 혈관이 터져서 새는 것이다. 뇌졸중은 혈관이 막혀서 산소공급이 안 되는 것이다. 동맥이 경화된다는 것은 이 두 가지 위험을 수반한다. 이런 일은 우리 신체에서만 일어나는 것은 아니다. 피가 잘 돌아야 신체가 활동할 수 있는 것처럼, 조직도 돈, 정보, 재료 등 생산 요소가 원활하게 흘러서 소통이 되어야 잘 돌아간다.

ESG 경영이나 혹은 중대재해 처벌법 등에 의한 위기의식으로 경영진들은 지속적으로 이 분야의 정책을 만들고 실행 방안을 조직 하부조직으로 쉼 없이 흘려보낸다. 문제는 그 정책이나 계획이 조직 말단 부위까지 제대로 흘러가지 않는다는 점이다. 심장에서 펌프질은 계속되는데

뇌 혈관의 어딘가가 막혀 있다면 뇌졸중에 빠질 것이다. 마찬가지로 조직도 갈등이 존재하고 소통이 제대로 이루어지지 않는다면 위기상황에 빠질 수 있다. ESH 조직의 관점에서 보면 직, 조 반장급 이상의 관리자들을 총칭해서 관리감독자라 한다. 바로 이 관리감독자들에게서 동맥경화가 발생할 수 있다. 산업안전보건법상 현장에서 ESH 업무를 실행해야 하는 주체는 관리감독자이다. 그런데 관리감독자의 사고와 업무방식이 경화되어 있다면 어떨까? 그 부분에 대해 지적이라도 하면 나름의 축적된 논리와 파워로 저항이 만만치 않다. 신입 ESH 담당자들은 감히 상대도 못할 만한 경우도 많다.

그 원인으로 지목되는 것이, 첫째 세대 간의 소통방식의 문제다. 소통의 방식이나 방법이 달라졌다. 하지만 달라진 방법을 훈련받지 못했다. 그저 어느 한쪽을 일방적으로 문제삼고 있을 뿐이다. 둘째는 인력수급의 문제다. 셋째는 경영층의 경영기법은 첨단화되고 있지만 실무진과는 불일치가 발생한다는 점이다. 넷째는 상명하달식 계획이나 방침으로 실행의 복잡성, 다섯째는 업무의 과정 그리고 마지막으로 조직문화와 사회적 가치체계의 변화를 꼽을 수 있을 것이다. 만만치 않은 일이다.

상벌이라는 툴(tool)만으로 접근하는 것은 한계가 있다. 인력 수급이 안 되는 상황에 벌을 줄 수 있을가? 퇴사도 두렵지 않은 이들에게 상이란 것이 무슨 소용일까? 관리자들은 젊은 세대들과 소통하는 방식이나 채널을 가지고 있으며, 제대로 다룰 수 있는가? 관리감독자들에게 ESH

직무역량을 키워주려면 교육과 연수를 어느 정도 수준에서 진행하는가? 지금 시행 중인 계획은 누가 처음 생각한 것인가? 상향식인가? 하향식인가? 이처럼 무수히 많은 고민이 현업에 존재한다.

맹자와 장자가 살던 시대를 상상해 보자. 항상 전쟁이 일어나고, 그 누구도 나의 생존을 담보해 주지 못한다. 전쟁이라는 절대절명의 위기 상황에서, 평상시 온갖 좋은 말은 다 하던 지배계급의 민낯이 적나라하게 드러났을 것이다. 이때 어떻게 나라를 경영해야 한다는 메시지를 표출했던 사람 중에 맹자와 장자는 아주 대표적인 분들이다. 그들의 주장은 지금까지도 살아 숨쉬고 있다. 그분들의 말씀 속에 이 고민과 질문에 대한 해답이 있는 것은 자명하겠다.

《도덕경》73장에는 이런 말이 있다.
於敢則殺(용어감즉살), 勇於不敢則活(용어불감즉활).
"망설임 없이 결단력 있게 행할 때 죽을 수도 있는 법이고, 주저 없이 결단력 있게 감행하지 않았을 때 살 수도 있는 법이다."

안전경영이 어려운 이유이기도 하고, 안전경영을 가장 잘 설명한 글이기도 하다. 무식하게 용감한 것이 능사도 아니고, 그렇다고 너무 신중하기만 한 것도 답은 아닌 것이다. 자율역량이 필요한 이유다. 과감해야 할 때와 조심해야 할 때를 구별하는 역량을 스스로 갖춰야 한다. 스스로 자각하고 행동하지 않는다면 어떻게 제도와 통제만으로 조절할 수 있겠는가? 제도와 시스템으로 통제한다 하더라도, 그 통제자가 절대적으로 옳다는 보장은 어디에 있는가? 이 사람 말 들어 보면 이것이 맞고 저 사람 말을 들어보면 저 말이 맞다. 그러니 구성원 각자의 사유 수준을 높이는 것이 필요하다. 수준을 높이는 가장 좋은 방법은 탁월한 수준에 도달한 사람을 만나서 직접 배우는 것이다. 그럴 수 없다면 그러한 사람들을 저서를 통해서라도 지속적으로 만나는 것이 그나마 가능한 방법이겠다. 맹자와 장자를 만날 수는 없다. 하지만 그분들의 책을 통해 그 수준을 높여갈 수는 있다.

제2편

맹자에게
안전경영을 배운다

제1장

맹자의 사상과 안전경영

맹자의 사상은 크게 성선설과 4단7정 그리고 호연지기 등으로 대표된다. 특히 실사구시적인 측면에서 서양의 애덤 스미스에 필적할 만한 논리를 제공한다. 안전이 경영의 핵심요소로 언급되는 상황에서 맹자의 사상은 안전경영에 접목하기에 기가막힐 정도로 선명하다.

맹자가 ESH 경영을 말할 수 있는 이유?

유가사상이란 공맹사상을 말하고 공맹은 공자와 맹자를 말한다. 도가사상은 노장사상을 말하고 노장은 노자와 장자를 말한다. 중국 사상을 크게 구분짓는다면 바로 공맹사상과 노장사상이다. 우리는 공맹사상에 훨씬 친숙하다. 여러 가지 이유가 있겠지만 통치나 지배자들 입장에서는 공맹사상이 훨씬 구미가 당긴다. '예의를 갖춰라' 혹은 '상대를 존중해라' 또는 '공손하고 겸손하라'는 메시지가 주입된 백성들은 통치를 하기에 쉬웠을 것이다. 그러나 계획적이고 의도적이다. 지속적으로 수련하고 노력해야 한다는 것은 일면 자율성을 훼손한다. 획일적이거나 중앙통제적인 시스템이 지배자의 입장에서는 매력적이다. 그 책임 여부를 설명하기에도 유리하다. 행위에 따른 결과를 모두 개인의 부족으로 떠넘겨서 설명할 수 있다. 이러한 과정에서 공맹사상은 꽤나 매력적인 근거를 제공해 왔다. 이런 점에서 사상이란 것은 균형적이어야 한다. 자율성이 떨어지는 사회는 결국 획일화되고 수동적이 될 수밖에 없다. 선도적이지 못하고 늘 추종하고 따라가는 위험에 빠질 수 있다.

일반적으로 모든 일이 순조롭고 잘 진행될 때는 공맹사상을 읽어야 한다고 한다. 겸손해야 하고 잘 나갈수록 세심하게 챙겨봐야 할 것이 많기 때문이다. 반면에 어렵고 힘들 때는 노장사상을 읽으라고 한다. 자연의 이치를 깨닫고 순리대로 따르면 지금의 어려움을 극복할 수 있기 때문이다. 겨울의 혹독한 추위가 아무리 심해도 시간이 지나 봄이 오면 새싹이 돋는 것이다. 어렵고 힘이 들어도 참고 견뎌낼 수 있는 여유가 생겨난다. 이런 점에서 우리나라의 사상적인 뿌리를 보면 다소 아쉬움이 있다. 조선시대 성리학의 뿌리가 공자, 맹자 사상이다 보니 우리에게 유가(공자, 맹자)사상이 너무 깊숙이 침투해 들어와서 자리를 잡은 것이다.

맹자는 38세 때부터 23년간 주유천하를 하고 23년 만인 61세에 추나라로 돌아와서 저술 활동을 한다. '맹자'는 제자 공손추와 만장과의 문답으로 기억을 살려 기록한 책이다. 공맹사상에서 특히 맹자를 인용하여 안전경영을 말하려 하는 것은 맹자가 동양의 애덤 스미스라고 할 만큼 실사구시적 입장을 가지고 있었기 때문이다.

안전관리는 이 두 가지의 관점이 매우 중요하다. 평화롭고 번성할 때는 그 이면에 도사린 위험을 볼 줄 알아야 한다. 사고 예방에 매진해야 한다는 점에서는 공자와 맹자의 말씀이 적절하다. 그러나 사고로 인한 재난을 겪게 되면 태풍에 꺾인 나뭇가지에서 새싹이 돋는 것처럼 다시 일어서서 극복하는 힘도 필요하다.

춘추전국시대의 상황이 아무리 혼란스러웠다고 해도 그 와중에 평화로운 시절도 있었을 것이다. 그런 때에는 당연히 미래를 위한 비전도 공유했을 것이다. 그 비전이 서로 충돌하는 과정에서 수많은 사람이 죽고 다쳤을 것이다. 마찬가지로 우리 사회에도 사고 예방과 사고 처리가 동시에 필요하다. 이것이 바로 안전관리를 위험관리와 위기관리로, 즉 사고예방과 사고대응 역량으로 구분하는 이유다.

사고를 예방하기 위해서 필요한 자세가 겸손이라고 보면 기가 막힌 논리가 된다. 우리가 안전불감증이라고 이야기하는 것은 결국 위험을 감지하는 능력이 무감각해졌다는 뜻이다. 교만스러울 때 우리는 무감각해진다. 그 무감각은 화려한 불빛이나 소음 혹은 새로운 환경에 적응하기 위해 우리 감각이 위험에 둔감해졌기 때문이다. 이러한 감각을 예리하게 유지하기 위해서는 지속적인 자극이 필요하고 적정한 프로세스가 요구된다. 유가사상에서 가장 지적을 많이 받는 형식이란 것이 사실은 이런 역할을 한다. 제도와 규범 혹은 지침 같은 것들이 그것이다. 실제로 공자는 조상에게 예를 갖추는 절차나 형식의 전문가로 알려져 있다.

노장사상에서 강조하는 자연주의와 형식적인 논리가 아닌 무위사상은 자율안전관리를 통해 선진 안전으로 가기 위해 절대적으로 필요한 요소이다. 안전문화에 접목하기에 전혀 손색이 없다. 오히려 압도한다.

애쓰지 않아도 되는 상태, 안전이 자연스럽게 되는 상태, 의도하지 않는 것, 즉 무위(無爲)라고 한다면 노장사상은 자율안전관리의 이론적 근거를 제시해 준다고도 할 수 있다.

노자 도덕경에는 爲無爲 則無不治(위무위 즉무불치) '애쓰지 않아도 다스려지지 않는 것이 없다'라는 말이 있다. 애쓰지 않는다는 것은 아무것도 하지 않는다는 말이 아니라 일부러 의도하지 않는다는 말이다.

선진 안전문화란 애쓰지 않아도 자연스럽게 이루어지는 상태를 말한다. '어떻게 해야 할 것인가?'라는 메시지를 제시하기 위해서 안전관리에서 이 두 가지 사상을 동시에 고려해야 할 필요성이 분명하다고 하겠다.

불혹과 부동심의 차이는?

　공자는 나이 40을 불혹이라 지칭했다. 물론 자신의 나이가 40이 되었을 때 외부의 유혹에 흔들리지 않게 되었다는 뜻으로 한 말이다. 중국이 1841년 아편전쟁을 통해 서양 문물에 완벽하게 굴복한 후에 일부 학자들은 공자의 이 불혹이란 말이 오늘날 중국을 이렇게 만들었다고 한탄했다고 한다. 어떤 유혹에도 흔들리지 않는 자신만의 중심이 생겼다는 의미가 아니라, 기존의 것을 고수하는 고집불통이 좋거나 필요한 것으로 인식되는 명분을 주었다는 말일 것이다. 우리나라도 예외는 아니다. 실용적인 외부 문물을 받아들이지 못하는 결정적 실수를 범하게 만든 결정적 근거를 제공했다는 점에서 '불혹'이란 말의 폐해로부터 우리나라 역시 자유롭지 못하다. 불혹은 공자가 제자 공손추와의 대화에서 한 말로 '외부적 상황에 쉽사리 넘어가지 않는다.' 즉 객관적 상황에 따른 주체의 반응을 말한다.

맹자는 공자의 이 불혹을 좀 더 구체적이고 현실적으로 표현한다. 부동심(不動心)은 스스로 마음이 흔들리지 않는다. 다시 말해 주관적 상황에 따른 스스로의 반응이다. 부동심하기 위해서 가장 좋은 방법은 오직 한 가지 일에만 관심을 집중시키는 것이다. 만약 적을 어떻게 하면 이길 것인가를 고려해서 공격한다면 이것은 부동심이 아니다. 이기든 지든 상관없이 공격하는 것에만 신경을 집중하는 것이 부동심이다.

맹자는 이러한 부동심을 키우는 방법으로 호연지기를 꼽았다. 호연지기란 '정신을 집중시켜 온 마음을 기와 의로 가득 채우는 것'으로 '잊어버리지도 말고 억지로 조장하지도 말라(勿忘不助長)'는 것으로 설명한다.

맹자는 송나라의 농부 이야기를 예로 들었다. 호연지기를 기르지 않는 자란 볍씨를 뿌리지 않고 김매지 않는 자를 말한다. 호연지기를 조장하는 자는 벼가 빨리 자라게 하고 싶어 싹을 뽑아 놓는 것이다. 오직 정도를 행하여 절도를 지키는 사람에게 나타나는 대장부의 기상으로 물망불조장(勿望不助長), 즉 잊어버리지도 억지로 조장하지도 않는 것을 말한다.

그렇다면 불혹과 안전관리는 어떤 연관성을 가지는 것일까? 안전교육을 할 때 가장 극복하기 힘든 것이 바로 안전에 대한 고정관념이다. 경영자는 경영자대로 근로자는 근로자대로 자신들만의 입장을 고수하려는 고정관념이 있다. 공통점은 누구라도 안전경영이 중요하다고는 한다. 문제는 그 책임을 상대에게서 찾으려고 한다는 점이다. 결국

2,500여 년 전에 공자가 이야기했던 그 단어 하나가 우리 생활 깊숙이 침투해 들어와서 뱀처럼 똬리를 틀고 있는 것이다. 어떤 교육 방법을 써 봐도 눈에 띄게 새로운 것을 받아들이고 실천한다는 느낌을 받기 어렵다. 이런 점에서 안전관리는 '불혹'과의 지리한 싸움이라고 해도 과언이 아니다.

또 한편에서 보면 정작 '불혹'해야 하는 것이 있다. 바로 원칙이다. 어떤 외부적 유혹이나 협박에도 지켜져야 하는 원칙은 의외로 지켜지지 않는 경우가 대부분이다. 503명의 목숨을 앗아간 삼풍백화점 사고는 건물의 내력을 담당하는 기둥을 제거해서는 안 된다는 원칙을 지키지 않아서 발생한 사고다. 23명의 아이와 선생님을 숨지게 한 씨랜드 화재 사고도 불법 건축물에서 숙박을 해서는 안 된다는 원칙을 지키지 않아서 발생한 참극이다.

이처럼 우리는 '불혹'이란 단어 하나가 우리의 무의식에 들어가서 얼마나 편의적으로 이용되고 있는지를 알 수 있다. 어떤 경우에도 지켜야 할 것과 어떤 경우에는 받아들이고 개선해야 하는 것의 기준이 모호한 것이 문제다. 기준이 모호하면 편의적으로 악용된다. 편의는 늘 실용주의라는 가면을 쓴다. 여기서 공자가 애초에 말한 '불혹'이란 단어가 나오게 된 상황이나 의미를 되짚어 볼 필요가 있다. '불혹'이란 《논어》 〈위정편〉에 등장한다. 공자는 자신의 일생을 회고하며 자신의 학문 수양의 발전 과정에 대해 '나는 15세가 되어 학문에 뜻을 두었고, 30세에 학문의 기초를 확립했다, 40세가 되어서는 미혹하지 않았고, 50세에는 하늘의 명을 알았다. 60세에는 남의 말을 순순히 받아들였고, 70세에는 마음 내키는 대로 해도 법도를 넘어서지 않았다'라고 말했다.

　이 말의 뜻으로 볼 때 학문의 기초를 확립하고 나니, 40이 되어서 어떤 다른 것들에 미혹하지 않게 되었다는 말로 중심을 가지게 되었다는 의미로 해석된다. 결국 미혹하지 않았다는 것은 중심에 있는 어떤 것 즉 원칙을 말하는 것임을 알 수 있다. 오히려 50이 되어서는 하늘의 뜻을 알게 된 지천명(知天命)의 단계에 도달한 것을 보면 원칙을 가지고 지속적으로 더 많은 것을 받아들였기에 지천명할 수 있었다는 말이 된다.

　결국 공자는 불혹해야 할 것과 불혹하지 말아야 할 것을 분명히 한 셈이다. 원칙은 미혹하지 말아야 하고 그 원칙을 중심으로 발전시키는 노력을 계속하면 지천명할 수 있다는 말이 된다.

　그러나 우리의 안전은 어떠한가? 지켜져야 할 원칙이 없거나 불분명하다. 반면에 수용해서 발전시켜야 할 자신의 행위에 대해서는 오히려 불혹한다. 한마디로 애초 공자의 가르침과는 정 반대로 하는 것이다.

　안전교육이 원칙만을 반복적으로 강요하는 형태로 이루어지면 그것은 잔소리가 된다. 잔소리나 책망은 변명이나 합리화를 유발한다. 안전교육에 원칙을 중심으로 한 창의와 개선 혹은 융합교육이 필요한 이유이다.

아무튼 불혹이란 단어는 매우 혼란을 야기할 수 있는 여지가 충분하다. 이런 답답함을 명쾌하게 해결해 준 사람이 맹자다. 공자보다는 100여 년이나 늦게 태어나 활동한 맹자는 스승이 말한 '불혹'이란 말을 부동심(不動心)이라는 말로 설명한 것이다. 위에서 설명한 대로 외부의 유혹으로부터 미혹하지 않는 것이 아니라 근본, 즉 자신의 마음속으로부터 움직임이 없어야 한다는 것이다. 어떤 외부의 유혹을 견뎌내는 수준보다 한 단계 진일보한 내용이다. 외부의 유혹이 아무리 강하다 하더라도 내면으로부터 흔들림이 없어야 한다. 이것은 우리가 앞서 살펴본 것처럼 안전문화가 정착된 상태이다. 누가 시켜서 하는 혹은 처벌이나 징계가 두려워서 하는 안전관리가 아니라 스스로 부동심하는 것이 중요하다.

그렇다면 어떻게 해야 안전이라는 명제를 두고 흔들림이 사라질까? 그 방안으로 맹자를 호연지기를 키우라고 이야기한다. 우리는 성과라는 결과 앞에서 늘 흔들릴 수밖에 없다. 성과를 측정하는 지표가 속도면에서 혹은 비용적 측면에서 영향을 받는다면 내면으로부터 흔들릴 수밖에 없을 것이다. 이런 점에서 부동심은 의지의 문제뿐만 아니라 환경과 여건의 문제도 고려해야 한다. 애초에 마음이 개입할 여지를 없애는 것이 중요하다. 그것이 바로 시스템이다. 이 시스템은 설계단계에서부터 적용되어야 한다. 설계단계에서부터 프로세스가 그렇게 돌아갈 수밖에 없도록 해 놓는다면 부동심은 완성될 것이다. 당연히 유혹을 느끼지 않게 된다. 물망불조장(勿望不助長), 잊어버리지도 억지로 조장하지도 않는 것을 사람이 운영하게 되면 반드시 시비가 따라온다. 누구라도 그렇게 할 수밖에 없도록 해야 한다. '불혹'을 개인의 의지에 의존할 것이 아니라 상황을 통제하여 애초에 유혹을 느끼지 않도록 시스템화하는 것이 궁극적인 목표가 되어야 하겠다.

현대인들의 입장에서 보면 40이라는 나이는 가장 유혹이 많을 때다. 가정이나 직장 혹은 돈이나 건강 측면을 살펴보아도 가장 왕성한 활동을 하는 시기이고 뭔가 결과를 내야 하는 나이이며 그래서 욕망이 극대화되는 시기다. 당연히 유혹도 가장 많을 때. 이때 위험관리를 어떻게 하느냐에 따라서 중년 이후의 삶이 결정된다. 경력 관리, 돈 관리, 자녀의 학업 관리, 건강 관리 등 모든 것이 중요하다. 40대에 위험관리가 결국 신분을 결정한다. 이때 '불혹'이란 의미를 잘못 알아들은 조선시대 선조들의 우를 다시 범하지 않으려면, 반드시 지켜야 할 원칙을 정하고 그 원칙을 강화하기 위한 새로운 기술과 이론을 받아들이는 수용적 태도가 중요하겠다.

측은지심은 어디로 갔는가?

측은지심이 본성이라면 공자는 이것이 인(仁)이라 한다. 인이란 사람이 사람에게 취해야 할 태도이다. 그것의 으뜸이 효이고 그 효가 군주에게 나타나면 충(忠)이다.

측은지심은 안전경영의 가장 핵심이 되는 요소이다. 누군가가 다칠 것 같아서, 저렇게 하면 직업병에 걸릴 것 같아서…, 이런 마음이 결국 안전경영의 요체다. 그것이 인(仁)이고 인은 한자 모양 그대로 두 사람 사이에서 가장 필요한 어떤 태도이다.

패도정치를 통해 패권을 잡고 싶어하는 제나라 선왕과 맹자의 대화다.

선왕 과인도 왕도정치를 할 수 있겠소?

맹자 가능합니다.

선왕 어떤 이유에서인가?

맹자 왕께서는 예전에 소를 불쌍히 여겨(측은지심) 양으로 바꿔 제사
      지내도록 했습니다. 그 마음이 족히 왕도를 실행할 수 있는 근
      거입니다.

선왕 측은지심이 왕도정치를 실행하는 데 합당한 이유는 무엇인가?

맹자 왕도정치를 실행하지 못하는 것이 아니라 하지 않는 것입니다.

선왕 하지 않는 것과 하지 못하는 것의 차이는 무엇인가?

맹자 태산을 옆에 끼고 북해를 뛰어넘는 그것은 못 하는 것이지만,
      연장자를 위해 나뭇가지를 꺾는 것은 하지 못한다고 하지는
      않습니다. 하지 않는 것이지 할 수 없는 것이 아닙니다.

소를 불쌍히 여겨 양으로 제사를 지내게 하는 마음이면 왕도정치를
할 수 있다. 즉 측은지심을 가지고 있다면 왕도정치를 못하는 것이 아
니라 하지 않는 것이라고 말한다. 그저 사람들이 다치지 않고 일을 하
게 해 주자는 것인데, 노인이 다칠까 봐 나뭇가지 꺾는 정도를 하지 못
하겠다고 할 수는 없는 것 아닐까?

사람을 대할 때 부모를 대하듯 하면 사람 사이에 아무 것도 문제가
될 것이 없다. 내가 아랫사람을 대할 때도 부모를 대하듯 한다면 서로
간에 문제될 일이 없을 것은 자명하다. 일터에서 '내 가족이 일을 한다
면 어떻게 할 것인가?'라는 마음, 그것이 안전경영의 근간이다. 최근
에 불거진 갈등은 우리 사회의 가장 큰 고민거리다. 안전경영을 추진

하는 데 들어가는 비용을 아끼려다가 결국 엄청난 경제적 손실을 입는다. 더 큰 문제는 그 과정에서 생겨난 갈등비용을 해결하는 데 몇 십 배 더 많은 비용을 기꺼이 사용한다는 점이다. 손실비용보다 더 큰 것은 갈등비용이다. 경쟁을 통해서 속도를 높이고 성과를 내려고 하지만 정작 갈등으로 인한 저항으로 제대로 속도를 못 내는 형국이다. ESH 업무는 직장 내의 동료를 부모나 형제를 대하듯 한다면 해결될 일들이 대부분이다.

우리 사회에 내재된 갈등을 해결하는 방법으로 수많은 사람이 소통을 대안으로 제시한다. 그러나 그 소통의 방법마저 서로가 다르기 때문에 갈등의 양상만 더 복잡해진다. 소통을 위해 서로를 부모 대하듯 하는 것, 그것을 좀 더 구체적으로 설명하는 것이 바로 맹자가 말하는 측은지심이다. 상대의 처지를 측은하게 배려하는 마음이다. 맹자는 측은지심을 설명할 때 우물가에 어린아이가 있으면 누구나 그 아이를 구하려는 마음이라고 설명한다. 참으로 명쾌하고 선명하다. 우리 사회는 날이 갈수록 복잡해지고 그로 인해 모든 시설물이 다양, 고소, 대형, 밀폐, 복잡 등의 특성을 가진다. 당연히 위험의 종류와 양상도 동일한 속성을 띄게 된다. 그러므로 특정한 사람들에게만 위험의 발견이나 대책 수립을 맡겨둘 수 없다. 그렇다면 사회 구성원 누구나 그 감시자 역할을 해야 한다. 그것이 바로 측은지심의 마음이다. 필자는 이런 이유에서 맹자를 최초의 안전관리자라고 부른다. 맹자가 주장한 측은지심의 마음

즉 본성을 회복하는 날, 우리 사회의 안전은 완성된다.

최근 안전소통 측면에서 난맥상은 점점 커지고 있으며, 안전을 둘러
싼 소통방식의 차이로 인한 갈등이 점점 첨예해지고 있다. 권위적이거
나 일방적인 지시와 소통 방식에 적응되고 훈련되어 온 세대와 나름 자
율적으로 성장한 세대 간에 갈등이 나타나고 있다. 더 큰 문제는 그로
인해 일어나는 갈등에 대처하는 방식이다. 기성세대는 그런 갈등을 두
고 더 강압적으로 접근하거나 아예 안전에 개입하지 않으려는 태도를
보인다. '다치면 네가 다치지, 내가 다치냐?'라는 식이다. 또 사고가 발
생하면 '내가 그럴 줄 알았다'라고 대응한다. 결국 안전 업무에 사각지
대가 생겨난다.

이것은 안전관리 업무가 제도적으로 혹은 시스템적으로 평가를 통
한 규제 중심으로 이루어지고 있다는 증거이기도 하다. 측은지심이란
배려는 사라지고 서로 책임을 면하려는 책임회피가 만연하고 있다.

안전소통은 이제 업무 소통이나 인간관계에서 중요한 비중을 차지
하고 있다. 좋은 정보와 지식도 소통되어야 새로운 가치를 만들어 낸
다. 안전에 관한 지식과 정보도 결국은 소통이 관건이다. 그래야 새로
운 위험으로부터 발생 가능한 사고를 예방할 수 있다. 교육 일변도의
방식으로 안전 지식이나 정보가 전달되고 위험이 인지되는 것에는 한
계가 있을 수밖에 없다. 이것이 바로 안전소통이 체계적으로 연구되어
야 하는 이유다. 이 안전소통은 사실 안전관리를 수행하는 사람들보다

는 의사소통 전문가들의 영역이다. 그러나 우리나라의 경우 안전관리와 관계된 경력이나 자격을 가진 사람들만 안전교육을 수행할 수 있게 제도화되어 있다는 점에서 아쉽다. 인문 사회학을 공부한 사람들이 안전교육에 참여할 수 있어야 한다. 안전을 인문학적으로 풀어내려는 필자의 시도도 어쩌면 이런 맥락에서이다.

부끄러움을 감추는 것에 대한
맹자의 생각은?

부끄러운 일을 하면 수치스러워하는 마음이 수오지심이다. 그렇다면 부끄럽다는 것은 무엇인가? 한자로 부끄럽다는 惡(추할 악, 부끄러울 오)이다. 이 한자를 분석해 보면 나 아(亞)와 마음 심(心)으로 구성되어 있다. 즉 나만을 생각하는 마음이다. 나만을 챙기는 마음이 부끄럽기도 하고 심해지면 악(惡)이 되기도 하는 것이다.

우리 사회가 성장 일변도의 정책으로 성과만 강조된 채 발전해 왔다는 점은 더 이상 부연해서 설명할 필요도 없다. 문제는 그것이 강조를 넘어 오히려 자랑거리가 되었다는 점이다. 어떤 것이 자랑거리가 되려면 그로 인한 절차나 과정의 문제점도 상쇄할 만해야 한다. 아무리 결과가 크고 좋더라도 그 과정이 정당하지 못했다면 결코 자랑할 만한 것은 되지 못한다.

우리가 역사를 배우는 이유는 무엇인가? 좋은 점을 발전시키고 잘못을 되풀이하지 않기 위해서이다. 후대에 올바로 평가받는다는 교훈을 줌으로써 우리 공동체가 건전하게 발전하기를 바라기 때문이다. 이런 역사적 관점에서 보아도 부끄러운 모습을 감추려는 경향이 강하게 나타난다. 치적은 과장되고 부끄러움은 감춰진다. 이것을 철저하게 방지하려고 했던 것이 조선시대의 사관 제도이다. 권력자들은 그 부끄러움을 끊임없이 감추려고 시도했다. 전쟁으로 희생된 사람들의 기록은 흔적도 없다. 그 위기를 극복하거나 모면하게 한 영웅을 칭송하기에 바쁘다. 그러한 희생을 치르도록 사전에 예방하지 못한 무능은 자연스럽게 감춰진다. 반면 이스라엘은 1,000년 이상을 국가 없이 떠돌아다니며 방황했던 치욕스러운 역사를 전 국민이 배우게 한다고 한다. 그것을 부끄럽다고 숨기지 않는다. 오히려 드러내어 다시는 그런 일을 겪지 않게 하려 한다. 덕분에 이스라엘은 지정학적 불리함이나 적은 인구(세계인구의 0.3%)로도 세계의 경제, 교육, 과학 등의 분야에서 막강한 영향력을 발휘하고 있다.

우리는 어떤가? 대형사고가 터지고 나면, 사고의 전후를 조사하여 사고 백서를 만든다. 하지만 그 백서의 내용이 정확한 사실에 근거하고 있는지 아무로 모른다. 백서가 책임 소재에서 벗어나 진실하게 작성될지에 대해서는 누구도 자신하지 못한다. 필자도 단순 인명사고에 대한 사고조사를 수행해 본 적이 있다. 수사권도 없고 수사기법에 대한 전문성도 없는 사고조사는 한계를 가진다. 사고 내용이 왜곡되거나 사고의 원인의 우선 순위가 뒤바뀔 여지는 얼마든지 있다. 하물며 막강한 권력을 가진 집단에 의해 수사와 조사가 진행되는 경우 사고 원인이 왜곡되거나 감춰져서 책임자는 무죄판결을 받거나 미미하게 처벌되는 경우도 많다. 김용균 사망과 관련하여 원청의 무죄판결이나 그동안 대형사고에 대한 처벌 내용을 보면 그렇다. 이럴진대 기업 자체적으로 이루어지는 사고조사가 얼마나 객관적일지는 의문이다.

중대재해 처벌법이 가져올 가장 역효과는 바로 사고원인의 은폐와 왜곡이다. 강하면 다른 한쪽이 약해지는 것이 세상의 이치이니 이 점이 가장 염려되는 부분이다. 처벌하려고 하면 처벌받지 않으려는 사람, 또는 세력의 반발력이 강해질 것은 당연한 이치다. 우리는 이미 다양한 경험이 있다. 그 한 예가 무재해 달성 포상제도이다. 무재해 달성이라는 목표를 달성하기 위해 수많은 사고가 재해처리되지 않고 다른 방법으로 처리됨으로써 재발 방지의 데이터로 활용되지 못했다. 부끄러움은 드러내야 한다. 부끄러움이 드러나려면 부끄러움을 느껴야 한다. 그런데 그 부끄러움을 숨길 수 있다고 인식하는 순간 또 그것이 가능해지는 순간 수오지심은 사라진다.

통계를 작성한 이래로 산업재해로 인한 인명피해가 6.25전쟁 피해자보다 약 5배 가까이 많다고 한다. 매년 약 13만 명의 재해자가 추가되고 있다. 이것은 산업재해로 정식 처리되지 않은 것은 제외된 통계치다. 이것에서 나온 말이 산업전선이다. 한마디로 전쟁터이다. 이러한 희생을 담보로 우리의 성장이 이루어진 것이다. 그렇다면 여기에는 미안함과 부끄러움이 있어야 한다. 우리 사회에는 수오지심이 없다. 부끄러움은커녕 오히려 그 정도 성장을 이루려면 그 정도의 피해나 손실은 감수해야 하는 것 아니냐는 논리가 설득력을 가지게 되었다.

어느 회사든 안전경영방침을 정해서 커다란 액자에 걸어두고 있다. 대부분 인명 중시와 안전을 최우선의 가치로 여긴다고 어필한다. 그러나 이런 방침은 홈페이지에 장식될 사진이나 회사 소개자료, 요즘은 ESG 경영보고서에 삽입해야 하는 필수 사진으로서의 역할에 그치는 것이 현실이다. 차라리 그동안 우리 회사의 성장 과정에서 몇 건의 산업재해가 발생했는데 희생된 분들에게 고마움과 부끄러움을 느낀다고 경영방침을 정하는 것이 옳을지도 모르겠다.

내가 누워 자는 침대를 만들다가 누군가가 다치거나 사망했다고 생각해 보았는가? 내가 생활하는 아파트를 건축하다가 누군가가 다치거나 사망했다고 생각해 보았는가? 내가 타고 다니는 자동차를 혹은 어떤 제품을 만들다가 누군가가 재해를 당했다고 생각해 보았는가? 아마도 그 사실을 알고는 그 편익을 온전히 누리기가 쉽지 않을 것이다. 소비자들이 한 목소리를 권리로 주장하기 시작한다면 기업의 경영활동은 급격히 위축될지 모른다. 그러면 지금 일고 있는 중대재해 처벌법이나 ESG 경영보다도 훨씬 심각한 경영악화를 경험하게 될지 모른다. 부끄러움을 스스로 느끼지 못하면 그것이 악이 되고 악은 처벌받는 것이 순리다. 그 악을 정부 차원에서 제도적으로 규제하려고 할 때가 그나마 나을지도 모른다. 소비자가 사고를 부끄러워하지 않는 악을 직접 처벌하려고 나서는 순간 매우 심각한 상황이 도래한다.

화려하고 고급스러운 브랜드로 많은 사람의 사랑을 받던 나이키가 아동 노동력을 착취했다는 사실에 공분한 소비자들이 불매운동을 벌였고, 결국 나이키는 엄청난 경영 위기를 겪을 수밖에 없었던 점을 상기해야 한다. 수오지심이 반영된 안전경영은 이제 기업 지속가능경영의 핵심 요소가 될 것이다. 부끄러움을 느껴야 한다. 그것을 감추려고 하는 순간 안전의식은 왜곡된다. 왜곡된 안전의식은 결국 안전 불감을 불러오고 사고를 유발한다.

시민단체에서 의정활동이 우수한 국회의원을 평가하여 공표했을 때 엄청난 반발이 있었다. 평가한다는 말은 1등도 나오지만 꼴찌도 있다는 말이기 때문이다. 이처럼 안전경영에 시민단체가 관여하기 시작한다면 그 여파는 아마도 상상 이상일 것이다. 어떤 단체에서는 살인기업을 지정하여 발표하기도 한다. 아파트를 분양받은 고객은 자신이 계약한 동에서 떨어짐 사고로 누군가 사망했다는 사실을 알게 된 것만으로도 계약을 해지해 달라고 할 것이다.

누군가의 위험으로 이익을 취하지 않는가?

사양지심이란 사양하고 배려하는 마음이다. 무엇을 사양하라는 것인가? 자신의 이익을 사양하는 마음이다. 무엇을 배려하라는 마음인가? 나보다 열악하거나 약한 위치에 있는 사람을 배려하라는 마음이다. 〈김용균법〉이라 불리는 산업안전보건법의 대폭 개정은 2019년도에 이루어졌다. 김용균 씨의 재해는 우리 사회에 산업재해에 대한 경각심을 극대화시킨 계기가 되었다. 이 사고의 핵심 원인은 위험작업에 대한 하도급 시스템과 2인 1조 작업을 비정규직 근로자에게 단독 수행하게 한 것으로 요약된다.

더럽거나 위험하고 복잡한 작업은 하도급을 준다. 이치상 더 많은 보수를 지불해야겠지만 그 비용을 줄이기 위해서 채택한 하도급이기에 당연히 보수나 처우가 열악할 수밖에 없다. 안전관리 발전 단계를 보면 기술적 접근, 시스템적 접근 그리고 다음 단계가 안전문화적 접근이다.

신분이 불안정하고 안전장치나 시설에 투자가 이루어지지 않는 상황에서 안전은 오로지 개인의 의지에 의존할 수밖에 없다.

결국 23살 약관의 나이에 김용균 씨는 자신의 꿈도 펴보지 못한 채 사망했다. 도대체 무엇이 그 근본에 있는 것일까? 결국 그 대책으로 '위험작업에 대한 하도급 금지'라는 제도적 방법을 채택했다. 그러나 그것만으로 약자를 배려하고 또 자신의 이익을 양보하려고 할까?

우리 사회는 과연 사양지심의 본성을 회복할 수 있을까? 아마도 그 희생이라는 대가보다 더 큰 경영 성과의 저조라는 데이터값으로 그 제도의 불합리성을 반박하려 들 것이다. 그리고 그것이 명분을 얻으면 규제 완화라는 이름으로 그 제도는 유명무실해질지 모른다. 위험하고 더러운 일을 원청이나 대기업이 직접 수행하라고 명령한 제도적인 규제 이면에 그나마 있던 일자리마저 잃어버리는 또 다른 근로자는 과연 어떻게 할 것인가?

비정규직 근로자를 위해서는 비정규직이라는 불안정성을 더 크게 보상해 주면 된다. 비정규직의 문제는 기업이 유연성과 저비용의 두 가지 혜택을 다 가지려 한데서 생겨났기 때문이다. 강의를 하는 사람은 비정규직이다. 따라서 강사들의 보수는 최저임금의 규정을 적용하지 않는다. 몇 배에서 몇십 배를 더 지급한다. 따라서 강사들은 자신들의 신분을 가지고 불평하지 않는다. 물론 아직도 최저생계비에 미치지 못하게 대우해 주는 곳도 있지만 말이다. 이 이야기의 핵심은 비정규직에게 더 좋은 대우를 해 주면 우리 사회에 만연한 비정규직 문제는 해결된다. 기업 입장에서도 다소 비용이 더 들지만 지속적으로 고용하는 것보다는 탄력성이 있고 유연성이 좋은 것이다.

위험한 작업에 대한 하도급 금지도 그렇다. 위험작업에 더 큰 비용을 지출하겠다는, 즉 자신의 이익을 양보하겠다는 마음이 있어야 한다. 그래야 투자가 일어나고 안전이 확보된다. 상생의 방법이 아닌 누군가의 일방적 책임을 강조하는 방식은 또 다른 쪽에서 문제점이 불거질지 모른다.

필자가 주장하는 이런 제안이 받아들여질 것으로 기대하지 않는다. 오히려 반발에 부딪힐 것이다. 그러나 이 문제를 해결하지 않고 계속 시간을 끄는 것이 오히려 이득이 되는 것이라면 모르겠지만 문제의 본질은 드러내는 것이 좋다. 그래야 최소한 공론화되기라도 할 테니까.

제도를 만들거나 규정을 입안하는 사람들이 꼭 기억해야 할 것이 바로 사양지심이다. 이익을 양보하고도 이익이 된다는 것을 설득해야 한다. 누군가가 감당해준 위험의 대가가 오히려 엉뚱한 사람에게 분배되는 구조는 반칙이다. 약자에 대한 배려가 결국 강자에게 이득을 가져다 준다는 것을 증명해야 한다. 이익을 양보하지 않아서 생겨난 이익을 자신이 가질 수 있는 자는 더 이상 배려하지 않는다. 관리적 기법으로 만들어진 이익을 맛본 기업은 하도급이라는 관리 방법으로 꾸준한 수익을 남기려 할 것이다. 문제는 남의 이익을 가로챈 기업집단은 결코 성장하지 못한다. 우리가 말하는 지속 가능 성장이란 것은 요원해진다. 협력사의 이익을 보장해 줘야 그들이 성장하고 그들의 성장력을 바탕으로 한 협력적 상호작용이 우리 사회 전체를 발전시킬 수 있기 때문이다.

ESG 경영과 CSR이라 불리는 기업의 사회적 공헌은 모두 지속 성장에 도움이 되지만 차별성도 존재한다. 사회적 공헌만으로는 아무래도 기업의 적극적 참여를 끌어내는 데 한계가 있다. 아무리 명분이 좋고 맞는 말이어도 당장의 이익 앞에서는 이익 편향적인 의사결정을 할 수밖에 없을 것이다. 따라서 ESG를 통한 사회적 공헌 활동이 결국 기업에 이익이 되게 해 주어야 한다. ESG 경영은 사회적 공헌과 기업의 이익을 동시에 추구하는 경영활동이다.

사양지심의 안전문화가 만들어지려면 사양지심의 안전관리가 이익이 된다는 것을 증명해야 하고 적절한 사례를 통해 보여줘야 한다.

이기적 유전장치가 작동되는가?

인간이 본성을 가지고 있어서 양심이 작동한다는 것은 무엇이 옳은지 그른지는 배우지 않아도 안다는 말이다. 양심이란 거울이 있어서 인간은 자신이 하는 행위가 옳은 일인지 그렇지 않은 일인지를 안다. 다만 그 욕망과 이성적 통제의 갈등 속에서 어느 쪽을 선택하고 행동하느냐의 문제일 뿐이다. 그렇다면 자신이 하는 행동이 위험한 행동인지 안전한 행동인지도 알까?

인류의 역사는 생존의 역사다. 지구 45억 년의 역사 속에 불과 인류의 역사는 100만 년 남짓하고 그중에 기록이나 흔적으로 알 수 있는 역사는 1만 년에 지나지 않는다. 그 역사 속에서 인류 유전자는 생존에 가장 유리하거나 적합한 형태로 프로그래밍되었다. 리처드 도킨스는《이기적 유전자》에서 인간이 생존하기에 가장 유리한 이기적 방향으로 유전자는 발전되어 왔다고 말한다. 그렇게 진화한 것이 아니라 그런 유전자를 가지고 있는 종이 살아남았다는 말로도 해석할 수 있다.

경쟁에서 살아남기 위해 유전자는 불멸을 위해 뛰어난 생존 기계(우리의 몸이나 육체)를 만들어야 했고, 간접적으로 자신의 본체를 통제하는 것을 택했다.

이러한 유전자의 이기적인 면모로 인해 개체는 의사소통을 선택하고 상호작용을 하게 되었다고 한다. 지구 상에 살아가는 생물들의 여러 가지 동작, 행동, 언어 등은 다른 생존 기계에 영향을 주어 간접적으로나마 자기 유전자의 존속에 유리함을 더해준다고 이야기하는 것이다.

이렇게 유전자는 생존 기계가 성공적으로 생존하도록 여러 가지 전략을 짜는데, 이를 'Evolutionrily Stable Strategy'(줄여서 ESS)라 칭하고 이런 ESS를 잘 꾸린 유전자는 불멸성을 유지하며 더욱 발전하게 되고, 우리는 이를 개체의 진화로 관찰하게 된다는 것이다. 유전자는 일단 이기주의가 기본 베이스이다. 따라서 그 유전자가 다른 생존 기계에 들어 있는 자신과 같은 유전자를 도울 수 있게 되고, 그 결과가 바로 '개체의 이타주의'로 드러난다고 본다. 물론 자신과 다른 유전자를 보면 그 반대로 작동된다.

논란은 있지만 결과적으로 현재까지 살아남은 모든 인간이 가진 유전자는 자신의 생존 기계가 처하게 되는 위험을 회피하거나 위험으로부터 자신을 지키기 위한 형태로 존재한다. 이 말은 우리 유전자는 본능적으로 위험을 인식할 수 있다는 말이 될 수도 있겠다.

문제는 그 위험의 종류가 맹수나 자연재해를 넘어서서 고도화되고 다양해지고 있다는 점이다. 예전에는 전혀 몰랐던 위험이 도처에서 매일 같이 생겨나고 있다. 또한 어느새 그 외부 위험을 자극하는 감각이 무뎌져서인지 새로운 위험의 정체를 알아채지 못하고 있다. 또 자기 유전자와 동일하면 즉 익숙해지면 상호작용을 시도하려 한다고 보면 위험에 무감각해지는 행동을 유발하고 있다고도 생각할 수 있다. 따라서 우리는 유전자에게 지속적으로 위험의 정체를 인지시키는 행위를 해야 한다. 어쩌면 그것이야말로 안전교육일지 모른다.

안전교육이나 안전관리의 목적은 인간의 시비지심이라는 본성이 잘 작동하도록 만드는 데 있다고 하겠다. 외부 자극을 인지 작용(지식이나 경험을 통해 판단하는 과정)을 거쳐 판단할 때 근거가 되는 기초 데이터는 자신의 지식과 경험이다. 지식과 경험은 결국 의식적 무의식적으로 판단에 영향을 미친다.

여기서 더 살펴봐야 할 지점이 바로 무의식이다. 뇌과학자들은 어떤 판단과 행동에 미치는 영향력의 크기를 보면 의식이 10%이고 무의식이 90%라고 한다. 그렇다면 안전의식이 안전수준이나 성과에 미치는 영향은 10%에 지나지 않는다는 가정도 가능해진다. 그러니 안전의식을 향상시킬 것이 아니라 안전 무의식을 향상시키는 노력이 필요한지도 모르겠다.

우리가 '사고가 나면 어떡하지?'라고 생각하면 우리의 무의식은 사고가 나도록 우리 생존 기계(몸을)를 작동시킨다는 논리가 무의식을 주장하는 이론이다. 우리가 하는 대부분의 교육은 바로 무의식을 부정적으로 작동하게 한다는 측면에서 고민해 봐야 한다.

아무튼 어린아이가 자신이 하는 행동이 옳은지 그른지를 배우지 않아도 알듯이 우리 역시 위험한 행동인지 아닌지를 알 수 있는 그 어떤 메커니즘을 유전자 속에 복제해야 한다면 맹자가 말하는 4단은 실상 안전관리 교과서의 큰 축을 제시해 준다고 볼 수 있다.

죽은 천리마의 뼈를
금 오백금에 사는 이유는?

전국시대 때 제법 강성했던 연나라는 쾌왕 때 고관들의 농단으로 이웃 제(齊) 나라의 침략을 받고 백성들이 큰 고통을 겪었다. 소왕(昭王)이 즉위한 뒤 잃었던 땅을 찾고 도탄에서 구하기 위해 인재를 찾는 공고를 냈다. 별 성과가 없자 소왕은 태자 때 의지했던 곽외에게 부탁한다. 곽외는 옛날 어느 나라의 왕이 천금을 내걸고 천리마를 구하려 했던 이야기를 꺼냈다. 즉 천금매골(千金買骨)의 이야기다. 하루에 천리를 달리는 귀한 말을 사람들이 숨겨놓고 내놓으려 하지 않아 3년이란 세월이 후딱 지나갔다. 그때 한 하급 관리가 장담하고 나서 오백 금을 주고 사 온 것이 천리마의 뼈였다. 왕이 화를 내자 대답이 걸작이었다.

"죽은 말도 오백 금으로 사는데 산 말이라면 오죽하겠습니까?"

소문이 나자 과연 천리마를 가진 사람이 하나둘 나타났고 1년도 안 돼 세 마리나 구할 수 있었다고 한다.

죽은 말뼈에도 거금을 준다고 하여 천리마를 구하는 데 성공한 것처럼 인재를 구하려면 가까이 있는 사람을 예우해야 한다는 말이다. 곽외가 소왕에게 말했다.

"이제 왕께서 어진 선비를 구하려 하신다면 저 곽외부터 시작하십시오."

이 말에 소왕은 가까이 있는 곽외를 스승으로 삼고 극진히 모셨다. 과연 악의(樂毅), 추연(鄒衍), 소대(蘇代), 극신(劇辛) 등 인재들이 각국에서 모여들어 나라가 부강해졌다. 가까이 있는 사람이나 먼저 말을 꺼낸 사람부터 믿음을 갖고 예우한다면 인재를 모을 수 있다는 뜻으로 사용된다.

안전관리 분야에서 인재 확보는 매우 어려운 숙제다. 어느 분야가 발전하려면 결국 인재의 수급이 결정한다. 사고를 예방하는 일보다는 발생한 사고자를 치료하는 일에 훨씬 많은 인재가 몰려든다. 어느 학교든 의과대학에 입학하는 학생의 수준은 우리나라 최고 수준의 대학 입학 기준보다 높다고 한다. 우수한 인재가 이미 발생한 재해를 수습하거나 잃어버린 건강을 치유하는 쪽에 몰려드는 것이다. 조직 내에서도 마찬가지다. 안전관리가 전문 영역이나 업무로 평가받기 시작한 것은 그리 오래되지 않았다. 전담 안전관리자를 배치해야 한다는 산업안전보건법상 규정이 있지만 대기업이나 일정 수준 이상이 아니면 대부분 겸직으로 업무를 보는 것이 현실이다. 다른 업무를 보던 사람이 자격증을 취득하거나 혹은 경력이 부족한 직원 한 명 정도를 다른 부서나 팀 단위에 배속시켜서 안전 관련 업무를 보도록 하는 경우도 많다. 회사 내에서의 위상 역시 말할 필요가 없다. 늘 생산이나 성과를 중심에 두고 부수적이고 종속적 위치에서 업무를 진행할 수밖에 없다. 인사가 만사라고 한다. 안전관리 업무를 담당하는 인재에 대한 예우는 안전 수준 향상을 위한 핵심이다. 전담안전관리자 선임에 대한 기준이 계속 낮아지고 있다. 문제는 누가 50인 정도 되는 규모의 회사에 가려고 할 것인가? 인력확보가 어렵거나 왜곡되는 이유다.

필자가 모 공공기관에 강의하러 갔다가 책임자와 대화를 나누던 중에 이런 질문을 받았다.

"어떻게 하면 안전 수준을 끌어올릴 수 있습니까?"

"진심으로 수준을 높이고 싶으십니까?"

"물론입니다. 요즘 공공기관의 책임자는 사실 안전사고 발생 여부에 의해 그 평가가 결정됩니다. 당연히 관심이 있지요"

그래서 이렇게 물어봤다.

"한 가지 여쭤보겠습니다. 우리 조직에서 ESH 부서장이나 책임자는 한직입니까? 요직입니까?"

그 책임자는 아무 말도 하지 않았다.

그 공사에서는 ESH 부서장이나 책임자의 자리는 인사 명령에서 소외된 사람에 대한 예우 차원에서 임명하거나 혹은 정년을 앞둔 사람이 잠시 거쳐가는 자리라는 것을 알고 질문한 것이다. 이어서 이렇게 대답했다.

"진정 ESH 업무를 잘하고 싶으시면 관련 부서의 책임자로 이 조직에서 가장 실력 있는 사람을 임명하십시오. 누구라도 이 부서를 거치지 않고는 의사결정이 안 되는 구조를 만들어 주시고 누구라도 이 부서 업무를 모르고는 승진하지 못하도록 해 보십시오."

ESH 부서의 편재를 사장이나 대표 직할 부서로 두고 직접 오너가 챙기지 않는 한 ESH 업무가 조직 전체에 녹아 들어가는 데는 오랜 시간이 걸릴 수밖에 없다. 앞에서 이야기한 천금매골(千金買骨)의 이야기에서 안전관리 인재에 대한 답을 찾을 수 있다. 의도적이거나 형식적인 절차 속에서 안전관리 책임자를 더 우대하고 더 힘을 실어 주는 노력이 필요한 이유다. 실리콘 밸리에서 전자공학과 출신들로 구성된 팀에 인문학을 전공한 사람을 발령내는 것처럼 창의성을 극대화하기 위해서는 가장 이질적인 전공자를 부서에 배속시키는 것이 효과가 있기 때문이다. 이처럼 조직관리는 다분히 의도적이어야 한다.

이익이 없는 곳에 마음이 가는가?

일정한 생업이나 자산이 없으면 마음에 안정을 일관성이 있게 가져가기 어렵다. 등문공이란 자가 맹자에게 나라 다스리는 것에 관해 물었다.

有恒産者 有恒心(유항산자 유항심) 無恒産者 無恒心(무항산자 무항심)
"백성들이 진리로 삼는 것은 유항산자 유항심이고, 무항산자 무항심이니 즉 생업이 있는 자는 한결같고 지속성이 있으며, 생업이 없는 자는 한결같고 지속되는 마음도 없다고 말합니다."

한결같은 마음이 없다면 사치나 탐욕으로부터 자유롭기가 어렵고 끝내 함정에 이르러 죄를 짓게 된다. 죄를 지은 후에 쫓아가 처벌한다면 백성을 죄에 걸려들도록 기만하는 것이라고 했다.

"천하의 모든 벼슬하는 사람들에게 벼슬하고 싶어 하게 하고, 경작하는 자들로 천하의 들에서 경작하고 싶게 하고, 상인들에게 모두 천하의 시장에서 상품을 팔고 싶어지도록 하며, 여행하는 자들에게 모두 천하의 길에 나가고 싶어 하도록 한다면, 천하에 전하를 미워하던 모든 자까지 다 호소하려 할 것이니, 상황이 이러하다면 누가 감히 막을 수 있겠습니까?"라고 하였다.

그렇다 내가 하는 일에서 생겨나는 것이 없거나 적어서 그 일을 하지 않으려고 하는 것이 문제다. 또 내가 하는 일이 안정적이냐 불안정하냐의 문제도 있다. 이 말은 실용주의나 탕평 정책 혹은 생업이 중요하다는 논리를 전개할 때 항상 인용되는 말이다. 많이 인용된다는 것은 우리 사회가 그리 되지 않거나 그 말이 실천되지 않고 있다는 말이기도 하다. 이념논쟁에 빠져 있는 동안 서민들의 삶은 망가지는데, 그러한 현상이 극심했던 조선이 몰락한 것을 배우고 또 들었으면서도 지금도 우리 사회의 리더는 늘 무항산(無恒産)을 서슴지 않고 저지른다. ESH 업무에 전념하면 이익이 즉 생산이 있도록 해주어야 한다. 그렇지 않으면 마음이 가지 않을 것이다.

안전관리는 두 가지 측면에서 보아야 한다. 생업이 불안하면, 즉 고용이 불안정하면 안전사고가 더 많이 발생한다. 또 안전관리가 생산이나 성과라는 측면에서 제 역할을 하지 못한다면 혹은 공감되지 못한다면 안전관리는 늘 행사나 이벤트로 인식될 뿐이다.

먼저 고용 불안정성과 안전사고 발생에 대해 살펴보자. IMF 외환위기, 2008년 금융위기, 코로나19로 인한 팬데믹 위기 등 경기침체가 되면 일반적으로 산업활동이 위축되면서 산업재해도 줄 것으로 예측된다. 그러나 의외로 경기 침체기가 되면 오히려 중대재해가 더 많이 발생한다. 이것은 안전관리에 대한 투자가 감소하고, 비정규직의 일자리가 늘어나는 것과 아울러 업무 처리방식이 아웃소싱 등의 외주가 증가한다는 점과 무관하지 않다. 그뿐만 아니라 근로자들이 가지는 고용에 대한 불안감이 증가하고 영세업체들이 안전 비용을 집행하지 않으려는 것과 무관하지 않다. 안전교육이 소홀해지는 것은 당연하다. 이런 점에서 고용의 안정성은 산업재해 예방에 매우 중요한 부분이라는 점을 알 수 있다. 우리나라의 정규직 대비 비정규직 근로자 비율은 대략 40%에 이르고, 임금 격차는 정규직 대비 30~50%까지 차이가 난다.

통계청 자료에 의하면 코로나때 비정규직 해고 비율이 정규직 대비 6.5배나 높다. 보험업계에 따르면 지난 25년간 산업시설 화재를 조사한 결과 외환위기나 금융위기때 연간 화재 건수가 500~600건 정도 높은 것으로 조사되었다.

일본의 통계를 보아도 경기 불황과 제조업 화재 사고 간에 유의미한 상관관계를 보인다. 일본 소방청 발표를 보면 일본 버블경제 붕괴 이후 2001년부터 약 10년간 대규모 산업단지에서 발생한 사고가 157% 증가한 것으로 나타났다. 실상 경기가 위축되고 생업이 불안정해지면 가장 먼저 보험부터 해약하게 된다. 기존의 보험을 해약할 뿐 아니라 가입조차 하지 않는 위험관리의 사각지대가 생겨날 수 있다는 점도 정책 수립 시에 고려해야 한다.

다음으로 '무항산무항심'의 관점에서 생각해 볼 것은 안전관리가 생산의 요소로 인식되지 않으면 조직 내에서 안전관리에 대한 중요성을 지속적이고 일관되게 어필하기 어렵다는 점이다. 즉 무항산에서 산자를 생업이 아니라 이익이나 성과로 해석해 볼 필요가 있다.

안전관리 성과를 산출하는 방식은 아직도 다소 억지스럽다. 하인리히가 말한 재해손실액 산출 방식은 직접 손실 금액과 간접손실 금액을 1:4의 비율로 계산하는 것이다. 문제는 간접손실 금액으로 치료비와 보상비 등의 직접손실비의 4배를 일률적으로 적용하는 것을 이해시키기 어렵다는 점이다. 물론 그보다 훨씬 더 큰 피해가 발생한다는 것은 심정적으로 알지만 성과지표로 적용하기에는 다소 추상적이다. 우리나라 산업재해 손실 금액은 통계 연도에 따라 다르지만 대략 19조에서 23조 원 사이이다. 잠실 주경기장을 10개 이상 지을 수 있는 돈이고, 사회적으로 논란을 일으킨 4대강 공사비에 준하는 금액이 매년 손실로 잡히고 있다(4대 강 공사는 5년간 진행된 예산임).

이런 손실 금액에 비해 안전 관리비로 지출되는 비용은 관리자 측면에서 보면 매우 실질적이고 구체적이다. 이런 이유로 아직도 안전 관리비는 비용으로만 인식되고 있다. 그나마 필자가 현직에 있을 때 안전관리의 경제적 효과라고 산출했던 값이 바로 산업재해보험 요율을 이용해서 전년 대비 보험료를 얼마 절감시켰다는 것 정도였다. 안전관리가 생산이나 성과지표로 반영되지 않으면 맹자의 지적처럼 결국 안전관리에서 항상심을 유지하는 것은 요원할지 모른다.

최근 ESG 경영에서 비재무적 요소를 어떻게 재무적 요소화할 것인가가 숙제다. 결국 최종 의사결정권자는 재무적 평가지표를 의식할 수밖에 없기 때문이다. 안전관리의 일관성을 유지하기 위해서도 같은 맥락에서 이해되어야 한다. 과연 어떤 방법이 있을까?

필자는 안전관리를 위한 기술의 지적재산화를 권하고 싶다. 기업 현장에서 이루어지는 개선 제안은 품질확보를 위해 시작되었고 보편화되었다. 그렇다면 그 개선 제안에 품질뿐 아니라 안전 영역을 활성화하고 지식재산권 확보를 통한 신사업 발굴이나 창업 등으로 연결하는 운동이 필요하다.

또 안전관리가 생산과 성과지표로 산정되기 위해서는 마케팅에서 브랜드 가치를 인정하는 것처럼 안전사고로 인한 브랜드 훼손이나 매출 감소 등의 경제적 피해 금액을 산출하는 것에 관한 연구가 필요하다. 이것은 ESG 경영과 맞물려 적용한다면 효과를 볼 수 있을 것으로 기대된다. 기업에서 중대재해가 발생하면 공사중단 혹은 작업 중지 등의 행정처분이 내려진다. 이때 원청 근로자들은 아무런 피해가 없다. 반면 협력사 근로자들에게는 막대한 피해가 발생한다. 근무를 못하게 됨으로써 오는 임금 미지급과 또한 정상화된 후 생산 차질을 급하게 만

회해야 하기 때문에 안전은 신경을 쓸 겨를이 없어지는 것 등이다.

　이런 점들이 계약 단계에서 검토된다고 가정해 보자. 지체상금을 계약에 명기하여 보상하듯이 어떤 프로젝트마다 중대재해 발생 시 손실 금액을 보상하도록 하고, 그 보상금액을 안전관리나 사회취약계층 지원을 위한 재원으로 사용한다면 자연스럽게 재해손실액은 실질적 경영성과지표로 사용할 수 있게 된다. 예를 들면 어떤 아파트 공사를 하는데 재해가 얼마 이상 발생할 경우 계약자들에게 분양 대금의 얼마를 배상해 주도록 한다면 어떨까? 대기업 입장에서는 유불리를 따져 반발할 수도 있겠지만 이것이 오히려 노사간 분쟁을 줄이는 근거가 될 수 있다. 핵심은 '무항산 무항심이고 유항산 유항심'이다. 생산과 이득이 있는 곳에 마음이 간다는 것이다. 누구라도 이득이 가지 않는 곳에 마음이 가지 않는 것은 인지상정이다. 안전이 돈이 된다면 안전을 더 이상 강조하지 않아도 될 것이다. 안전이 사회적 출세나 승진을 위한 중요한 커리어가 된다면 인재가 몰려들 것이다. 맹자는 이미 2,500년도 훨씬 전에 이것을 말하고 있다. 이것이 인문과 고전의 힘이고 매력이다.

견리사해와 손실회피이론의 관계?

공자에게 제자가 묻는다.

"스승님 이로움과 의로움이 충돌하면 어찌해야 합니까?"

이 때 공자가 한 말이 "견리사의(見利思義) 의연후취(義然後取)"이다. 이로움을 즉 이익이 되는 일을 보거든 의로운지를 생각하고, 의로움이 이루어졌거든 그때 이로움을 취하라고 말한다. 의로움이 먼저라는 말이다. 우리가 안전경영방침의 첫 번째로 안전제일을 말해야 하는 이유다. "안전하지 않으면 작업하지 말라."는 안전 방침을 정하고 이야기하지만 막상 그 이유에 공감하지 못하는 이유는 그 근거가 빈약해서이다.

안전관리란 사실 이로움과 의로움의 충돌에서 의로움을 선택하는 행위다. 이로움은 굳이 애쓰지 않아도 강조될 것이다. 그러므로 안전을 담당하는 사람은 의로움에 좀 더 비중을 두고 일을 하게 된다. 다분히 논리적 근거가 약하다. 사실 공사비를 절감하고 공사 기간을 단축하는 일이 이익이 된다. 잠깐이면 끝날 작업에 안전 관리비를 투입하는 것이 얼마나 큰 갈등이겠는가? 때로는 백만 원의 산출을 위해 안전시설이나 인건비에 투입해야 하는 비용이 천만 원이 소요될 때도 있을 것이다. 이때마다 떠올려야 할 말이 바로 이 '견리사의 의연후취'다.

일단 그리해야 한다. 그러면 그 천만 원의 비용을 통해 더 생산성을 높이는 방안을 고민할 것이기에 그렇다. 우리는 역사를 거스를 수 없다고 이야기한다. 수없이 많은 역사적 사건을 배우면서도 우리 사회는 결국 다시 시행착오를 저지른다. 배움만으로는 그 일을 겪었을 때의 아픔을 진정으로 느끼지 못하기 때문이다. 결국 가짜로 개혁된 척을 하게 된다. 마찬가지다. 요령이나 적당한 편법으로 어떤 결과를 가지게 되면 그것이 최선이 되고 결국 관행이 된다. 처음에는 다소 무리이다 싶지만, 원칙을 수행하면 그 속에서 또 다른 어떤 것을 모색하게 된다. 그래서 돌아가는 것 같지만 결국 빨리 가는 것이다.

누구나 긍정하지만 그러함에도 이로움을 멀리하고 의로움을 선택하는 것은 쉽지 않은 일이다. 수많은 위대한 리더들이 결국 이 벽을, 이 한계를 극복하지 못해서 한순간 나락으로 떨어지는 일들을 수없이 봐왔다. 이런 고민에 공자의 제자는 명쾌하면서도 단순한 해답을 제시한다. 그것이 바로 '견리사해(見利思害)'라는 것이다. 이익을 보면 해로움이 무엇일지를 생각하라는 것이다. 훨씬 인간적이다. 아니 훨씬 솔직하다. 어떤 이익의 유혹이 있을 때 어떤 해로움이 있을지를 생각하라는 것이다. 중대재해가 발생하고 나면 그 피해나 손실 규모는 천문학적이다. 이 생각을 떠올린다면 내가 취하려는 이익은 아무것도 아닌 셈이 된다.

2002년도 노벨 경제학상을 받은 이스라엘의 심리학자 다니엘 카너먼이 제시한 유명한 이론이 바로 손실 회피이론이다. 동일한 결과를 낳는다고 하더라도 사람은 손실을 회피하는 쪽으로 의사결정을 한다는 것이다. 예를 들면 당신이 길을 걷고 있는데 누군가가 게임을 제안한다. 1만 원을 주면서 하는 말이 "만약 동전을 던져서 앞면이 나오면 방금 받은 1만 원을 돌려주세요. 만약 뒷면이 나오면 2만 원을 추가로 드리겠습니다."라고 했는데 게임 참가자 90%가 게임 참가를 거부했다고 한다. 사람들은 불확실한 이익보다는 확실한 손해를 더 크게 생각한다는 것이다. 때문에 객관적이고 합리적인 생각을 하지 않고 손해를 피하고 보자는 의사결정을 한다는 것이다. 이런 점에서 어쩌면 맹자가 노벨 경제학상을 받아야 한다는 생각이 든다.

이 이론은 마케팅에서 활용되어 수많은 충동구매를 가져오게 했다. 예를 들어 수박 반 통을 8천 원에 수박 한 통을 1만 2천 원에 판다고 하면 대부분 수박 한 통을 구매한다. 그렇다면 안전관리 수준을 끌어 올리기 위해서는 이러한 '견리사해'의 심리가 작동되도록 하는 것이 좋을 수 있다.

맹자의 분업론에서 배우는 안전경영은?

농자는 군주로부터 아래 말단 백성까지 모두가 농사를 지어야 한다고 주장했다. 이 세상 모든 갈등은 더 많이 소유하려고 한데서 오는 것이다. 그러니 모두가 자급자족하면 이 세상이 평화로울 것이라고 했다. 반면에 맹자는 마음을 수고롭게 하는 자는 남을 다스리고, 몸을 수고롭게 하는 자는 남에게 다스림을 받는다(勞心者治人, 勞力者治於人). 농가는 만민평등이 가능한 것처럼 보이지만 불가능하다고 한다. 맹자를 자본주의 사상가라고 부르는 이유가 바로 이처럼 분업을 주장했기 때문이다.

농가를 주장한 허행의 수제자 진상과 맹자의 대화가 재미있다.
"당신 스승 허행은 반드시 농사를 짓습니까?"
"예, 그렇습니다."
"그렇다면 천을 짜서 옷을 입습니까? 그리고 허행은 관을 씁니까?

그리고 그것을 자기가 직접 짜서 씁니까?"

"아닙니다. 곡식과 바꾸십니다."

"왜 자신이 직접 그것을 짜지 않습니까?"

"농사에 방해가 되기 때문입니다."

"허행은 솥과 시루로 취사하고 쇠로 만든 쟁기로 농사를 짓습니까?"

"그렇습니다."

"그것도 직접 만듭니까?"

"아닙니다. 그것도 곡식과 바꾸십니다"

이때 맹자는 말한다.

"곡식을 가지고 쟁기와 기물을 바꾸어 쓰는 것은 도공과 대장장이를 괴롭히는 일이 아니며, 도공과 대장장이 역시 그들이 만든 쟁기와 기물을 가지고 곡식과 바꿔 먹는 것이 역시 농부를 괴롭히는 일이 아니오."

진상이 말한다.

"장인들 일이야 원래 농사지으면서 같이 할 수 없지요."

그러자 맹자가 단호하게 꾸짖었다.

"그렇다면 천하를 다스리는 일은 농사를 지으며 병행할 수 있단 말이오?"

맹자의 실용주의적 사상이 여실히 드러나는 모습이다. 경제학의 아버지 아담 스미스의 분업론이 생각나게 하는 대목이다. 핀을 만든다고 할 때 한 사람이 핀 제조공정 전체를 담당할 때는 하루 20개도 만들지 못하지만, 핀 제조공정을 18개로 나누어 10명이 분업하는 경우 하루에 48,000개가 만들어진다는 논리다.

안전경영에서 안전 조직에 대한 부분을 생각해 봐야 한다. 대기업은 안전 업무가 세분되어 있지만 대부분 회사는 겸직하는 형태다. 전담 안전관리자를 두도록 하고 있지만 실상 겸직하는 예도 많다. 특히 안전담당자나 관리감독자라는 직책은 대부분 겸직이다. 전담 안전관리자라 하더라도 1~3명 이내인 경우가 대부분이다. 분업의 효율성이 나타나기가 어렵다. 어떤 일을 계획하고 추진하는 과정에서 혼자서는 동기부여받거나 추진력을 얻기가 현실적으로 어렵다. 나름 어떤 업무를 진행해 보려고 시도하다가도 다른 사람의 반대나 다른 의견을 만나게 되어 추진력을 잃어버리기 쉽다. 이런 점에서 안전, 보건, 환경의 ESH 영역을 통합하여 일정한 규모의 조직력을 갖추게 하는 것은 효과적일 수 있겠다.

제2장

공맹사상 저항에 대한 맹자의 방어력

ESH 업무는 늘 조직내에서 실리라는 현실로부터 공격받는다. 공격이 나쁜 것만도 아니다. 그를 통해 협의와 조정이라는 최적을 이끌어 내는 것이 조직이기 때문이다. 문제는 그러한 공격에 적절히 방어하지 못하고 무조건 수용하는 것이다. 맹자는 수많은 사상가들로부터 공격을 받는다. 그러나 방어를 통해 전체적 조화를 이끌어내는 점에서 매우 탁월했다.

명분과 실리가 충돌한다면?

공자가 안영(晏子)으로부터 "대체로 유자는 말만 그럴싸하지, 여러 나라를 유세하고 구걸하며 빌리기만 잘하는, 나라를 위하는 짓이 못 된다."고 경계의 대상이 된 것처럼 맹자도 순우곤(淳于髡)에게 제지를 받았다. 어느 날 순우곤이 맹자를 찾아와서 설전을 벌이게 된다.

순우곤   남녀가 물건을 주고받는 것을 직접 하지 않아야 예(禮)입니까?

맹자   그것이 예이다.

순우곤   그럼 제수나 형수가 물에 빠졌습니다. 손으로 끌어내야 합니까? (무례와 무도의 갈등 상황에 관한 질문)

맹자   물에 빠졌는데도 손을 뻗지 아니하면 승냥이나 이리다. 남녀가 손이 닿지 않아야 하는 것은 예(禮)이나 위태로울 때 살리는 것은 권*(權)이다.

순우곤 지금 천하가 물에 빠져 있습니다. 왜 선생은 건져 내지 않
        으십니까?(그럼 왜 천하가 왜 이렇게 혼란스러우냐고 비웃
        는 것임)

맹자   천하가 물에 빠지면 도(道)를 가지고 끌어내고, 형수가 빠지
        면 손으로 끌어내는 것인데 자네는 어찌 손으로 천하를 끌
        어내려 하는가?

        * '권'이란 저울추로 고정된 것이 아니라 상황에 따라 대처해야 한다
          는 의미

유가사상은 명분에 빠져서 실리나 실용이 아닌 허울을 좇는다는 지적
을 받는다. 맹자가 이 지적을 명쾌하게 빠져나오는 장면이다. 가끔 안전
경영이 명분만 찾고, 실리적이지 않다는 지적을 받는 경우에 유용할 듯
하다. 남녀가 손을 잡지 않아야 하는 것은 예이나 사람 목숨을 당장 살
려야 하는 것은 저울추 같은 권이라고 말한다. 이에 대해서 달변가 순
우곤은 그러면 왜 세상이 이 모양이냐고 비웃는다. 이에 대해서 맹자는
언행 불일치를 지적한다. 안전을 입으로만 하고 손발로 하지 않는다고
해석할 수 있겠다. 실상 안전제일을 외치지 않는 회사는 없다. 그러나
그 입만으로 구호를 외친다고 해서 과연 안전사고가 감소할까? 혹시
천하를 구하는 데 손을 쓰고 있지는 않은지, 그리고 사람을 구하는 데
도와 같은 명분만 말하고 있지는 않은지 한 번 더 살펴볼 일이다.

안전경영 책임자가
반드시 알아야 할 것은?

맹자가 제나라 선왕에게 충언(연나라를 패도정치하지 말라고)했으나 받아들여지지 않자, 맹자는 미련 없이 제나라를 떠나게 된다. 이때 순우곤은 맹자의 초라한 모습을 보고 싶은 마음으로 찾아와서 비아냥댄다.

순우곤 　명예와 실적을 중시하는 것은 남을 위한 것이고 명예와 실적을 경시하는 것은 자기를 위한 것입니다. 선생님은 명예와 실적이 위와 아래에 더해지지 않았는데 떠나시니 어진 사람도 원래 그렇게 하나요?

맹자 　낮은 지위에서도 못난 왕을 섬기지 않는 것은 백이였고, 다섯 번 탕왕에게 나아간 자는 이윤이었고, 더러운 왕을 싫어하지 않고 낮은 관직도 사양하지 않은 사람은 유하혜였으니, 세 분의 길은 같지 않으나 그 귀결은 하나다. 그것이 인

(ㄷ)이다. 군자는 반드시 같은 길을 간다고 할 수 있겠는가?

순우곤 노나라 목왕 때 공의자나 자유와 자사가 신하가 되었으나 노나라가 더 쇠퇴했으니 현명한 자가 국가에 무익한 것이 이와 같습니까?(맹자 당신이 뭐 한다고 했지만, 나아진 것이 있겠느냐는 말)

맹자 현명한 자를 쓰지 않으면 망하는 것이 어찌 나라가 쇠퇴할 정도로 그칠까?

순우곤 어떤 일을 잘하면 표가 나는 법인데 일을 잘했는데도 효과 가 없는 것을 제가 보지 못했습니다.

맹자 군자가 하는 것을 중인들은 원래 알지 못한다.

중처법에서는 중대재해에 대한 책임을 안전경영 책임자에게 둔다. 이에 대해 안전경영 책임자를 누구로 볼 것이냐 하는 논란이 있다, 안전경영 책임자 혹은 안전 관련 업무를 담당하는 자의 고충은 크게 2가지다. 하나는 시급성에 관한 것이고 둘째는 성과 증명에 관한 것이다. 당장 사고가 날지, 아니면 사고가 나지 않을지는 누구도 장담할 수 없다. 다만 그럴 수도 있다는 가정하에 업무를 진행해야 하는 것이 쉬울 리 없다.

왜 꼭 지금이어야 하느냐는 부분에서 우선 순위에 놓으려고 하는 업무가 충돌하고 그것을 조정해 내는 것이 시스템이고 그 시스템이 잘 작동되도록 하는 것이 경영이다. 일명 자원의 효율적 분배에 관한 것이다. 둘째는 성과를 어떻게 증명할 것이냐이다. 안전은 잘하면 본전이다. 사고가 안 나면 당연한 것이다. 이런 상황에서 심정이 흡사 맹자와 같다. 순우곤은 흡사 침묵하고 있지만 다소간 냉소적인 또 다른 시각을 가진 사람들과 같다. 이럴 때 책임자는 최소한 맹자와 같은 소신과 명분이 있어야 한다. 사람이 죽고 다치고 하는 문제가 다소간의 시간적 금전적 이익과 동일선상에서 비교될 수는 없다. 맹자가 말하는 군자가 하는 것을 중인들이 어찌 알겠느냐? 흡사 장자가 말하는 "곤(鯤)이 붕(鵬)의 뜻을 어찌 알 것이며, 참새가 붕의 뜻을 어찌 알까?"와 같은 말이다.

안전경영 책임자나 안전 업무를 담당하는 사람은 이런 상황에 자주 노출된다. 그래서 늘 어떤 안전 업무 행위의 인명 존중이란 명분은 하나마나한 소리가 되고 그 법적 처벌이라는 당장의 이유를 근거로 삼는다. 이것이 그나마 업무 추진력을 가지게 하지만 일면 자발성을 방해하는 요소가 되기도 한다. 최고경영자는 ESH 부서장이나 책임자가 이런 입장과 처지에 있음을 이해해야 한다. 이것이 안전경영부서는 최고책임자 직속이나 스텝으로 두거나 또는 관심을 지속적으로 표명해 주어야 하는 이유다.

맹자의 군자삼락과 안전삼락은?

공자와 맹자의 삼락을 보는 것도 재미있다. 공자의 인생삼락(人生三樂)은 《논어》〈학이편〉에 나온다.

첫째 배우고 때때로 배운 것을 익히면 또한 즐겁지 아니한가?

둘째 벗이 있어, 먼 곳에서 찾아오니 또한 즐겁지 아니한가?

셋째 남들이 알아주지 않더라도 성내지 않으니 또한 군자가 아니겠는가?

또한 《맹자》〈진심〉에 나오는 군자삼락은 이렇다.

부모님이 다 살아 계시고 형제가 탈이 없음이 첫 번째 즐거움이요,

우러러 하늘에 부끄럽지 않고 굽어보아 사람들에게 부끄럽지 않음이 두 번째 즐거움이요,

천하의 영재를 얻어서 교육함이 세 번째 즐거움이라.

누군가 알아주지 않아도 성내지 않음이 즐거움이라 말하는 공자의 말씀은 맹자가 순우곤과 나눈 대화 속에서 "군자의 뜻을 중인이 어찌 알랴?"라는 것과 같다. 누군가를 내려다보면서 무시하라는 것이 아니라 애초에 그런 오해를 받을 것을 각오하고 그러함에도 불구하고 그 역할의 중요성을 스스로 인정할 수 있는 마음 자세를 가져야 함을 말해준다. 맹자가 말하는 군자삼락에서 안전경영에 도입할 만한 지혜가 두 가지다. 하나는 양부모가 살아 계시고 형제가 무탈한 것이 즐거움이라고 한 것이다. 작업자들이 만약 재해를 당했을 때, 그 사람은 필히 누군가의 부모이거나 형제일 것이다. 결국 관계된 가족들의 행복을 빼앗는 행위가 된다는 점이다. 보다 넓은 범위에서 직장동료도 형제의 범위에 포함할 수도 있겠다.

또 하나는 가르치는 것이 즐거움이라고 했다는 지점이다. 안전교육에서 최고의 강사는 다름 아닌 같이 일하는 동료이다. 위험을 가장 잘 알고, 가장 경험도 많다. 이 즐거움을 확산시킬 필요가 있다. 이런 이유에서 관리감독자를 안전교육의 주체자로 지정한 것이기도 하다. 관리감독자가 안전교육을 통해서 후배나 구성원들의 업무 역량을 향상시키고, 또한 안전하게 하는 것이 얼마나 기쁜 일인가? 그러한 기쁨을 대수롭지 않게 생각하거나 심지어는 빼앗고 있다면 이 또한 안타까운 일이다. 집체교육보다 더 핵심적인 교육은 같이 일하는 동료가 해 주는 것이다. 그런데 만약 그 동료들이 잘못되거나 혹은 안전에 반하는 내용을 가르치고 있다면 어떻겠는가? 안전교육을 늘리는 것이 능사가 아니라 안전교육의 수준을 높여야 한다고 주장하는 이유가 바로 여기에 있다. 교육의 수준을 높이기 위해서는 관리감독자의 강의 역량과 더불어 근로자들의 의식과 역량을 향상시켜야 한다.

이런 관점에서 맹자의 군자삼락을 안전삼락으로 이렇게 고쳐 써 본다. 근로자의 부모님이 다 살아 계시고 형제가 탈이 없도록 함이 첫 번째 즐거움이요, 비록 많은 사람들이 귀찮아 하고 더러는 무시받지만 우러러 하늘에 부끄럽지 않고 굽어보아 사람들에게 부끄럽지 않음이 두 번째 즐거움이요, 인간의 생명을 지키고 교육으로부터 가장 소외된 이들을 교육함이 세 번째 즐거움이라.

왜 산업재해자들을 존중하지 않는가?

춘추전국시대 제(齊)나라에 기량(杞梁)이라는 대장군이 있었다. 제나라 장공(莊公)이 거(莒)땅을 습격하였는데, 그때 기량은 앞장서서 적군을 많이 죽이며 쳐들어갔다.

장공이 기량에게 "거기 땅의 백성도 우리 백성이 될 것이니 너무 죽이지 말라."라면서 말렸으나 기량이 듣지 않고 싸우다가 죽었고, 죄를 얻었다.

장공이 승리하고 돌아오다가 기량의 아내에게 사자를 보내 길에서 조문하게 했다. 그러자 기량의 아내가 말했다.

"저의 남편이 죄를 얻었는데, 어찌 주군의 명을 욕되게 받을 수 있겠습니까. 저의 남편의 죄를 사해 주시면 천첩은 남편의 누추한 자리 밑에 있을 것이며, 첩은 부득이 들판에서 조문을 받아들일 수 없습니다."

이에 장공은 자신의 불찰을 뉘우치고 수레를 돌려 기량의 집에 들러

정중하게 조문하고 돌아갔다. 기량의 처는 자식이 없었으며, 상복을 입을 친척도 없었다. 기량의 처는 돌아가 의지할 곳이 없으므로 남편의 시신을 성 아래 두고 통곡하니, 그곳을 지나가는 사람들은 그 광경을 보며 모두 눈물을 흘리더니, 10일 지나자, 성이 무너져 내렸다.

여기서 성이 무너질 만큼 큰 슬픔이라는 뜻으로, 남편이 죽은 슬픔을 이르는 의미로 붕성지통(崩城之痛)이라는 말이 생겼다.

그렇게 장례를 치른 기량의 아내가 말했다.

"나는 어디로 돌아갈 것인가? 부녀자에게는 의지하여 살 곳이 있어야 한다. 그래서 아버지가 계실 때는 아버지에게, 남편이 있을 때는 남편에게, 자식이 있을 때는 자식에게 의지하여 살아야 한다. 그런데 나는 의지할 아버지, 남편, 자식이 없다. 안으로 의지하여 내 정성을 쏟을 곳이 없고, 밖으로는 내 절의를 세울 일이 없다. 내 어찌 개가할 수 있겠는가! 아, 나에게는 죽음만 있을 뿐이다. 그리고는 치수로 달려가 빠져 죽었다". 군자가 이르기를, '기량의 처는 정절의 예를 알았다'라고 했다.

지금으로 말하면 기량은 공무 중 사망한 것이다. 왕이 장공이 너무 과하게 하지 말라는 지시를 했으나 불이행하다가 사망했다. 왕이 기량의 아내를 만나 길거리에서 조문을 하겠다고 하자 기량의 아내는 거절했다. 왕이 집에 들러 조문을 했고, 그 후 기량의 아내가 통곡을 했다. 너무 슬피 울자 죽은 시신이 피눈물을 흘리고, 성이 무너져 내렸고, 아내도 따라 죽었다는 이야기다.

안타까운 일이지만 우리나라에서는 매년 2천 명 이상이 산업재해로 사망한다. 그중에 약 절반이 조금 안 되는 사람이 사고성 사망자이고, 나머지는 직업병에 의한 사망자이다. 산업재해로 사망하면 산업 전선에서 열심히 일하다 불의의 사고를 당했다는 모습은 조금도 없다. 무엇인가 불안전한 행동을 해서 사망했다거나, 보상이나 사법적 책임이란 것과 연계되면서 사고의 피해자라는 사회적 의미는 사라지고 무엇인가를 잘못해서 죽음을 맞은 것으로 평가 절하되어 버린다. 그 순간부터 장례 절차를 진행하는 내내 망자에 대한 예우는 온데간데 없다. 그저 빨리 장례를 마무리해야 한다거나 또는 아주 이해득실의 문제만이 핵심으로 주목받는다.

공무를 수행하다가 사망하는 경우와는 사뭇 다르다. 소방관이나 경찰 혹은 군인들처럼 공무를 수행하다가 사망하면 그렇게 하지 않는다. 우리나라는 파독 광부나 간호사로 일했던 사람들, 중동 건설 현장에서 피땀흘린 이들의 노고로 조국 근대화를 이루었다. 그래서 그들의 희생을 높이 평가한다. 그렇다면 지금 이 순간 산업현장에서 일하다 사고로 사망한 이들이 순전히 자기 자신의 이익을 위해 일하다가 그리된 것으로 평가해야 하는가?

기량의 아내는 비록 남편이 왕의 명을 거부해서 사망했다 하더라도 정중하게 예우해 줄 것을 요구했다. 여기서 예우란 그저 약간의 형식적인 장례 절차만을 말하는 것이 아니다. 망자가 우리나라의 산업현장에서 국가 혹은 회사 발전을 위해 또 가족을 위해 열심히 일하다가 죽음을 맞았다는 사실을 사회적으로 인정해주는 일이 왜 어려운 일일까? 혹시 인정을 해주면 또 다른 혜택이나 보상을 요구할지 봐 그런 것인가? 아니면 산업재해에 대한 두려움이 옅어질까 봐 그런 것인가?

매년 산업재해로 사망하는 이들이 본인이 잘못 때문에 사망한 것으로 인식되는 것은 잘못이다. 우리 사회가 너무 인색한 것이다. 공무수행 중 사망한 사람도 당사자에게 설혹 귀책이 있다고 하더라도 그것을 일부러 들춰내지는 않는다. 망자뿐 아니라 그 유가족들마저 뭔가 떳떳하지 못한 모습으로 살아가야 할 하등의 이유가 없기 때문이다. 책임에 따른 보상이나 처벌에 대한 것과는 별개로 산업재해 사망자에 대한 예우는 다른 차원에서 접근해야 한다. 그래야 우리 사회에 선함이 증가하지 않겠는가?

필자는 수많은 재해 사망자를 직간접으로 지켜봤다. 그래서 가족들의 눈에서 피눈물이 난다는 말이 어떤 것인지 나름 실감한다. 그러나 그 누구도 망자가 회사를 위해서 혹은 나라를 위해서 일하다 사망했다는 명예를 요구한 적은 없었다. 이것이 소중한 것임을 모르고 있는 것이 더 슬픈 일이다. 사람은 밥이나 돈으로만 살아가는 것은 아니다. 그 유족들에게 굳이 뭔가를 실수해서 혹은 위반해서 사망한 것처럼 낙인을 찍고 가족들에게 멍에를 씌울 필요는 없다. 맹자가 기량의 아내를 군자라고 하는 이유는 이 이치를 알고 있었기 때문이었을 것이다.

맹자에게 배우는 말의 4가지 병폐는?

    말을 잘하는 것과 말을 아는 것은 다르다. 말을 잘하는 것은 '호변가'이고, 말을 아는 것은 '지언가'라 한다.

    전국시대 때의 유세객으로 6국이 동맹하여 진나라에 대항하자고 주장한 소진의 진나라를 제외한 6개 나라가 서로 힘을 합하는 전략인 합종책과 장의가 주장한 진나라와 6개국이 각자 연합하는 연횡책에서 나온 전국시대 대표적 책략이 있다.

    장의는 그만큼 달변가로 알려져 있다. 어느 날 초나라에서 화씨벽이란 보물 구슬을 구경하다가 훔쳤다는 누명으로 곤장을 맞고 집에 와서는 아내가 울고 있자 "내 혀를 보게, 있나 없나?"라고 물어보고서는 있다고 하자 그러면 됐다고 할 만큼 달변가가 장의다. 맹자는 부동심을 얻는 방법으로 '호연지기'와 '지언(知言)'을 말했다. 여기서 '지언'이란 "비뚤어진 말에서 그 가리워진 바를 알며, 지나친 말에서 빠져있는 바를 알며, 사악한 말에서 그 떨어져 있는 바를 알며, 회피하는 말에서 그 곤궁한 말을 아는 것이다."라고 설명한다.

안전보건관리체계 구축이나 ISO45001 인증 등의 안전경영에 대한 계획에서 가장 앞에 나오는 것이 바로 안전경영방침이다. 중처법에서는 이 안전경영방침을 반드시 정하고 그것을 공표하고 교육하도록 하고 있다. 대부분 기업에서는 안전제일을 안전경영방침으로 정하여 실행한다. 맹자가 말하는 '지언'의 관점에서 보면, 지나친 말과 회피하는 말이라는 것이 여간 거슬리는 게 아니다. 그저 하기 좋은 듣기 좋은 말에 지나지 않는다는 생각 때문이다.

안전경영책임자나 안전관리자들이 안전에 대한 메시지를 말하거나 표현할 때 지언가가 되면 좋겠다.

맹자는 말의 병폐를 4가지로 구분한다. 피사(詖辭), 음사(淫辭), 사사(邪辭), 둔사(遁辭)이다. 여기서 피사는 비뚤어진 말, 음사는 지나친 말, 사사는 사악한 말, 둔사는 회피하는 말을 의미한다.

"말이 비뚤어지게 나오는 것은 이기적인 욕심으로 가려져 있기 때문이며, 말이 지나치게 격해지는 것은 자신의 세속적인 명예나 욕망이 손상을 입을 때, 마음의 평정을 유지하지 못하기 때문이며, 말이 사악해지는 것은 자기의 이익을 위해서 수단과 방법을 가리지 않기 때문이며, 말이 회피되는 것은 책임을 면하기 위한 것이나 진실을 속이려는 거짓말의 속임수 때문이다."라고 한다.

예수님도 마태복음에서 "그대들은 다만 '그렇다' 할 것은 '그렇다'고 하고 '아니다'라고 할 것은 '아니다' 하시오. 다른 말은 악에서 나오는 것이오."라고 했다.

혹시라도 안전경영방침을 "안전이 최우선이다."라고 정해 놓고 무슨 문제가 발생하면 "우리 회사는 안전이 제일이라고 말했잖아! 그런데 그렇게 하지 않은 것은 네 책임이야."라고 주장하기 위한 근거로 활용할 생각이라면 이 회사는 안전경영의 시작점부터 잘못되는 것이다. 구성원들에게 "으레 하는 말이야." 정도로 인식된다면 "우리 회사는 다른 회사와는 달라. 실제로 안전이 최우선이야."로 인식을 전환시켜야 한다.

그러려면 안전경영책임자가 각종 회의나 교육 때 메시지를 전달하는 방식이나 표현부터 바뀌어야 한다.

"우리 회사는 이번에 이런 이익을 기꺼이 포기하고 이렇게 안전을 확보했습니다."

"솔직히 말씀드리면 얼마 전에 이런 고민이 있었는데, 저는 안전을 선택했습니다."

"얼마 전에 어느 부서에서 안전을 우선하지 않았다는 보고를 받고 이렇게 징계했습니다."

"이번에 이익과 안전이란 가치 사이에서 고민이 되었을 텐데 기꺼이 안전을 선택한 ○○○ 직원에게 포상하기로 했습니다."

아마도 이런 메시지가 전달되는 순간 안전경영은 제 궤도에 들어섰다고 해도 될 것이다.

네거티브 전략과 포지티브 전략의 차이?

맹자는 사람은 본디 선하게 태어난다는 성선설의 대표적인 사상가다. 알다시피 이에 비해 순자는 악하게 태어난다는 성악을 기반으로 법이나 제도로 다스려야 한다고 주장한다. 이러한 논쟁은 지금 시대에도 여전히 유효하다. 작게는 자기 자신을 악하고 게으르다고 보는 사람은 부단히 계획을 짜고 채찍질을 가하면서 살아간다. 반면에 자신의 가능성과 선함을 믿는 사람들은 자존감 강한 모습으로 구김 없이 도전하고 즐겁게 살아가는 사람도 있다. 이것이 확대되면 가정교육에도 적용된다. 당연히 회사나 국가에도 이념의 형태로 적용된다.

이런 관점으로 보면 각 회사의 경영도 자율과 신뢰 중심으로 운영되는 곳도 있고, 또는 규율과 제도 등에 의해 운영되는 곳도 있다. 무엇이더 좋으냐고 묻는다면 경영학자들의 대답은 정해져 있다. "업무의 성격이나 구성원들의 특성 혹은 규모에 따라 다르다." 그렇다면 안전경영에 대한 부분은 어떨까? 의외로 안전경영에서만큼은 이런 상황적 다양성이 부족하다.

안전 메뉴얼은 대부분 '해야 한다.' '하지 않으면 처벌된다'라는 식으로 규정되어 있다. 굳이 분류한다면 성악설에 기반한 것이다. 당연히 안전이란 직무가 성과를 창출하기 위한 자율성 기반이 아닌 안전관계 법령에서 정한 지침을 기반으로 시작된 것이다 보니 그럴 것이다. 다르게 표현하면 처벌이나 규제를 받지 않으려는 차원에서 접근하는 네거티브(Negative) 경영전략이다. 안전에 경영이란 단어를 조합해서 쓴다는 말은 안전을 성과로 연결해 보자는 측면이 녹아있다. 그럼에도 불구하고 우리는 안전경영을 포지티브(Positive)한 관점으로 접근하지 못하고 있다. 성선설의 입장에서 안전을 성과 창출의 관점으로 본다면 인간의 욕망이 작동될 것이라고 생각해볼 수도 있다.

우리가 실천하는 안전경영의 형태는 대부분 규제나 처벌이 중심이 된다. 인간을 악하다고 보는 것이다. 그렇다면 선과 반대되는 악은 어디서 오는 것일까? 본시 인간은 선과 악을 둘 다 가지고 있다. "악은 부모의 영향을 받는다."거나 "사람에게는 본래 원죄가 있다."는 등 여러 주장이 있지만 맹자는 한결같이 원래 사람은 선하다고 주장한다. 맹자가 말하기를 그들은 본바탕이 악한 사람은 아니라고 한다. 맹자는 사람 안의 요인과 바깥 환경이 만나서 문제가 생긴다고 했다. 이를 해결하는 것이 '사(思)'인데 '사'는 반성하여 판단하고 생각한다는 뜻이다. 요즘 말로 이는 이성을 뜻한다. 그러나 때때로 사람은 이성을 생각하지 않고 감각기관으로 받아들인 욕망에 눈이 멀어 자신의 이익을 추구하는 경우가 있다. 이는 본래의 선한 본성을 가리고 '악'을 만들어 내기 시작한다는 의미이다. 사람은 자신의 처한 상황에 따라서 악인이 될 수도 있고 선한 사람으로 살아가기도 한다. 이것은 성과 창출이란 개념에 근거한 경영이란 단어를 안전에 붙여서 사용하면서도 네거티브 관점에서 안전에 접근하는지에 대한 명쾌한 답이다. 지금이라도 안전경영 메뉴얼이나 안전 보건 관리체계를 전면 재검토해야 한다. "하지 말라." 또는 "이만큼은 꼭 하라."고 해서 성과가 만들어질 일은 없다. 수비만 해서 득점을 낼 수는 없지 않은가?

안전 매뉴얼의 각 문구를 '~을 해야 한다. 하지 않으면 ~ 처벌한다'에서 '~게 한다. 그러면 ~게 성과가 난다'로 바꿔 보자. 사고가 예방된다는 수동적인 관점에서 사고 예방이라는 본원적 효과에 플러스로 부수적 이익까지를 언급한 지침서로 개정할 필요가 있지 않을까. 지금까지 선하고 자발적일 수 있는 근로자를 게으르고 무지한 것으로만 보는 상황이나 환경이 지금의 문제를 야기한 측면도 있을 것이다. 말썽쟁이 아이라고 해서 태어날 때부터 사고뭉치는 아니었을 것이다. 그 아이를 둘러싼 환경이 그렇게 만들었다면 성인이 되었다는 이유만으로 환경의 책임이 없어지는 것은 아니다.

같은 사람인데 개가 짖는 이유는?

　우리의 산업안전 관련 법령은 매우 복잡하고 산업현장에서 지켜야 할 사항을 너무도 많이 규정해 놓고 있다는 지적을 받는다. 고용부의 근로감독도 법령 위반에 대한 적발과 처벌 위주로 이루어지고 있어 산재 예방을 위한 기술 지원이나 지도에까지는 이르지 못하고 있다는 지적은 항상 반복되고 있다. 안전 업무 담당자나 근로자들은 산업안전 관련 법령을 준수해야 할 또는 할 수 있는 규정이라기보다는 준수가 어려운 대상으로 생각한다. 현장에서는 간혹 점검자들이 지적할 건수를 몇 개 알려준다고 할 정도로 안전 보건 전문인력이 없다. 전문인력이 있다고 해도 그들은 대부분 점검 인력이 아니라 기업에서 방어 인력으로 근무하고 있다. 산재 예방 활동의 주체도 명확하지 않다. 고용부, 안전보건공단, 민간 예방기관의 역할에 건설교통부나 행정안전부 또는 소방법 등과도 상충된다. 다양한 지침은 다양성이란 측면으로 해석되기도 한다. 그러나 다양성과 복잡성은 구별되어야 한다. 방향성과 목표가 뚜렷하지 않다면 다양성이 아닌 혼잡성으로 해석해야 한다. 이런 지적은 정부의 보고서에도 늘 언급되는 내용이다. 행정부처에서도 주지하고 있다는 이야기다.

어느 날 양자의 이웃집 양 한 마리가 달아났다. 이웃집 사람은 물론 양자네 하인들까지 양을 찾아 나섰다. 양 한 마리에 너무 요란을 떤다 싶어 양자가 물었다.

"그래, 양은 찾았느냐?"

하인이 자초지종을 설명했다.

"갈림길이 너무 많아서 그냥 되돌아왔습니다. 갈림길에 또 갈림길이 있는지라 양이 어디로 달아났는지 도통 알 길이 없었습니다."

하인의 말을 들은 양자는 얼굴빛이 어두워졌다. 그 후 종일 아무 말도 안 했다. 제자들이 그 까닭을 물어도 여전히 묵묵부답이었다.

여러 날이 지나도 스승의 얼굴에 수심이 가시지 않자, 제자 맹손양(孟孫陽)이 선배 심도자(心都子)를 찾아가 저간의 연유를 말하고 그 까닭을 물었다.

심도자가 양자의 속뜻을 짚어줬다.

"큰길에는 갈림길이 많기 때문에 양을 잃어버리고(다기망양, 多岐亡羊), 학자는 여러 갈래로 배우기 때문에 본성을 잃는다네. 원래 학문의 근본은 하나였는데, 그 끝이 이리 갈라지고 말았네. 선생은 하나인 근본으로 되돌아가지 못하는 현실을 안타까워하시는 것이라네."

우리나라는 말 그대로 안전 매뉴얼 천국이다. 정부 중대재해 감축 로드맵에 의하면 산업안전 관련 법령만 1,220개가 넘는다고 한다. 정부의 어느 부처치고 안전과 관련된 법이나 규정을 집행하지 않는 부처가 없다. 실상 현장에 가보면 각 부처별 점검에 대비하기 위해 같은 내용을 이중삼중으로 형식만 바꿔서 준비해 놓고 있는 경우도 있다. 일을 하다가 정작 길을 잃어버린 것과 같다. 무엇을 더 만들 것이 아니라 무엇을 얼마나 줄이고 간소화할 것인지 생각해야 할 때다.

양포지구(楊布之狗)의 어리석음을 말한다. 겉이 달라졌다고 해서 속까지 달라진 것으로 알고 있는 사람을 가리켜 '양포라는 사람의 집 개'라고 한다. 중국 전국시대의 유명한 사상가 양주에게는 양포라는 동생이 있었다. 어느 날 양포가 아침에 나갈 때 흰옷을 입고 나갔는데, 돌아올 때는 검정 옷으로 갈아입고 들어왔다. 집에 있는 개가 낯선 사람으로 알고 마구 짖어대자 양포가 화가 나서 개를 때리려 했다. 형 양주가 양포를 타일렀다.

"개를 탓하지 마라. 너도 마찬가지일 것이다. 만일 너의 개가 조금 전에 희게 하고 나갔다가 까맣게 해 가지고 들어오면 너는 이상하게 생각하지 않겠느냐?" 내용은 같은데 겉만 다른 색을 띠게 하면 개가 짖지 않겠는가? OPS(One Page Sheet)로 단순화시켜야 한다. 책임을 묻기에 가장 좋은 방법은 구체적이고 세부적으로 지침을 만들면 된다. 전문가들은 이런 부분에 매력을 느낀다. 갈수록 두꺼워지고 복잡해진다. 그러나 실행가능한 것을 추구하지 않으면 저항에 부딪칠 것이다. 달라진 것 같지만 내용은 같다. 개가 짖을 것은 자명하다.

안전경영 혁신의 세 가지 장애 요인은?

경영에서 혁신만큼 쉬운 것도 없고 어려운 것도 없다. 말로만, 구호로만 하면 그렇게 쉬운 것이 없지만, 실제 진행하려면 저항에 부딪혀서 대부분 실패하게 된다. 기업이 이럴진대 국가는 오죽하겠는가? 그래서 쇄신(刷新)해야 하는데 세신(洗身)을 한다. 혁신(革新)하지 않고 피신(皮新)만 한다. 결국 세신과 피신만 반복하면서 혁신한다는 착각에 빠지기 일쑤다. 안전경영도 예외는 아니다. 안전관리를 안전경영으로 전환하는 것은 혁신의 영역이다. 안전에 경영이란 단어를 붙여 사용하는 것은 그저 멋있어서 그런 것은 아니다. 한정된 자원을 효율적·효과적으로 운영해서 성과를 내겠다고 할 때 경영이란 단어를 붙여 쓰는 것이다. 그저 책정된 예산을 집행하는 수준이라면 관리라는 단어가 더 어울린다. 관리하는 수준으로 접근해서는 성과를 내기 어렵다. 품질관리가 품질경영으로 전환되어야 했듯이 안전도 마찬가지다. 문제는 그 혁신을 하려고 할 때마다 강력하거나 혹은 보이지 않는 저항에 부딪힌다. 슘페터의 파괴적 혁신이라는 관점으로 파괴가 창조라고 설득하고 교육해도 집단화된 기업문화는 교묘하게 지연시키고 방해한다.

어떤 해결 방안을 찾으려면 그 원인 진단이 우선이겠다. 과연 맹자는 어떤 생각을 했을까? 38세에 시작해서 61세까지 자그마치 23년을 패권정치를 왕도정치로 혁신해 보겠다고 주유천하를 했다. 결국 제나라를 떠나면서 순우곤에게 그 수모를 당한다. 제나라를 떠나면서 "어울려야 할 때는 오래 머물고 빨리 떠나야 할 때는 빨리 떠나는 것은 공자이시다."라는 말을 남기고 떠났다. 결국 나름 세상을 바꿔보려는 시도를 포기한 것이다. 그렇다면 나름 그 실패의 원인을 정리했을 것이다. 이런 관점에서 맹자가 말하는 불선(不善)의 이유 세 가지를 보자.

맹자가 말하는 불선 즉 선함을 추구하지 않으려는 이유 첫 번째는 함닉(陷溺)이다. 주위 환경 제약(외부환경)에 따라 사람의 마음이 그 속에 빠져 들어간다는 의미다. 지금의 용어로 보면 환경이고 기업문화다.

사람은 풍년에 온순해지고 흉년에 포악해진다고 말한다. 실상 우리나라 대기업의 안전 수준과 중소기업의 안전경영 수준의 차이는 하늘과 땅의 차이만큼 크다. 안전 시스템이나 기술 혹은 시설의 수준이 문제라기보다는 그것을 공유하고 지원하는 것이 더 필요한 이유다. 누군가는 선진적인 수준에서 접근하는가 하면 어떤 곳에서는 영세성을 면치 못하고 있다면 이제는 공생의 관점으로 접근할 필요가 있다. 안전 혁신을 가져오기 위해서 첫 번째 해야 할 일은 안전경영에 따른 대가를 지급할 수 있는 여건을 만들어 주는 것이다. 흉년에 사람은 더 사나워진다.

둘째는 곡망(梏亡)이다. 성선설에 바탕을 둔 인간은 누구나 인의지심이 일어나지만 순간순간 사리사욕이 훼방을 놓는다. 흡사 두 손을 꼭 묶는 수갑과 같다. 이익과 성과를 위해서 경쟁해야 하고 그러기 위해서는 비용을 아껴야 하고, 속도를 높여야 한다. 맹자는 "우산의 나무는 원래 아름다웠는데 땔감으로 베어가서 흉하다. 원래는 아름다웠다."라고 말한다. 최근 지구촌 전체가 겪는 이상 기후나 기후 위기는 실상 우리가 욕심 때문에 수갑이 채워져서 인의지심을 가지고 있음에도 잃어버린 것이다. 이 부분에서 두 가지 접근방법이 있을 수 있다. 첫째는 욕심을 건전한 욕망으로 전화시켜 주는 것이고, 또 하나는 욕심의 크기만큼 반대급부로 손해가 되게 하는 방법이 그것이다. 이런 점에서 맹자는 고민이 많았을 것이다. 자신의 사상을 성과로 연결하는 한계를 느꼈을 테니 말이다. 장자나 묵가 등에게 신랄하게 공격을 받은 지점도 바로 이 대목이다. 맹자가 실사구시의 실용성을 띠게 된 것도 이런 고민에서 나온 결과가 아닐까?

혁신을 방해하는, 즉 불선의 세 번째 요인으로 맹자는 방심(放心)을 꼽는다. 반성할 줄 몰라 마음을 보존하지 못하는 것을 말한다. "인은 사람의 마음이요, 의는 사람의 길이다. 그 길을 버리고 따르지 않는다. 개나 닭이 나가면 찾으면서 마음을 놓아버린 후 찾을 줄 모른다. 학문의 길이란 그 놓아버린 마음을 찾는 것일 뿐이다."라고 덧붙인다. 이 요인은 논쟁의 여지가 많다. 놓아버리고 싶어 놓은 것이냐, 혹은 놓을 수밖에 없는 상황이냐의 문제 때문이다. 장자가 가장 많이 공격한 부분이기도 하다. 왜 사느냐 혹은 기업의 존재 이유가 무엇이냐고 묻는다면 결국 행복이고 사랑이고 자유일 텐데, 왜 그것을 잊어버리고 그렇게 바쁘게 사느냐는 공격 아닌 공격에 현대인들도 아직 명확한 답을 하지 못한다. 이 문제를 풀기 위해서는 결국 그것이 삶이라고 보면 지속해서 관심을 가지고 교육하고 성찰하는 시스템을 구축해야 한다. 이런 점에서 교육의 다양성과 혁신성을 확보해야 한다. 특히 교육 수준을 향상시키는 것이 급선무이다. 다른 직무영역은 상당히 높은 수준에서 교육이 진행되고 있다. 더불어 최근 다양한 교육이 온라인으로 노출되고 있어 학교 교육마저 위협하는 상황이다. 이런 상황에서 해야 하니까 어쩔 수 없이 하는 의무교육 수준으로 수강자들의 기대 수준을 충족시키는 것은 어렵지 않을까?

실무자 입장에서 '안전경영 혁신'이란 단어를 자신이 생산하는 보고서에 담지 않은 경우는 없을 것이다. 어떻게 하자고 하는 내용보다 중요한 것은 그 일을 추진할 때 장애가 되는 요인을 찾고 그 대책을 강구하는 일이다. 이런 점에서 맹자의 말은 여전히 유효하다. 실상 맹자처럼 23년 이상을 줄기차게 지속적으로 개혁의 목소리를 내기도 어렵고 그런 사례를 만나기도 어려운 것이 우리 실정이다. 이런점에서 '맹자'는 안전혁신의 지침서라 해도 부족하지 않다.

순자의 눈으로 본 안전 정책은?

맹자와는 다른 시각에서 조직이나 국가 운영에 대한 사상을 제시한 사람은 순자다. 순자는 맹자보다는 50년 후에 태어난 것으로 알려져 있다. 조나라 사람이고 50세에 제나라에 유학했고 중국을 통일한 진나라의 재상 이사와 동양의 마키아벨리, 또는 《군주론》으로 이야기되는 한비자가 순자의 제자다. 순자가 죽고 17년 후 결국 중국은 통일된다. 춘추전국시대에 189종에 이르는 제자백가가 있었다고 하는데 결국 순자의 법가사상이 중국을 통일했으니 마지막 제자백가인 셈이다.

공자의 사상은 인간의 내면과 인의예지라는 형식으로 구성된다. 공자의 사상 중 정신적인 측면이 증자를 거쳐 맹자에게서 크게 발전했다고 한다. 반면에 형식적인 측면은 자하를 거쳐 순자에게로 계승 발전한다. 이런 점에서 맹자는 주관적이고 이상적이다. 순자는 객관적이고 현실적이다. 순자가 공자 사상의 이단자로 평가받는 것은 맹자의 성선지

설에 정면으로 도전해서 성악지설을 주장했기 때문이다.

순자는 "인간의 모든 활동은 통치자와 국가권력을 강화하는 방향으로 나가야 한다. 그러려면 엄격하게 상벌을 내리고 법으로 다스려야 한다."라고 주장한다.

중국 사람들은 하늘이 자연과 사람을 지배한다고 보았다. 반면 순자는 자연에는 자연의 법칙이 있고 사람에게는 사람의 법칙이 있다고 주장한다. 이러한 관점은 지금도 여전히 존재하고 있다. 이 부분의 불명확성 때문에 회사의 경영진이 바뀔 때마다 정책이 바뀌기도 한다. 심하게는 정권이 바뀔 때마다 노동정책과 안전 정책이 바뀌기도 한다.

순자는 이렇게 주장했다.

"하늘은 만물을 생성하게 하지만 만물을 분별하지 못하며 땅은 사람들을 그 위에 살게 하지만 사람들을 다스리지는 못한다. 그러므로 사람이 하늘을 다스려야 한다"

이런 주장은 실상 신의 존재를 인정하고 그 신이 통치자를 통해 대리한다는 생각과 그 사이에서 연결자로서 통로 역할을 하던 무당 등의 미신행위에 결정적 타격을 주었다. 인공지능이 인간의 영역에 깊이 들어와 있는 지금에도 인명은 재천이라는 인식이 있다. 이런 생각을 일거에 깨트리는 주장이 파괴적이었을 것은 자명하다.

"사람의 본성은 악한 것이니 그것이 선하다고 하는 것은 거짓이다."

"굽은 나무는 곧은 나무를 덧대고 쪄서 바로잡아야 곧아지고 무딘 쇠는 숫돌에 갈아야 날카로워지듯 사람도 그렇다."

이러한 말들이 순자를 선명하게 이해하도록 해준다.

문제는 따로 있다. 합의와 동의 여부이다. 굽은 나무라고 인정해야 한다. 그리고 곧은 나무(원칙)가 있어야 한다. 그 곧은 나무를 대고 솥에 넣고 찌겠다고 할 때 서로 동의해야 한다. 무딘 쇠를 숫돌에 갈 때도 마찬가지다. 쇠를 숫돌에 갈려면 숫돌도, 칼 가는 사람도, 숫돌이 갈릴 때 튀는 불꽃이나 고통도 다 인지하고 감내해야 한다. 이러한 합의가 도출되지 않은 상태에서, 동의가 형성되지 않는다면 순자든 맹자든 혁신의 그 고비를 넘을 수 없다.

이런 이야기를 노사가 혹은 기업과 정부가 진지하게 나누고 토론할 수 있다면 서로의 입장은 숨긴 채 만들어 내는 다소 일방적인 정책이나 계획서는 더 이상 생산되지 않을 것이다. 순자는 처벌 이전에 전제되어야 할 것을 말하고 있다. 우리는 그것을 갖추었는가? 한편에서는 반대하고 또 한편에서는 필요하다고 했다. 늘 본질에 다가서지 못하고 시간만 끌게 되는 이유다. 영국의 '로벤스 보고서'가 여야 간 합의 과정에서 나온 결과물이었기에 실질적으로 산업재해 예방에 효과를 발휘했다는 사실에 주목해야 한다. 거액을 들여서 수없이 생산해 내는 각종 연구보고서가 선행적 지침이 되지 못하고 정파나 특정 논리에 근거를 제공하는 역할을 한다. 때문에 상황이 바뀌면 없어지거나 바뀔 것도 안다. 그러니 괜히 따라했다가는 난처해질 수 있다. 더러는 사법적 처벌이나 징계까지도 받아야 한다. 안전경영의 개혁이 결국 실패하는 이유다.

제3장

맹자에게 배우는 조직관리

한쪽 날개로 나는 새가 있는가?
고난과 위험은 같은 것인가?
매뉴얼의 두께가 조직의 역량인가?
해불양수의 수용적 조직인가?
안전관계자들은 근심걱정이 가득해야 하는가?
ESH 관계자의 직무만족은 어떻게?
기다림을 허용하는 조직인가?

첨단의 혁신기술이 세상을 변화시키는 것 같지만 실상 그 중심에는 누군가의 리더십이 존재하고 있음을 알 수 있다. 안전이 경영기법이나 혹은 시스템과 기술 또는 예산이나 정책에 영향을 받는 것도 사실이지만 실상 그 일을 추진하고 성과가 나게 하는 핵심은 조직관리다. 제4차 산업혁명 시대에 가장 혼란스러운 부분이 조직관리라 말하는 이유다. 맹자의 사상을 통해 안전경영에 근거한 조직관리를 배워본다.

한쪽 날개로 나는 새가 있는가?

유가사상이 수천 년이 흐른 지금까지 그 명맥을 유지하는 이유는 뭘까? 그것은 이념과 가치만으로 시작되었으나 끊임없는 논쟁과 다툼의 과정을 통해 생활 속에서 필요한 내용까지 포함하는 균형을 갖추었기 때문이다. 맹자와 순자의 다른 의견이 결과적으로 유가사상의 균형을 만들어 낸 것이다. 균형은 1부터 100까지의 중간을 의미하는 것은 아니다. 새가 날아가면서 우측 날개를 더 높이 했다고 해서 균형을 잃었다고 하지 않는다. 저공비행을 위해 몸을 아래쪽으로 향했다고 해서 균형을 잃은 것이 아니다. 양익(兩翼)이란 말이 있다. 새는 한쪽 날개로는 절대 날 수 없다고 할 때 쓰는 말이다.

한 몸에 두 개의 머리를 가진 '공명조(共命鳥)'라는 새가 있었다. 한쪽 머리는 낮에 일어나고, 다른 한쪽 머리는 밤에 일어난다고 한다. 어느 날, 한쪽 머리가 건강을 위해 좋은 열매를 먹는 것을 질투한 다른 쪽 머리가 독이 든 열매를 몰래 먹는 일이 일어났고, 결국 둘 다 죽고 말았다고 한다. 또한 비익조(比翼鳥)'라는 새도 있다. 암컷과 수컷의 눈과 날개가 하나씩만 있어서 서로 짝짓지 않으면 도저히 날 수 없는 새라고 한다. 전쟁포로들은 승전국 입장에서는 늘 위험한 존재다. 언제든 연합하면 내부에 들어와 있는 적이 될 수 있기에 그렇다. 그렇지만 노동력은 필요하다. 그래서 노동력은 유지하면서 전쟁 수행력은 없애 버리는 방법으로 한쪽 눈을 실명하게 하는 형벌을 가했다고 한다. 거기서 유래된 한자가 바로 백성 민(民)이라고 한다. 이 글자는 한쪽 눈만 가진 채 포승줄에 묶어 어딘가로 끌려가고 있는 모습을 형상화한 글자로도 읽힌다.

안전경영을 이야기하면 늘 나오는 말이 있다. 노사가 각자 자신들 입장에서만 이야기한다는 것이다. 정작 문제는 따로 있다. 자신들 이야기만 하는 것이 문제가 아니다. 누구라도 이야기할 수는 있다. 문제는 그것을 담아낼 공론 시스템의 부재이다. 어쩌면 그 공론 자체가 싫은 것인지 모른다. 공론화되어서 해야 할 일이 줄어드는 것이 아니라 늘어난다면 다소 불편해도 지금이 더 견딜만한지도 모른다. 그 피해자가 내가 아니라는 생각과 더불어서 말이다. 상대를 배려하면서 상대의 입장에서 이야기하면 가장 핵심적인 문제는 드러나지 않는다. 드러나지 않아도 되는 문제는 그리해도 된다. ESH 관련 업무는 그렇지 않다. 문제가 숨어

버리거나 감춰지면 그것이 어떻게 사고나 재해로 연결될지 모른다. 때문에 참아 내거나 말을 아껴서는 안 된다. 드러내서 조정하고 협의해서 해결해야 한다. 우리에게 부족한 것은 이러한 각자의 의견을 담아낼 수 있는 시스템과 리더십이다. 서로가 자신의 입장만 이야기하고, 적이라고 생각하는 이분법적 사고로는 어떤 성숙한 합의도 이끌어 내지 못한다. 다시 말하지만 서로의 입장만 이야기하는 '공명조'가 문제가 아니라, 그 서로의 모습을 비춰주고 알려줄 거울이 없는 것이다. 공명조가 서로의 모습을 보고 알았다면 그리했겠는가?

고난과 위험은 같은 것인가?

"하늘이 어떤 사람에게 큰일을 맡기려 하면 반드시 먼저 그 심지를 괴롭게 하고, 그 근육과 뼈를 수고롭게 하고 그 몸과 피부를 굶주리게 하고 그 몸을 궁핍하게 하고 그 하는 바를 뒤틀려서 안 되게 한다."

《맹자》〈고자장〉에 나오는 말이다. 어떤 일이든 결심하고 시작해서 결과까지 도출하는 과정에는 예기치 못한 어려움과 직면하게 된다. 그럴 때 위안이 될 수 있는 말이다. '신은 감당할 수 있을 만큼만 고통을 주신다.'라는 말은 우리에게 얼마나 많은 위로가 되는 말인가? 신은 복을 내리기 전에 감당할 수 있는 정도를 가늠하기 위해서 고난이란 이름으로 테스트한다고 한다. 이런 이유에서인지는 몰라도 우리는 업무를 수행하는 중에 생겨나는 어려움을 위험과 동일시하는 경향이 있다. 일이 힘든 것과 위험한 것을 동일시하는 것이다. 물론 전혀 관계가 없다고 할 수 없다. 그렇다 하더라도 "세상에 공짜가 어디 있느냐?"라거나 "어디 남의 돈 먹기가 쉽나?"라며 어려움의 범주에 위험마저도 포함하는 것은 문제가 있다. 게다가 실상은 그런 위험을 감수하고 업무를 수행해 내면 칭찬하거나 공로를 인정해 주는 문화까지 있다. 위험을 바라보는 근로자의 태도가 왜곡되는 이유이기도 하다.

목적지에 제시간에 도착하기 위해서 과속했다는 말이 용인된다. 정해진 공사 기간을 맞추기 위해 이 정도 위험을 어쩔 수 없었다. 결국 '~한 위험이 있지만 어떤 목적을 위해서 위험을 감수했다'라는 식의 말이 처벌받는 것이 아니라 인정과 보상을 받는다. 더러는 미화되어서 성공 사례로 전파되기도 한다. 즉 위험을 감수하는 것이 인정받는 문화가 있는 것이다. 육체적·정신적으로 감당할 수 없을 만큼 힘들다는 것은 잘못하면 떨어지거나 넘어질 수 있다는 것과는 차원이 다른 이야기다.

산업안전보건법에는 근로자의 작업중지권을 보장하고 있다. 근로자들은 가끔 위험한 것을 감수해야 한다고 생각한다. 모 회사에 갔다가 현수막에 써놓은 표어를 본 적이 있다.

'우리 회사에는 당신이 목숨을 바쳐서까지 해야 할 일은 없습니다.'

"고급 기술자가 되려면 참아내며 다양한 기술을 익혀야지."라는 말은 있지만, "고급 기술자가 되려면 이런 정도의 위험을 무릅쓰고 감내해야지."라는 말은 성립되지 않는다.

사업주의 입장에서 생각해 보자. "힘들지만 참고 합시다."라는 말이

"위험하지만 그냥 합시다."라는 말은 아닐 것이다. 그런데 근로자가 위험요소를 제거하거나 대책을 수립하지 않은 채 작업을 했다면 결과적으로 사업주의 의지와는 다른 것 아닌가? 그런데 만약 재해가 발생했다고 해서 사업주에게 책임을 묻는다면 어떻겠는가? 고난을 감당해 내는 것과 위험을 감당하는 것은 다르다. 맹자의 글 어디에도 하늘이 큰일을 맡기려 할 때는 높은 곳에서 떨어지게 하고 기계에 끼일지 모르는 위험을 감수하게 한다는 내용은 없다. 나름 회사를 위한다고 하는 위험 감수 행동이 결과적으로 회사를 힘들게 한다는 점을 확실하게 공표할 필요가 있다.

위험과 고난은 전혀 다른 것이다. '고난은 있으나 실패는 없다'는 고 정주영 회장님의 말씀이 '위험은 있으나 사고는 없다'는 말은 아니지 않은가? 이것을 구별하지 못하는 리더가 의외로 많다. 고난와 위험을 구별하지 못하는 리더는 위험도 감수해야 한다고 말하고 있는지도 모른다.

매뉴얼의 두께가 조직의 역량인가?

盡信書則不如無書(진신서즉불여무서)

덮어놓고 책을 믿는 것은 책이 없는 것과 마찬가지다.

《맹자》〈진심〉

《장자》에 나오는 제나라 환공과 윤편이란 사람의 이야기와 메시지가 같다. 여기서 책은 어떤 의미로 해석해야 할까? 맹자가 말하는 책이란 이론이고 관념일 것이다. 누군가가 제시한 이론이란 것은 결과 과거의 어떤 것들을 긁어모아 놓은 것이다. 그것이 누군가의 머릿속에서 생각이란 형태로 굳어진 것들이 관념이라면 책은 그저 죽은 사람들이 남겨놓은 찌꺼기다. 물론 찌꺼기라고 해서 전혀 쓸모없는 것은 아니다. 시행착오나 그렇게 수립된 정보를 기록해서 문명이 한 단계 더 나아가는 초석이 되게 한다. 문제는 그것이 만고불변의 진리인 듯 붙잡아 두려고 하거나 오히려 그것에 사로잡혀서 앞으로 나아가지 못하는 데 있다. 맹자는 책을 통해서 의문을 가짐으로써 달라지려고 하거나 더 나아지려고 정진하는 자세를 요구한다.

주나라의 예로 돌아가자고 극기복례(克己復禮)를 주장한 공자와는 사뭇 대비되는 말이다. 이 순간에도 어떤 회사에서는 안전 지침을 준비하고 산하 조직에 하달하고 있을 것이다. 그것이 제정인지 아니면 개정인지도 관심이 없다. 사안이 생기면 그때그때 관성적으로 내려보낸다. 여름철에는 홍수와 감전 사고 예방 지침을, 봄철에는 해빙기 안전사고 예방 지침을, 겨울에는 혹한기 안전사고와 화재 예방에 대한 지침을 내려보낸다. 대형사고가 발생해 언론이 들끓으면 어김없이 똑같은 형식과 내용의 지침이 하달된다. 내용도 작년에 비해 크게 다를 것이 없다.

지침을 제정하는 것이 문제가 아니다. 정작 중요한 것은 개정이다. 어쩌면 삭제가 더 필요한지 모른다. 안전에 관한 규정이나 매뉴얼은 두꺼워지기보다는 얇아져야 한다. 얇아진다는 것은 삭제되고 있다는 것이다. 삭제된다는 말은 위험이 제거되거나 관리할 필요가 없어졌다는 말도 된다. 삭제되지 않고 자꾸 두꺼워지는 것은 위험이 그대로 존치하고 있다는 증거이기도 하다.

경영의 핵심은 속도이며 또 효율이다. 성과를 내야 하는 부서는 분초를 다툰다. 혹여나 두꺼워진 안전 매뉴얼을 뒤적인다고 그 속도를 떨어뜨리고 있다면 안전경영이 협업적으로 이루어지지 않는 부분에서 안전

부문의 책임도 없다 할 수 없다. 천천히 하는 것만이 안전이라면 너무 안일하지 않은가? 빠르게 하면서도 안전할 수 있어야 하지 않겠는가? iCT기술과 인공지능, 메타버스. 드론, 로봇 등의 혁신 기술들이 새로운 위험을 만들어 내기도 하지만 위험 자체를 억제하기도 또 대체하기도 한다. 도서관이 먼 곳에 있다면 온라인으로 전자도서관에 접속해서 검색하면 될 일이고 먼 외국의 서적을 보는 데 아무런 제약이 없는 세상이다. ChatGPT에게 논문을 요약해 달라고 하면 될 일이다. 두껍게 제본된 논문을 읽지도 않으면서 서재에 잔뜩 꽂아두고 있는 것처럼 진부한 것도 없다. 넘기기도 어려울 만큼 두껍게 바인딩된 매뉴얼이 임원의 자리 뒤 책꽂이에 꽂혀 먼지만 쌓이고 실적을 자랑하는 장식 역할을 하고 있다면 말이다. 맹자의 말은 현대사회에서도 여전히 그 예리함을 가지고 있다.

진시황이 제나라를 평정하여 천하를 통일한 후 신하들이 중앙집권제가 아닌 봉건제를 실시해야 한다고 건의하자 재상 이사가 말한다.

"봉건제도를 시행했을 때 각 제후가 싸워 하루도 조용할 날이 없었습니다. 옛날 책으로 배운 사람은 새로운 법이나 정책을 비난하는 경우가 많습니다. 이번에 백성에게 필요한 의학, 점복, 농업에 관한 책과 역사서만 남기고 모두 불태워야 하옵니다."

이에 진시황은 관청에 있는 책을 모두 불태웠다. 이를 분서라고 하고, 자신을 반대했던 신하 460명을 산 채로 매장했는데 이를 갱유라고 해서 분서갱유(焚書坑儒)라는 말이 나왔다.

이사의 말대로 옛날 책으로 배운 사람들은 새로운 것을 비난한다는 지적을 100% 부인할 수 없을 것이다. 그렇다면 어떻게 간소화할 것인지를 고민해야 한다. ChatGPT는 도서와 문헌 정보 1억 3천만 건을 외우고 있다고 한다. 책 1만 권을 외우는 데 불과 1시간 남짓이면 된다고 한다. 이런 세상에 자꾸만 외우는 일에 시간을 할애하는 일은 이제 그만 두어야 한다. 누가 더 많이 외우고 있는가로 키 재기 할 시간에 차라리 현장을 한 번 더 돌아보고 대책을 강구하는 것이 옳다.

해불양수의 수용적 조직인가?

　　재벌 회장이나 위대한 종교 지도자 혹은 권력자도 죽음은 피해갈 수 없다. 이 말은 무언가를 변명하거나 합리화할 때 인용되기도 한다. '조금 일찍 갔다'라는 식의 위안이다. 그러나 이 말은 살아있는 동안의 삶의 자세를 결정하는 말이다. 죽음이 전제되어 있으니 살아있는 동안 순간순간 행복하게, 가치 있게 살아야 한다는 것이 핵심이다.

　　觀於海者難爲水(어해자난위수)

　　"바다를 본 사람은 물을 말하기 어렵다."

　　다양한 해석이 가능하지만, 지금 이 순간만큼 소중한 것이 없다는 말이 된다. 바다를 보았는데 물을 말하지 못한다는 말은 바다를 아는데 어찌 지금 한 방울의 물을 우습게 보겠냐고 해석해야 한다. 물론 전통적인 해석으로 삶의 목적인 큰 바다를 안다면 지금 이 순간 조금의 어려움이나 갈등은 아무것도 아니라고 이해해도 된다.

본문의 내용을 조금 더 인용해 본다. 맹자께서 말씀하셨다.
"공자께서 노나라 동산에 올라가셔서는 노나라를 작다고 여기셨고, 태산에 올라가셔서는 천하를 작다고 여기셨다. 그러므로 바다를 구경한 자에게는 큰물로 보이기가 어렵고, 성인의 문하에서 공부한 자에게는 훌륭한 말 되기가 어렵다."
《맹자》〈진심〉

조직 내에서 갈등과 스트레스는 발생하기 마련이다. 갈등을 해소해 가는 과정이 업무인데, 갈등이 애초부터 없다면 그 조직은 아무것도 하지 않고 있다는 말이기에 그렇다. 사람도 죽으면 갈등이 없어지는 것과 같은 맥락이다. 갈등을 해소하는 가장 쉬운 방법은 상호 간에 생각하는 원의 크기를 키우면 된다. 그러면 사소한 것들은 말하지 않게 된다. 바다를 본 자가 도랑물이 내는 소리에 놀라겠는가?

이 말을 안전 관련 회의 진행 시 한 번씩 인용해 본다면 더 좋은 결과를 도출할 수 있을 것 같다. 또 해불양수(海不讓水)라는 말도 있다. "바다는 어떠한 물도 사양하지 않아서 능히 큰 바다를 이루었다."는 진나라 이사의 말도 맥을 같이한다. 중국은 서고동저의 지형이다. 서쪽에 위치한 진나라는 산악지형이다. 물자가 부족하고, 당연히 인재도 부족한 나라였다. 그런 진나라가 중국을 통일한 것은 바로 개방정책 때문이다. 다른 나라 인재를 과감히 받아들인 것이다.

진나라에는 한나라에서 온 정국이라는 인물이 객경으로 있었다. 정국은 진나라에 대운하를 만들어야 한다는 명분을 내세워 진나라의 인력과 자원을 소진하게 만들어 동쪽 정벌을 막으려는 음모를 꾸몄다. 음모는 곧 발각되었고, 진나라 대신들은 모든 빈객을 나라 밖으로 내보내야 한다고 왕에게 강력하게 주장했다. 이때 이사(李斯)도 진나라의 빈객 중의 한 명이었다. 이사가 진나라 왕에게 올린 상소문에는 이런 문구가 나온다.

"태산은 한 줌 흙덩이도 사양하지 않아 거대함을 이루었고 하해는 가는 물줄기를 가리지 않아 깊음을 이루었다."

이것이 그 유명한 '태산불사토양(太山不辭土壤), 하해불택세류(河海不擇細流)'이다. 크게 보고 크게 생각하면 의외로 해결 방안도 쉽게 찾을 수 있다. 최근에는 공급망상에 있는 협력업체까지를 포괄하는 ESG 경영을 요구하는 것이 국제적 추세이다. 안전경영에서도 도급사업에서 도급인의 책임을 강조한다. 이익을 배분할 때에는 차별이 문제가 되지 않는다. 그 차별을 결정하는 평가가 공정하지 않음이 문제이다. 그러나 안전을 확보하는 데 차별이 있어서는 곤란하지 않을까? 협력업체 관리자나 근로자도 동일한 수준의 안전 확보가 필요하다. 원청과 같은 수준의 안전교육 대상에 포함시켜야 하고, 정보도 공유해야 하는 이유다.

안전관계자들은 근심걱정이
가득해야 하는가?

안전 관련 일을 하는 분들을 만나보면 늘 심각한 표정이다. 물론 웃고 다니는 것도 보기에 좀 그렇다. 나중에 사고라도 발생하면 무슨 소리를 들을지 모르기 때문이다. 점검이란 행위와 사고 예방이란 업무가 다소 진중한 느낌을 요구하는 경우가 많기 때문이겠다. 필자가 회사에 안전 제안서를 제출하거나 교안을 만들 때 항상 적는 글이 있다.

"원칙은 Rock하고 안전은 樂하자."

공자는 이렇게 이야기했다.

知之者 不如好之者(지지자 불여호지자)

好之者 不如樂之者(호지자 불여락지자)

"아는 것은 좋아하는 것만 못하고, 좋아하는 것은 즐기는 것만 못하다."

어떤 경우에도 가장 즐겁게 하는 사람이 고수라는 의미다. 수능에서 전국 수석을 한 수험생들은 대체로 공부가 즐겁다고 이야기한다. 실상 잘 웃은 사람이 인상도 좋다. 호감을 살테니 일도 잘 될 것은 틀림없다. 즐겁지 않은데 수준이 높아질 일은 없다. 무엇인가를 규제하거나 따지고 책임을 묻는 조직이나 사회가 수준 높은 사회일 리가 없다.

제나라 선왕이 행궁인 설궁에서 맹자를 뵙고서 말하였다.
"현자도 이러한 즐거움이 있습니까?"
맹자께서 대답했다.
"있습니다. 사람들이 즐거움을 모르면 윗사람을 비난합니다. 즐겁지 않다고 하여 윗사람을 비난하는 것도 잘못이고, 백성의 윗사람이 되어 백성과 즐거움을 함께하지(여민동락, 與民同樂) 않는 것도 잘못입니다. 왕이 백성의 즐거움을 즐거워하면 백성들도 왕의 즐거움을 즐거워하고, 왕이 백성의 근심을 근심하면 백성들도 왕의 근심을 근심합니다.
《맹자》〈양혜왕〉

핵심은 여민동락이다. 안전 보건 업무를 실행하는 사람과 감독하거나 지원하는 사람의 마음이 같지 않으면 즐거울 일이 없다. 즐겁기는커녕 서로 불편한 관계가 된다. 안전 보건 경영책임자라면 진지하게 고민해 볼 일이다. ESH 담당부서의 사람들이 심각하거나 혹은 부정적이라면 누군가는 문제를 안고 있는 것이다. 서로 간에 마음이 통하고 실태를 정확히 알고 당장이든 장기적으로든 해결해 나가는 과정을 공유하고 있다면 그리 불편할 일이 없을 것이다. 누군가는 어떤 사실을 숨기고 있거나, 막상 진행은 하고 있지만 달리 대안도 없는 상태일 것이다.

자신이 하는 일이 조직에 기여하고 있을 때, 그로 인해 자신이 성장하고 있다고 느낄 때, 그래서 인정과 보상을 받을 때 직무만족도와 직무몰입도는 높아진다. 그런 상황이라면 관계자들의 표정이 심각할 이유가 없다. 희노애락(喜怒哀樂)에서 기쁠 희(喜)와 즐거울 락(樂)을 구별해 보자. 일반적으로 기쁨은 내면에서 자연스럽게 생기는 감정이다. 반면에 즐거움은 외부적 자극에 근거한 것이다. 즐거움은 이런 점에서 감각적인 것이고 중독성을 가진다고도 말한다. 안전보건 경영이 무재해라는 결과로 이어지면 보람을 느끼고 기쁜 일이다. 그러나 그 기간을 너무 길게 잡기 때문에 기쁨의 빈도가 낮아진다. 매일매일 무재해가 성취되면 기뻐할 수 있어야 한다. 아울러 무재해가 이루어지면 칭찬하고 인정하면서 그 즐거움을 누릴 수도 있어야 한다. 그래야 그 즐거움을 누리려는 마음이 강해지지 않겠는가? 긍정심리학에서도 행복은 양의 문제가 아니라 빈도의 문제라고 말한다. 재해율 0.5%가 1년 365일 중에 2일 정도 재해가 발생한 것이라면 나머지 364일을 기쁘거나 즐거워하지 못할 이유가 없지 않은가. ESH 부서 관계자들이 기뻐하는 모습을 보이는 것이 극히 정상적이고 원하는 상황이라면 안전경영 업무가 즐거워야 할 이유는 충분하다. 안전경영에 펀 리더십(Fun Leadership)이 필요한 이유다.

ESH 관계자의 직무만족은 어떻게?

최근 ESH 관계자들을 만나면 이구동성으로 업무가 너무 많다고 이야기한다. 업무가 실제로 많아진 것도 있겠지만, 막연히 그렇게 느끼는 경우도 있다. 한편으로는 늘 해오던 일인데도 새로운 관리기법이 적용될 때마다 그 저항감으로 그리 말하는 경우도 있다.

제나라 선왕이 물었다.

"문왕의 동산이 사방 70리였다고 하는데, 그렇습니까?"

맹자께서 대답했다.

"옛 책에 그런 말이 있습니다."

"그렇게 컸습니까?"

"백성들은 오히려 작다고 여겼습니다."

"과인의 동산은 사방 40리에 불과한데도 백성들이 오히려 크다고 여기는 것은 어째서입니까?"

"문왕의 동산은 사방 70리였으나 꼴 베고 나무하는 자들도 그곳에 가며, 꿩을 잡고 토끼를 잡는 자들도 그곳에 가서 백성과 함께 동산을 이용하셨으니, 백성들이 작다고 여기는 것이 당연하지 않겠습니까? 신이 처음 국경에 이르러 제나라에서 크게 금하는 일이 무엇인지 물은 뒤에야 감히 들어왔습니다. 신이 그때 드니, 교외의 관문 안에 사방 40리 되는 동산이 있는데, 동산의 사슴을 죽인 자를 살인죄와 똑같이 처벌한다고 하였습니다. 정말 그렇다면 이는 나라 가운데에 사방 40리 되는 함정을 만들어 놓은 것이니, 백성들이 크다고 여기는 것이 또한 당연하지 않겠습니까?"

《맹자》〈양혜왕〉

문왕은 상나라를 격파하고 중국을 통일한 무왕의 아버지다. 그의 개인 동산이 사방 70리였는데 백성들이 크다고 안 하면서 제나라 선왕인 자신은 동산이 40리인데 크다고 하는 연유를 묻는 내용이다. 이런 문제는 기업경영에서 흔히 일어나는 일이다. 나름 잘해준다고 하는데, 늘 직무에 만족하지 못하고 불평만 하는 것 같다. 이 점이 바로 경영책임자의 공통된 고민일 것이다.

직무만족의 대표적인 구성 요인으로 내재적 만족(intrinsic satisfaction)과 외재적 만족(extrinsic satisfaction)이 있다(Weiss, Dawis, England & Lofquist, 1967; Hirschfeld, 2000). 내재적 만족은 개인의 감정, 신념, 태도 등과 같은 심리적 상태로부터 비롯되는 것이며, 외재적 만족은 경제적 보상,

근무 환경, 동료, 승진 등 직무수행 자체와 결과에 따라 얻어지는 보상 가치에 의한 만족을 의미한다. 그간의 관련 연구를 종합해 보면 직무 만족이나 몰입은 자신이 기여하고 있다고 느낄 때, 충분히 인정과 보상을 받는다고 느낄 때, 자신이 성장하고 있다고 느낄 때 생긴다고 한다. 이렇게 직무에 만족하면 밤을 새워 일을 해도 업무가 많다고 생각하지 않는다고 한다.

문왕은 자신의 동산을 구성원과 함께 썼다. 왕의 공간을 백성과 같이 사용했다면 이것은 섬김이다. 섬김의 리더십을 서번트 리더십이라 한다. 반면에 제나라 선왕은 오히려 함정을 만들어 놓았을 뿐이라고 맹자는 가르친다. 안전 업무를 함께 고민하고 있는가? 아니면 혹시 사고라도 나면 문책이 떨어지는 함정을 파놓고 있는가? 이 질문에 대한 답으로 그 고민은 해결될 수 있을 것이다.

왕의 공간을 같이 쓴다는 것은 안전사고 예방에 대해 최고 책임자를 포함하여 전 구성원이 다 같이 고민하는 것과 같다 그러나 사고예방을 위한 염려와 노력은 아직도 특정 부서만의 몫이고 일이다. 이럴 경우 왕의 정원이 40리 밖에 안 되지만 백성들은 왕의 정원이 크다고 생각한다. 즉 백성몫으로 30리를 더 주어서 더 넓어졌다 하더라도 만족감은 올라가지 않을 것이다. 처벌중심 정책을 추진할 때 반드시 되새겨봐야 할 지점이다.

기다림을 허용하는 조직인가?

안전문화를 완성하려면 세월을 기다려 줘야 한다. 안전 결의대회를 하고 현수막을 요란스럽게 만들어 붙인다고 해서 쉽사리 안전문화가 형성되는 것이 아니다. 성급한 마음으로 당장 어떤 결과를 낼 수 있을 것처럼 서두른다면, 오히려 보이지 않는 부정적 문화가 자리잡게 하는 근거가 될 수 있다. 또 대부분의 사람들은 제도를 만들어서 강행하면 될 것이라는 생각으로 접근하는 경우가 많다. 하지만 그러면 오히려 적발되지 않으려는 분위기가 강화될 수 있다.

《맹자》에 이에 합당한 내용이 있다.

고자가 말하였다.

"우왕(禹王)의 음악이 문왕(文王)의 음악보다 낫습니다."

맹자께서 말씀하셨다.

"무엇을 가지고 그렇게 말하는가?"

"종을 매다는 끈이 좀먹은 것처럼 닳아서 끊어지려고 하기 때문입니다."

"그것이 어찌 충분한 근거이겠는가? 성문(城門) 아래의 수레바퀴 자국이 단지 말 두 마리의 힘으로 이루어진 것이겠는가?"

선대의 악기는, 후대의 왕들이 모두 사용하였으며 우왕에게 문왕은 "천 년의 세월이 있었는데 종을 날마다 오래 사용했기 때문에 종 끈이 끊어지려고 했을 뿐이다."라고 설명하는 것이다. 어떤 분야든 성과는 하루 아침에 이루어지지 않는다. 우리가 골프 프로라고 하면 싱글은 기본으로 치고, 그 기준에서 얼마나 언더로 쳤느냐가 중요하다. 한 해는 무재해였지만, 그 다음 해에 중대재해가 발생하는 일이 반복되고 있다면 결코 안전문화가 성숙되었다고 할 수 없다.

성문 밖 도로는 길이 넓어 여러 대의 수레들이 흩어져 다니니 수레 자국이 없는 것이다. 그러나 성문 아래는 좁아서 수레 한 대만 지나 다닌다. 그러니 "수레바퀴 자국이 반복되어 깊은 것이다."라고 설명한다. 이것은 두 가지 측면에서 메시지를 준다. 첫째는 오랜 시간 동안 반복해야 성문 아래 수레자국처럼 선명한 성과가 난다는 측면이다. 둘째는 그러한 성과를 내기 위해서 그 세월을 견뎌내는 힘이 경영진에게 필요하다는 것이겠다. ESH 담당 부서장이나 임원을 발령낼 때 눈여

겨보아야 할 부분이 바로 이것이다. 후임자는 전임자가 진행해 왔던 정책이나 계획이 중간에 중단되지 않도록 해야 한다. 문책성 인사라면 모를까 의례적인 정기인사라면 특히나 그렇다. 자칫 잘못해서 그동안 투입된 비용이나 시간이 모두 매몰 비용(Sunk Cost)이 되게 해서는 안 된다.

새롭게 어떤 정책을 추진했느냐보다 얼마나 연속성을 가지고 일을 추진해서 뿌리내리게 했느냐가 평가되어야 한다. 그래야 일관성이 조직문화로 축적될 수 있다.

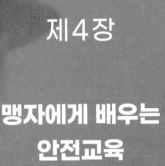

제4장

맹자에게 배우는
안전교육

맹자는 어머니의 '맹모삼천지교(孟母三遷之敎) 덕분에 교육과 강하게 연결된다. 안전교육은 매우 엄격한 법적 기준을 가진다. 강사의 조건이나 시행회수와 교육 내용까지도 구체적으로 규정되어 있다. 다양성을 확보하기에 한계가 있다. 교육의 성과를 측정하기에도 매우 제한적이다. 그래서 가장 쉬우면서도 가장 어려운 부분이 교육이다.

맹자가 제시하는 5가지 교육 방법?

모든 길은 로마로 통한다는 말이 있다. 모든 ESH 업무는 교육으로 통한다는 말도 있다. 어떠한 ESH 업무의 대책은 대부분 교육이 최종 지점이다. 문제는 이 교육이 시행자 측에는 실시했다는 면죄부를 주지만 수강자에게는 숙제가 남는다. 실행은 결국 수강자들의 몫이기에 그렇다. 학교 수업 시간에 내주는 숙제처럼. 그런데 그 숙제를 검사할 방법이 없다. 수많은 근로자가 교육받은 대로 이행하는지를 무슨 방법으로 검사할 것인가? 당연히 숙제 검사를 할 방법이 없음을 알아차린 수강자들에게 교육은 그저 의례적인 행위일 뿐이다. 그래서 늘 안전교육은 도마 위에 오른다. 어느 회사나 안전교육을 담당하는 부서는 가장 일도 많고 성과를 인정받지 못하는 경우도 많다. 그렇기 때문에 당연하게도 교육은 기존 것과 다르거나 혹은 수강자들의 입맛에 맞추려는 재미 중심 교육이나 빨리 마치는 교육으로 흘러갈 가능성이 커진다.

맹자께서 이렇게 말씀하셨다.

"군자가 가르치는 방법이 다섯 가지이니, 단비가 만물을 소생시키듯이 사람을 교화(教化)시키는 경우가 있으며, 덕(德)을 이루게 하는 경우가 있으며, 재질(材質)을 통달하게 하는 경우가 있으며, 물음에 답하는 경우가 있으며, 직접 가르치지는 않지만 간접적으로 감화시키는 사숙(私淑)이 있다. 이 다섯 가지는 군자가 가르치는 방법이다."

《맹자》〈진심〉

맹자도 아마 이런 고민을 했었던 듯싶다. 중용에 보면 "誠者 天之道也 誠之者 人之道也(성자 천지도야 성지자 인지도야)"라는 말이 나온다. 성(誠)은 하늘의 도이고 성(誠)하려고 노력하는 것은 사람의 도이다. 결국 하늘과 도에 가까워지려고 노력하는 것이 배움이고 학습이다. 그런데 그것이 그리 녹녹지 않다.

맹자가 제시하는 교육 방법을 현대식으로 표현하면 첫째는 감성 안전 교육, 둘째는 습관 교육, 셋째는 지식 교육, 넷째는 문답식 성찰 교육과 지식 교육, 다섯째는 체험과 사례 교육이다. 현재 상황에서 시급히 접목되어야 할 교육은 문답식 성찰 교육과 습관 교육이다. 습관화되지 않으면 의지를 발동해야 한다. 매번 결심해야만 행동할 수 있다면, 그 행동이 성과를 내기는 어려울 것이다. 매번 결심해야 하는 학생의 성적이 공부가 습관화된 학생보다 좋을 리는 없다.

반복 훈련과 관련하여 재미있는 이야기가 있다. 송나라 명궁 진요자와 기름 장수 노인과 있었던 이야기다. 북송의 강숙공 진요자는 진종~인종 때의 문신으로 한림학사 등을 지냈으며, 예서에 능하고 특히 활을 어찌나 잘 쏘는지 나라 안팎에 그와 겨룰 만한 궁사가 없었을 정도였다고 한다.

어느 날 진요자는 여느 때와 마찬가지로 사람들을 모아 놓고 활을 쏘고 있었다. 마침 근처를 지나가던 기름 파는 노인이 그 모습을 지켜보고 있었다. 노인은 진요자가 화살 열 개 가운데 아홉 개를 명중시키자, 희미한 미소를 지으며 고개를 끄덕였다. 진요자는 어깨를 으쓱거리며 노인에게 물었다.

"노인장, 제 궁술의 비결이 뭔지 궁금하십니까?"

그러자 노인은 별것이 아니라는 듯 대답했다.

"뭐 무슨 특별한 비결이 있겠습니까? 활이 당신 손에 푹 익은 것 같군요."

노인의 말에 진요자는 기분이 나빴다.

"아니 제 솜씨를 어찌 그렇게 가볍게 평가하십니까? 이건 하루 이틀에 배울 수 있는 궁술이 아닙니다."

노인은 웃으며 말했다.

"아, 그렇다고 화를 내지는 마시오. 내가 참기름 장사를 오랫동안 하다 보니, 조금 이치를 아는 것뿐이라오."

"그게 무슨 말입니까?"

진요자가 묻자 노인은 호리병처럼 생긴 참기름병을 꺼내 땅 위에 놓더니 엽전으로 그 주둥이를 막았다. 그리고는 선 채로 참기름을 국자로 떠서 병 속에 흘려 넣었다. 그런데 노인의 키 높이에서 흘려보낸 참기름이 엽전의 조그만 구멍으로 정확하게 들어가는 것이 아닌가. 진요자가 살펴보니 엽전에는 참기름이 한 방울도 묻지 않았다. 진요자는 노인의 솜씨에 벌어진 입을 다물지 못했다. 그러자 노인이 웃으면서 말했다.

"아아, 그렇게 놀라지 마시오. 나도 뭐 별다른 비결이 있는 게 아니니까. 다만 손에 푹 익었을 뿐이라오."

그 말을 들은 진요자는 노인에게 깊이 머리를 숙여 절을 하면서 예를 다했다. 이후 진요자는 활을 쏠 때 절대로 자만하지 않았다.

송사(宋史) 《구양문충공집》(歐陽文忠公集) 〈귀전록〉(歸田錄)

이소룡이 했다는 유명한 말이 있다.

"난 1만 가지 발차기를 한 번씩 연습한 상대는 두렵지 않다. 내가 두려워하는 건 단 한 가지 발차기만 1만 번 반복해 연습한 상대를 만나는 것이다."

이처럼 어떻게 반복을 통해 습관화시킬 것인가에서 안전교육의 방향을 찾아야 한다. 지금처럼 법적인 충족을 위한 형식적 교육으로는 안전에 대한 무감각증만 키울는지 모른다.

맹자 어머니의 교육철학은?

맹모삼천지교(孟母三遷之敎)라는 말이 있다. 맹자의 어머니가 맹자를 교육하기 위하여 묘지·시장·학교 부근으로 세 번 집을 옮겼다는 고사에서 나온 말이다.

맹자는 일찍이 아버지를 여의고 편모 슬하에서 자랐다. 맹자의 어머니는 처음에 공동묘지 부근에 집을 얻어 살았는데, 맹자가 이웃 아이들과 어울려 사람이 죽어서 땅에 파묻는 놀이를 하거나 땅에 엎드려 대성통곡(大聲慟哭)하거나 제사(祭祀) 지내는 흉내를 내면서 노는 것을 보고 자식을 기를 곳이 못 된다고 시장 옆으로 이사를 하였다.

그런데 이번에는 맹자가 아이들과 장사치의 장사하는 흉내를 내면서 놀았다. 그래서 다시 글방 부근으로 집을 옮겼더니 마침내 맹자가 서당에 나가 책 읽고 글 배우는 일에 글쓰기와 독서에 열중하여 반듯한 사대부(士大夫)의 자손같이 어른을 공경하였다고 한다.

이 이야기는 아동교육에 미치는 환경의 중요성을 강조할 때 흔히 인용된다. 교육에서 교육성과에 미치는 영향에서 노력과 의지가 큰지 아니면 타고난 유전자나 교육환경이 큰지는 오랜 논쟁이다. 환경이란 것이 비슷비슷할 때는 의지와 노력이 중요하다는 의견이 우세했다. 그러나 지금처럼 교육환경의 격차와 부모 유전자의 우수성이 더 큰 상황에서는 환경의 중요성이 더 설득력을 얻는다.

일명 학군이란 것이 그렇다. 학군에 가장 민감하게 부동산이 영향을 받는다는 것은 누구나 아는 사실이다. 이것 하나만 깨달았어도 부동산 투자로 엄청난 부를 획득할 수 있었겠다는 생각을 해 보게 된다.

안전관리에서도 늘 논쟁이 되는 것이 바로 환경이다. 안전에서는 이것을 불안전한 상태라고 말한다. 교육에서 의지나 노력에 해당하는 것이 바로 불안전행동이다. 안전 사고 원인을 분석할 때 불안전 행동과 불안전한 상태로 구분한다. 결국 불안전한 행동은 피해자의 귀책 사유가 더 크다는 말이고, 불안전한 상태는 작업환경과 여건에 관계된 이야기로 사업주의 귀책 사유가 되는 경향이 크다. 우리나라 재해 원인 분석에서 불안전한 행동이 전체 재해의 80% 이상이라고 분석된다. 이것은 환경보다는 의지나 노력의 부족이라는 의미여서 맹자의 환경이 중요하다는 논리와는 배치되는 면이 있다.

대부분 재해 원인이 불안전한 행동이라고 보는 이유는 '죽은 자는 말이 없다' 또한 '다친 자는 할 말을 다하지 못한다'라는 측면이 반영된 결과이다. 실상 산업재해 보상은 무과실주의가 원칙이다(민사 보상금은 예외임). 달리 말해 본인의 과실률과 무관하게 보상금액이 동일하다. 민사 보상금을 따지지 않는 수준의 일반적인 재해에서 재해자가 자기 과실을 적게 하려고 애쓰지 않는다. 이런 과정에서 재해 원인이 불안정 상태보다 불안전 행동으로 정리될 가능성이 높다.

그러면 불안전 상태 달리 말해 안전한 상태란 어떤 것일까? 첫째 안전을 우선하는 것이 위축되는 일이 아니어야 한다. 안전을 철저하게 하려는 행동이 어딘지 모르게 말하기 곤란하거나 생산부서 등과 갈등을 초래해야 하는 분위기라면 매우 불안전한 상태이다. 그래서 우리는 안전문화를 도입하여 이를 극복하려 하고 있는 것이다. 공부를 잘하는 학생들이 모여있는 학교에서 면학적 태도는 너무나도 자연스러운 것이며, 오히려 면학 분위기를 깨는 행위가 이상할 것이다. 마찬가지다. 불안전한 행동을 한 어떤 무용담이 일을 잘하는 것으로 여겨지고 안전을 말하는 소수에게 무언가 부담으로 작용한다면, 이것은 불안전한 상태로 매우 심각한 경우다.

둘째, 불안전한 상태가 인간의 의지에 의존하느냐 아니면 당연히 일어날 수밖에 없다는 가정에서 안전시설을 설치하고 구비하는가이다. 만약 시설이 인간이 의지를 가지고 조심조심해야 하는 수준에서 설치된다면 그것은 명확한 불안전 상태다. 휴먼 에러는 당연히 일어난다는 전제하에서 안전시설이 설치되어야 한다. 페일 세이프(fail safe)나 풀 프루프(fool proof)라고 하는 개념이 제품 설계나 작업에 반영되어야 한다고 이야기하는 것과 같다.

셋째는 휴먼에러나 아차 사고 및 재해 등이 처벌 중심으로 규제되는 환경이라면 이 또한 불안전한 상태이다. 이렇게 되면 사고나 위험이 숨겨질 가능성이 농후하다. 위험이나 사고가 은폐되기 시작하면 동종재해라는 치명적 결과로 이어진다.

넷째는 안전 성과에 대한 측정 혹은 평가 방법이 결과 중심적인 경우이다. 이것은 맹자가 말하는 환경의 중요성에 반하는 것이다. 무재해운동이라는 제도가 가져온 긍정적인 측면도 있었지만, 그 이면에는 안전관리의 평가 척도가 시간이라는 점에서 무재해 목표 시간을 깨지 않으려는 작위적 노력이 개입될 여지가 있다는 점이 그렇다. 국·영·수 성적만으로 학생의 수준을 평가할 때 학생들은 국·영·수에 더 많은 노력을 기울일 것이다. 당연히 변별력을 높이기 위해서 과도하게 어려운 시험문제를 출제하게 된다. 결국 그 무한경쟁에서 이탈한 사람은 더 이상 공부에 흥미를 느끼지 못하게 된다. 안전관리 실적도 다양한 과정과 방법으로 측정평가되어야 한다. 그렇지 못하다면 이 또한 불안전한 상태다.

맹모가 세 번 이사했다는 것은 근본 성선설을 뒷받침한다. 사람은 누구나 착하고 선하다는 것이다. 그런데 어떤 환경에 처하느냐에 따라서 사람이 악해질 수도 있다고 보는 것이다.

그러나 맹모삼천지교를 또 다른 측면에서 해석하는 경우도 있다. 맹모가 이사한 순서에 대한 해석이다. 처음 이사한 곳이 공동묘지였던 것은 삶과 죽음에 관한 공부가 가장 우선이기 때문이라는 것이다. 두 번째 이사한 곳이 시장인 것은 치열하게 살아야 한다는 것과 실사구시를 가르치고자 한 것이고, 마지막으로 글방 근처로 이사한 것은 배움에는 끝이 없는 것이라는 것을 가르치려는 의도였다는 해석이다.

첫째, 첫째, 묘지는 삶과 죽음을 배울 수 있는 곳으로 여기에서 찾아볼 수 있는 안전관리의 지혜는 죽음에 대한 관점이다. 어떤 사상가의 책도 결국 핵심은 인간의 유한함을 전제로 한다. 인간은 언젠가는 죽는다는 것이다. 당연히 살아있는 동안에 의미 중심이든 재미 중심이든 치열하게 살아야 하고 혹은 둘 다를 적절하게 병행하든 해야 한다는 주장들이다. 안전관리에서 죽음에 대한 해석은 자연사가 아니라 사고사이다. 자연적으로 죽음을 맞이하는 것은 인간의 영역이 아니라고 본다. 그러나 사고사는 인간의 노력으로 예방할 수 있다고 본다. 왜냐하면 우리의 삶은 사고를 전제로 계획하거나 실행하는 것이 아니기 때문이다. 예기치 않는 죽음은 죽지 않는다는 전제를 기준으로 수립된 행복이라는 결과를 여지없이 깨트려 버린다. 따라서 사고사를 예방하지 않고서는 어떤 계획도 성립될 수 없다.

둘째, 시장은 치열하게 살아야 하는 곳이고 실사구시를 가르치는 곳이란 의미에서 찾아볼 수 있는 안전관리의 지혜는 바로 실사구시다. 안전이 이상적 수준에 머물러서는 제대로 된 성과로 연결되기 어렵다. 앞에서도 언급했지만, 안전은 기업이나 개인의 삶의 성과에 직접적인 성과로 증명되어야 한다. 맹자를 자본주의의 창시자라고 부르는 이유도 바로 이 실사구시에 있다. 우리 사회는 명분 없는 논쟁이나 실체 없는 이상을 가지고 어떤 일에 접근하려는 경향이 강하다. 그동안 막연히 생명은 중요하다는 주장은 끊임없이 제시되어 왔다. 누구도 부정할 수 없는 말이다. 그러나 늘 당장의 이익 앞에서는 외면되기 일쑤였다. 이것은 안전이 기업의 성과와 직결된다는 증명을 하지 못해서이고, 그러한 사례가 빈약하다는 간접 증거다. 필자가 안전교육 시간에 안전 개선 특허를 출원하는 아이디어를 도출하고 지적재산권을 확보하는 시간으로 활용해야 한다고 주장하는 이유도 그곳에 있다.

셋째 끝없이 배워야 한다는 점을 보자. 교육 분야에서는 기술의 발전으로 과거 지식이 무용해지고, 또 수명의 연장으로 과거에 습득한 지식이 무용해짐을 근거로 지속적 평생학습을 이야기한다. 안전관리 측면에서 이 점은 인간은 망각의 동물이라는 점과 연계해서 해석해야 한다.

예방 하우스의 망각곡선은 학습효과를 이야기할 때 단골로 등장한다. 내용은 이렇다. 학습 후 10분 뒤부터 망각은 시작된다. 1시간이 지나면 50%가, 1일 후에는 70% 이상, 1개월 후에는 80%가 잊힌다는 것이다. 우리가 안전교육을 정기적으로 반복적으로 실시해야 하는 이유다. 근로자들의 불평은 이렇다. 무슨 안전교육이 이렇게 많냐고 말한다. 대부분 관리자는 이렇게 답한다. "법정 교육이어서 그렇다." 또는 조금 더 세련된 답변이라고 해도 "안전은 백번을 강조해도 지나치지 않다." 정도이다. 이 얼마나 무지한 답변인가. 맹모삼천지교 정도의 말은 인용해서 설득시킬 수 있어야 하지 않겠는가.

맹자가 짠 안전교육 커리큘럼은?

안전교육은 안전의식 향상교육과 안전 실천력 향상교육으로 구분할 수 있다. 이 개념을 너무나도 잘 설명해 준 글이 있다. 독서란 '인두같은 한 문장을 만나기 위해 활자 속을 여행하는 것'이라고 했다. 이 문장도 그런 경우에 해당된다. 안전교육에 대한 커리큘럼을 구성하다 보면 그 분류 기준을 어떻게 잡아야 할지 고민스러울 때가 있다. 통상 과목명이나 법상 권고사항을 기준으로 하게 된다. 그러나 생각과 실천력이란 부분으로 구분해 놓고 보면 안전교육의 목적에 훨씬 선명하게 다가설 수 있게 된다.

맹자께서 말씀하셨다.

"사람들은 모두 차마 하지 못하는 마음을 가지고 있는데, 그것을 차마 하는 것에까지 확충시킨다면 그것이 인(仁)이다. 사람들은 모두 하

지 않는 것이 있는데 그것을 하는 데에까지 확충시킨다면 그것이 의
(義)이다."

《맹자》〈진심〉

맹자의 말대로 하고 싶은 마음이 들게 하면 인(仁)이고, 하고 싶지 않
은 행동을 하게 하면 의(義)다. 여기에 덧붙여 본다면 상대에게 배려하
는 것이 예(禮)이고, 반드시 알고 있어야 할 지식은 지(知)이며, 서로가 약
속한 규칙을 신(信)이라고 할 수도 있겠다. 안전교육은 태도교육과 지식
교육 그리고 습관화 단계인 훈련으로 구분할 수 있겠다. 이런 분류체계
도 좋지만 안전교육 커리큘럼을 작성할 때 '인의예지신'을 기준으로 세
부과목을 정하는 것도 얼마든지 가능하겠다. 신선하지 않은가?

이런 기준에서 좀 더 세부적으로 과목을 생각해 본다. 인(仁)이란 하고
싶은 마음이 들게 하는 것이니 '안전의식 및 마인드셋,' '안전경영 이념,
꿈과 비전' 같은 과목이다. 의(義)에 해당하는 과목은 행(行)하게 해야 하므
로 회사 시스템에 대한 방법론, 위험성 평가, TBM 위험예지훈련이나 안
전보건 경영시스템 등이다. 예(禮)는 배려하는 마음이니 안전 커뮤니케이
션이나 소통과 신호나 표지판 등에 대한 내용이다. 지(知)는 반드시 알아
야 할 과목이니 각 기계기구나 위험물질, 작업종류별 안전지침 등에 대한
내용을 교육하면 되겠다. 신(信)은 약속이므로 관련법규나 규정과 지침 등
을 교육하면 될 듯하다. 어떤가? 2500년 전의 이야기가 신기하게 맞아

떨어진다는 사실이 재미있지 않은가?

    이런 분류를 해 놓고 보면 유독 부족하다고 생각되는 영역이 바로 '행하게 하는 의(義)'에 대한 것이다. 훈련이다. 체험교육이 강화된다고는 하지만 여전히 한계가 있다. 어쩌면 행하게 하는 교육은 현장에서 상급자 혹은 동료들간에 이루어지는 것이 가장 이상적이다. 비행기 조종사처럼 현장 상황을 완벽에 가깝게 재현할 수 없는 것이라면 말이다. 현장에서 이루어지도록 한 교육이 실시되지 않거나 형식화될 우려가 큰 것이 사실이다. 대표적인 것이 바로 위험예지훈련이다. TBM(Tool box meeting)이란 말 그대로 공구박스 앞에서 실시하는 것이니 현장에서 이루어지는 훈련이다. 가장 최적의 훈련 시스템이라 하겠다. 실시되지 않거나 형식화되는 이유는 무엇일까? 진행자의 역량이다. 관리감독자의 역할을 맡고 있는 직조반장 이상의 리더에게 리더십과 교육훈련을 진행할 수 있는 역량이 충분한지 살펴볼 일이다. 이정도는 하겠지라는 기대치가 현실과 차이가 난다면 우리 조직의 교육은 의(義)가 부족한 것이다.

자기주도학습이 안전경영에 중요한 이유?

학교를 갓 졸업한 사람은 기업에 입사해서 즉시 성과를 만들어 내지 못한다. 당연히 상당 기간의 훈련이 필요하다. 혹자는 회사에 제대로 기여하려면 3년은 필요하다고 말한다. 그럼 이 책임은 누가 져야 하는가? 거의 15년 이상 제도권에서 교육을 했는데도 성과를 못내는 인재를 양성하고 있다면, 그 책임은 누구에게 있는가? 너무 많이 나간 비유이겠지만 어떤 제품이 3년이나 지나야 그 성능을 발휘한다면 그 제품을 사겠는가? 신입직원을 채용하지 않고 경력사원을 선호하는 중요한 이유다.

신규입사자들에게 대한 교육은 매우 중요하다. 입사 후 1년 이내의 신입들의 안전사고 발생비율이 65%를 상회한다. 낯선 환경과 아직은 익숙하지 않은 작업 방법, 숙지하지 못한 안전지식에서 오는 불안전 행동 등이 그 원인일 것은 미루어 짐작할 수 있다. 입사 후 1개월 미만자가

30%에 육박하는 것은 이를 더 확실하게 증명한다. 최근에는 학생들이 견습 단계에서 중대재해를 당해 사회적으로 물의를 일으키기도 한다.

지식과 기능을 충분히 숙련시켜서 작업에 투입하면 가장 이상적이겠으나 그리 쉬운 문제가 아니다. 교육이나 수습기간이라고 인건비가 지출되지 않는 것도 아니니 여기에서 경영자의 고민이 생긴다. 법적으로 신규채용자는 제조업 기준 8시간 이상의 교육을 받도록 하고 있다. 그러나 그 시간은 기본적인 지식을 모두 전달하기에도 빠듯한 시간이다. 결국 이론 중심 혹은 사고 위험성에 대한 체험 수준에서의 교육을 수행할 수밖에 없다. 이 점에 대해서 맹자는 어떤 의견을 가지고 있을까?

제자 공손추가 물었다.

"도(道)가 좋긴 하나 도저히 이르지 못할 듯한데 날마다 부지런히 힘쓰게 하지 않으십니까?"

요즘 사설학원에 명강사들은 기가 막힌 방법으로 더러는 욕을 해서라도 지식을 전달하는 능력을 갖추고 있는데, 왜 그렇게 하지 않느냐는 물음인 듯하다. 맹자께서 말씀하셨다.

"큰 목수가 졸렬한 목공을 위하여 먹줄과 먹통을 고치거나 폐하지 않으며, 예가 졸렬한 사수를 위하여 활 시위를 당기는 율(기준)을 변경하지 는 않는다."

《맹자》〈진심〉

군이 첨언한다면 "군자가 사람을 가르칠 때에 그것을 배우는 법(원칙)을 전수해 줄 뿐이지 그것을 터득하는 묘는 말해주지 않으니, 이는 마치 활 쏘는 자가 활시위를 당기기만 하고 화살을 발사하지 않는 것과 같다."라고 한 것이다. 안전의 중요성과 반드시 지켜야 할 절대수칙 등을 교육하지 그 이상의 세부적인 내용은 스스로 하게 한다고 해석할 수 있겠다. 이 말씀은 도(道)에 이르는 것은 스스로 해야 가능한 것이고 스스로의 몫이라는 이야기도 되겠다.

세계적인 화학회사인 듀폰은 신입사원에 대해서 6개월의 실습 중심 교육훈련 시간을 가진다고 한다. 신규입사자들에 대한 교육훈련을 강화하는 것이 안전사고 감소를 체감할 수 있다는 것은 통계에서 확인할 수 있다.

제도권 교육을 거친 후 산업현장에 투입되기 전까지 훈련비용을 국가가 부담하는 방안이 필요할 수도 있다. 인건비를 얼마라도 절약하려는 기업의 속성을 무시한 채 신규입사자들에 대한 교육을 기업이 부담하라는 것은 현실성이 없다. 특히 중소기업이나 영세기업에게는 더더욱 뜬구름같은 이야기다.

아울러 안전교육은 자기주도적 학습이어야 한다. 교육 대상이 스스로 배우려고 해야 한다. 맹자 말씀대로 '예가 졸열한 사수'를 위하여 그럴 필요 없다는 것이다. 부자가 되고자 하는 재테크에 관여할 필요는 없지만, 누구라도 관심이 많다. 그보다 더 중요한 다치거나 죽지 않는 일에 관심을 가지지 않는 것은 시켰기 때문에 그 소중함을 느끼는 못하는 부분도 있다.

신규채용자들이 "회사에서 다치게 않게 해주겠지."라고는 해도 "제가 뭘 하면 다치지 않는가요?"라고 질문하는 경우는 만나보기 드물다. 안전이 회사만의 의무인 듯 인식되는 것이다. 그러므로 교육 대상자가 스스로 챙기게 해야 한다. 언젠가 보호구를 지급해 줄 것이냐, 아니면 스스로 구매하게 할 것이냐가 논란이 된 적이 있었다. 별도 구매비용을 근로자에게 지급해 주더라도 직접 구매하게 하는 것은 필요할 듯하다. 스스로 구매한 것에 더 애착을 느끼고 잘 관리하는 것을 넘어서 보호구의 성능이나 품질에 대한 이해도도 자연스럽게 높아지는 효과를 얻을 수 있다. 당연히 보호구의 성능 개선과 첨단기술의 적용을 통한 기능 향상도 기대해 볼 수 있다. 구매자의 까다로움이 산업을 발전시킬 테니까.

무명지에서 배우는 심리안전은?

무명지는 약을 저을 때나 필요하다고 해서 약지라고도 부른다. 오죽하면 이름이 없겠는가? 안중근 의사는 연해주에서 동지들과 맹세를 할 때 무명지 첫 마디를 자르고 그 피로 단지혈맹 혈서를 썼다고 한다. 무명지와 관련한 재미있는 이야기가 맹자에 소개된다.

맹자께서 말씀하셨다.

"무명지(無名指)가 구부러져서 펴지지 않는 것이 아프거나 일에 방해가 되는 것은 아니지만, 만일 이것을 펼 수 있는 사람이 있다면 진(秦)나라와 초(楚)나라의 길을 멀다 여기지 않고 찾아가니, 이는 손가락이 남들과 같지 않기 때문이다.

손가락이 남들과 같지 않으면 싫어할 줄 알면서도, 마음이 남들과 같지 않은 것은 싫어할 줄 모르니, 이것을 일러 일의 경중(輕重)을 알지 못한다고 한다."

사람들로부터 주목을 받지 못하는 어쩌면 별 쓸모가 없는 손가락이라도 구부러져 펴지지 않으면 국경을 넘어서라도 고치려고 들 것이다. 그런데 손가락과는 비교할 수도 없는 마음이 바르지 않은 것에는 신경을 안 쓴다고 말하는 것이다. 맹자는 사람들이 눈에 보이는 것에 대해서는 남들보다 더 좋게 하거나 다르지 않게 하려고 애쓰면서, 눈에 보이지 않는 마음은 무명지만큼도 중하게 생각하지 않는다는 것을 꼬집고 있다.

안전경영은 무명지만큼의 취급도 받지 못하고 있는 것 아닐까? 당장 기계가 고장나면 시급을 다투어서 수리한다. 부품이 없으면 해외에 보내서라도 수리하려고 들 것이다. 하지만 작업 중 발생할 수 있는 안전사고에 대해서는 그저 "조심하사!" 혹은 "다음에!" 등으로 우선 순위에서 밀리고 있는 것은 아닌가? 흡사 마음이 아프면 참으면 된다고 생각하는 것처럼 말이다. 산업화가 시작된 지 60년이 넘어가지만, 아직도 '안전제일'이란 구호가 붙어있다. 이것은 아직 안전이 제일이 아니라는 반증 아닐까?

이런 관점에서 볼 부분인 하나 더 있다. 바로 심리안전에 관한 것이다. 눈에 보이고 신체가 다치는 것에 대해서는 나름의 노력을 기울인다. 그러나 방치되거나 어떻게 해 볼 수 없는 영역이 바로 심리안전이다. 인간의 행동특성은 심리적 영향을 받는다. 심리학 논문을 인용해서 복잡하게 만들지 않더라도 기분 좋은 날이 있고, 마음이 언짢거나 불편한 날도 있다. 그러나 그것은 인성이나 예의 같은 도덕적 윤리적인 개인의 몫이 되어버린다. 사고가 발생한다 하더라도 그 책임은 개인의 몫이다. '개인의 기분까지 어떻게 맞춰가며 일을 하느냐?'는 인식도 있다. 어느 통계를 보더라도 안전사고의 원인은 불안전행동이 80% 이상이다. 그럼 불안전 행동이 심리적 영향을 받았을 것은 너무나 자명하다. 휴먼에러와 같은 인간 고유한 특성도 심리적 영향을 받는다. 맹자가 '말씀하시는 마음이 바르지 않은 것'이란 좀 더 넓은 의미일 것이다.

무명지가 하찮게 대접받는 것과 더불어 마음이 무명지만큼도 챙김받지 못하는 것을 지적한다. 안전교육이 심리적 영역까지 확대되기를 기대해 본다. 한때 감성안전이란 컨셉이 유행한 적이 있다. 그러나 느낌을 통해 안전사고 위험에 대한 공감을 키우자는 수준이었다. 심리학은 사회복지와 교육, 경영 그리고 이제는 인공지능까지 그 영역이 더 넓게 확대되고 있다. 물리적 안전확보를 넘어서면 결국 심리적 안전이라는 과제에 도착하게 된다. 미리미리 준비하고 좀 더 쉽게 접목할 수 있는 방법에 대한 연구가 필요하겠다.

밥상머리 안전교육을 하는가?

가끔 강의 중에 수강생에게 따라하라고 하는 말이 있다 "공부 잘해도 다치면 그만이다." " 돈많이 벌어도 죽으면 그만이다" 극단적이만 틀린 말도 아니다. 우리는 밥상머리에서 주로 성적과 성공에 대한 이야기를 나눈다. 그런데 정작 안전은 잔소리처럼 하게 된다.

가끔 위험함에도 불구하고 위험을 무릅쓰고 어떤 과업을 마무리한 것을 자랑하듯 말하는 사람들을 보게 된다. 한마디로 "다들 그렇게 했어요." "괜찮아요. 그 정도는…." "나는 그것보다 더 위험한 것도 다 했어요." 등의 이야기들이다. 이런 이야기를 가족들 앞에서도 자랑스럽게 이야기하는 경우도 있다. 무단횡단, 과속한 이야기 등이 그렇다. 하물며 음주운전을 해서 걸리지 않는 방법이나, 단속에 걸려서 도망에 성공한 이야기 등이 술자리에 오르기도 한다. 군대를 다녀온 사람들도 곧잘 이런 류의 무용담을 자기 자랑처럼 하는 문화가 아직 남아 있다.

맹자에 이런 이야기가 소개된다. 제나라 사람 중에 아내 한 명과 첩 한 명을 데리고 함께 사는 자가 있었는데, 남편이 밖에 나가면 반드시 술과 고기를 배불리 먹은 뒤에 돌아오곤 하였다. 그의 아내가 남편에게 누구와 함께 음식을 먹었는가를 물어보면 모두 부귀한 사람이었다. 어느 날 그 아내가 첩에게 말하였다.

"남편이 외출하면 반드시 술과 고기를 배불리 먹은 뒤에 돌아오는데, 내가 누구와 음식을 먹었는지 물어보면, 모두 부귀하고 훌륭한 사람이라고 하네. 그런데 일찍이 그런 유명한 인사가 우리 집에 찾아온 일이 없으니, 내 나중에 남편이 가는 곳을 엿보려 하네."

그리고는 아침 일찍 일어나 남편이 가는 곳을 미행하여 따라가 봤다고 한다. 동쪽 성곽 밖의 무덤 사이에서 제사를 지내는 자에게 가서 제사 지내고 남은 음식을 빌어먹고, 거기에서 부족하면 또 돌아보고 딴 곳으로 가니, 이것이 술과 고기를 배불리 먹는 방법이었다. 이에 그 아내가 집으로 돌아와서 첩에게 말하였다.

"남편은 우리가 우러러보면서 평생을 마쳐야 할 사람인데, 지금 이 모양일세."

그리고는 첩과 함께 남편을 원망하며 뜰 가운데서 서로 붙들고 울고 있었다. 그런데 남편은 이런 사실을 알지 못하고 의기양양하게 집으로 와서는 아내와 첩에게 여전히 거드름을 피웠다는 이야기다.

《맹자》〈이루〉

군자의 입장에서 본다면, 지금 사람 중에 부귀와 영달을 구하는 방법치고 그 아내와 가족이 그것을 알면 부끄러워하지 않고, 서로 붙들고 울지 않을 짓이 별로 없을 것이다.

유태인들이 세계 경제와 정치 그리고 학문 분야에서 뛰어난 역량을 보인다는 이야기는 많이 듣는다. 유대인의 총 인구는 1,500만에서 1,600만 명이다. 그중 미국에 684만 명, 이스라엘에 약 500만 명이 살고 있고, 나머지는 전 세계에 흩어져 살고 있다. 다 합쳐도 세계 인구의 0.2%에 불과하다. 그런데 노벨상 수상자 300여 명 중 93명이 유대인이다. 미국의 변호사가 70만 명인데 그 중의 20%인 14만 명이 유대인이고, 뉴욕 중고등학교 교사 중의 50%가 유대인이라 한다. 국민투표로 당선된 미국 국회의원 535명 중 42명이 유대인이고, 미국 유명한 대학인 프린스턴 대학, 하버드 대학 교수 중의 25~35%가 유대인인데, 그 중에서도 총장, 주요 행정 책임자의 90%가 유대인이라고 한다. 그런데 이러한 힘의 근원에는 쉐마교육이라는 일명 밥상머리 교육이 중요한 역할을 한다고 한다. 이처럼 가정에서의 교육은 매우 중요하다.

위험을 무시하면서 가정의 행복을 위해 일하고 있는 것처럼 말하는 모습이, 무덤 사이에 제사를 지내고 남은 음식을 먹고 와서 부귀한 사람들과 먹었다고 말하는 것과 다르지 않다. 씁쓸하기까지 하다. 문제는 이때 가족의 태도가 중요하다. 처와 첩은 서로 붙들고 울었다. 과연 우리 직원들이 혹시라도 그런 이야기를 하면 통곡하며 우는 가족이 있을까? 그런 이야기를 하면 더 이상 같이 못 살겠다고 해야 정상적인 것 아닐까?

안전교육은 재해가 발생하면 가장 직접적인 피해를 보게 되는 가정에서 이루어지는 것이 가장 효과적이다. 특히 마인드 교육 측면에서는 가장 효과적일 수 있다. 배우자가 혹은 부모, 자녀가 그저 염려 수준에서 안전에 개입해서는 안 된다. 혹여 가장이 위험을 감수한 이야기를 무용담처럼 하기라도 하면 당연히 가족이라면 통곡은 못할 망정 화를 내는 수준까지는 가야 한다. 직장에서는 상호간 직장내 괴롭힘 등 조심스러운 부분이 있기에 그렇게까지 하지는 못한다.

위험한 행동에 대해서 가족의 안전 개입은 염려 수준을 넘어서서 화를 내거나 부둥켜 안고 우는 수준까지 갈 수 있어야 한다. 그럴 수 있는 유일한 자격을 가진 관계이기에 그렇다.

제5장

맹자에게 배우는
안전 리더십

리더의 책임과 의무는 무엇인가?
혁신을 방해하는 조직문화?
안전관리비를 투자로 인식하게 하려면?
하지 말아야 할 것과 해야 할 것이 명확한가?
입장을 명확히 하는 리더인가?
약점을 말할 수 있게 하는가?
허용의 한계와 권한의 위임?
문제해결의 중계자가 있는가?

경영학에서 가장 많이 연구되는 분야 중 하나가 리더십이다. 현대 사회의 가장 큰 문제점을 살펴보면 결국 리더십에 기인한다. 예전에는 먹혔던 리더십이 지금은 안 먹히는 것이다. 가정과 기업 그리고 국가에도 결국 리더십의 문제가 심각하다. 안전경영에서도 안전 리더십 문제, 특히 관리감독자나 안전관리자의 안전 리더십이 여러 가지 혼란을 만들어 내고 있는 것이 현실이기도 하다.

리더의 책임과 의무는 무엇인가?

리더십의 정의는 다양하지만, '조직 목표를 달성하기 위해 구성원이 자발적 능동적으로 행동하도록 동기를 부여하고 조정하는 창의적인 기술'이 가장 일반적이다.

이 말을 조금 곱씹어보면 실상 매우 무서운 말임을 알 수 있다. 원하는 상태에 도달하지 못한 것은 결국 다 리더십을 행사하는 리더의 책임이 되기 때문이다. 이 얼마나 무서운 말인가? 자녀가 학업성취가 낮은 것도 결국 리더십의 관점에서 보면 부모의 리더십 문제인 것이다. 이런 관점을 맹자는 명확하게 언급하고 가르치고 있다.

"내가 남을 사랑해도 그가 나와 친해지지 않으면 자신의 인(仁)을 반성해야 하고, 내가 남을 다스리는 데도 그가 다스려지지 않으면 자신의 지혜를 반성해야 하며, 내가 남에게 예를 베풀어도 그가 답례하지 않으면 자신의 공경을 반성해야 한다. 어떤 일을 했는데 만족스러운 결과를 얻지 못함이 있으면 모두 돌이켜 자신에게서 그 원인을 찾아야 하니(反求諸己), 자기 자신이 바르게 되면 천하가 돌아온다.

《맹자》〈이루〉

愛人不親反其仁(애인불친반기인) 친해지지 않는 것도, 남을 다스려지지 않는 것도, 예를 표하지 않는 것도, 만족스런 결과를 내지 못한 것도 모두 자신의 리더십을 탓하라는 말씀이다.

안전사고가 발생하면 "내탓이오."라고 하기 어렵다. 얼마간의 금전적 손해가 아니라 인명을 잃거나 신체에 손상을 입었다면 다시 회복되기 어렵기 때문이다. 책임진다고 말할 수 없는 영역이기도 하고 후속적으로 따라오는 경제적·사법적 처벌의 경중문제 때문이기도 하다. 그러다 보니 안전사고에 대해서는 내 책임이라고 말하기 어려운 부분이 있다. 그러나 이렇게 되면 자칫 상대 탓이라고 주장을 하게 되고, 그것이 결국 그다음 단계로 자신의 잘못마저도 합리화하거나 인정하지 않는 악순환을 만들어 낸다. 설혹 사고원인 조사를 한다고 해도 서로 그 내용을 불신하는 일이 생겨나고 상대방의 논리를 방어하기 위해 거짓말을 하게 되기도 한다.

리더는 갈 곳을 정하는 사람이다. 목표지점까지 가는 방법(전략)을 의사결정하는 사람이다. 목표까지 가는 과정에서 구성원들을 독려하고 동기부여 하는 사람이다. 과정이 어려움에 봉착하고 문제를 만나면 해결해야 한다. 안전경영이 어려운 이유는 목표가 선명하지 않고 추상적이기 때문이다. 당연히 전략을 세우기도 쉽지 않다. 전략없이 하는 일은 우왕좌왕하기 마련이다. 이것도 해보고 저것도 해보는 것이다. 그때마다 결과를 내놓아야 한다. 잘했다고 할 것도 못했다고 할 것도 없다. 이유는 성과를 평가할 수 없기 때문이다. 이때 사고라도 발생하면 다른 이유로 발생했다고 변명이라도 해야 한다.

최근 국가에서 중대재해가 일어나서 정쟁화되면 이런 일이 반복해서 발생한다. 사고원인을 조사할 때에는 정쟁으로 갈 것이 아니라 과학적 사실 중심으로 전문가들에게 맡겨야 함에도 정쟁하는 사이에 핵심 원인은 어딘가에 숨어 버리는 경우도 있다. 안전경영책임자는 이런 부분을 의사결정과정에서 놓치지 않아야 한다. 국가적으로는 독립된 조사기관을 설립할 필요가 있으며, 회사에서도 이런 점은 예외가 아니다. 원인이 왜곡되거나 편집되면 동종재해를 예방하는 것은 불가능하다. 떨어짐, 끼임, 넘어짐의 3대 사고가 전체의 60%에 이르고, 반복재해가 발생하는 것은 그 재해원인이 재해자의 과실로 분석되었기 때문일 수도 있다. 다친 사람만의 잘못이라고 하면 당장은 책임으로부터 자유로울 수 있을지 모른다. 그러나 결국 그 원인은 숨겨지고 언젠가는 또 다른 장소에서 동종의 사고로 나타난다는 점을 염두에 두어야 한다.

혁신을 방해하는 조직문화?

변화, 혁신을 원한다면 환경을 바꾸라 한다. 환경을 바꾸는 가장 좋은 방법은 만나는 사람을 바꾸는 것이다. 안전경영에 의지를 가지고 수없이 시도하지만 번번히 실패로 끝난다면 맹자의 이 말씀만큼 좋은 것도 없다.

맹자께서 송나라 신하 대불승에게 말씀하셨다.
"그대는 그대의 왕이 선해지기를 바라오? 내 그대에게 분명히 말해주겠소. 여기에 초나라 대부가 있는데, 그 아들이 제나라 말을 하기를 원한다면, 제나라 사람에게 아들을 가르치게 하겠소? 초나라 사람에게 아들을 가르치게 하겠소?"
대불승이 대답하였다.
"제나라 사람에게 가르치게 할 것입니다."

"한 명의 제나라 사람이 가르치는데, 여러 명의 초나라 사람이 떠들어댄다면, 비록 날마다 종아리를 치면서 제나라 말을 하기를 요구하더라도 될 수 없을 것이오. 그러나 그를 데려다가 제나라의 번화한 거리인 장악 사이에 여러 해 동안 둔다면, 비록 날마다 종아리를 치면서 초나라 말을 하기를 요구하더라도 또한 될 수 없을 것이오.

그대가 송나라 신하 설거주를 선한 선비라고 여겨서 그를 왕의 처소에 있게 하였는데, 왕의 처소에 있는 자가 나이가 많든 적든 지위가 높든 낮든 모두 설거주와 같은 사람이라면 왕이 누구와 함께 불선한 일을 하겠으며, 왕의 처소에 있는 자들이 나이가 많든 적든 지위가 높든 낮든 모두 설거주와 같은 사람이 아니라면 왕이 누구와 함께 선한 일을 하겠소? 설거주 한 사람이 혼자서 송나라 왕을 어떻게 할 수 있겠소?"

《맹자》〈등문공〉

한 마디로 요약하면 어학을 배우는데 학원 선생에게 배우는 것이 좋을지, 어학연수를 가는 것이 좋을지를 묻는 것이다. 두 번째로는 왕 주변에 왕과 같은 사람이 잔뜩 있는데 설거주와 같은 선한 신하가 있다고 한들 무엇이 바뀌겠는가라는 가르침이다. 명쾌하다. 인사가 만사이고, 새 술은 새 부대에 담아야 한다고 하는 말이 왜 아직도 회자되는지를 알 수 있는 대목이다.

안전문화를 바꾸고 안전경영을 제대로 해보겠다고 경력사원을 스카웃해서 배치한다. 당연히 의욕을 가지고 여러 가지 자신이 성공한 사례를 접목시키려고 할 것이다. 처음에는 뭔가 좀 달라지는 듯하다. 그러나 결국 제자리인 경우가 많다. 이런 사례는 비단 안전경영이 아니라 타 부문에서도 흔한 일이다. 왜 그럴까? 경력자를 채용하는 것에 문제가 있는 것이 아니다. 맹자의 지적대로 '초나라 사람들이 떠들어 댄다면, 종아리를 치면서 가르쳐도 소용없을 것'이기 때문이다. 경영책임자가 이 점을 간과한 것이다. 심하게는 경력사원을 채용해 놓고서도 간헐적으로는 "어디 얼마나 잘하는가 보자."라는 입장을 피력하는 경우도 있다. 그렇다면 누가 그 일을 해낼 수 있을까?

여기서 주목할 것은 구성원의 참여 없이 되는 일은 없다는 것이다. 왕의 주변 사람들은 왕과 생각이나 실행 차원에서 호흡이 맞는 사람들일 것이다. 그 팀웍의 결과가 지금의 모습이다. 그것이 마음에 들지 않아서 혹은 더 잘해보고자 변화를 시도하려고 인재를 채용한 것이다. 채용 이후에 얼마나 심리적으로 미묘한 일이 일어날지 책임자는 생각하지 않는다. 조직은 즉시 수구파와 혁신파로 양분된다. 보이지 않는 갈등이 생겨난다. 늘 논리는 같다. 혁신 주장자는 "이것이 문제이니 이렇게 변화시켜야 한다."고 하고, 수구파는 "그렇게 하면 이러한 문제가 있다. 실상을 너무 모르고 하는 정책이다."라고 주장한다. 반만년 역사 속에 혁신에 대한 논쟁의 패턴은 이 틀을 벗어나지 못한다. 국가경영에서도 마찬가지다. 이것은 구성원의 문제가 아니라 경영책임자가 그 빌미를 제공한 것이다. 뭔가 의지가 있다면 그 일이 진행될 수 있도록 여건을 만들어 줘야 한다. 그래도 끝없이 반대하고 저항한다. 그렇기 때문에 계속해서 챙겨 나가야 하는 것이다.

최근 중처법이 시행되고, ESG 경영에 대한 사회적 요구에 맞춰서 관련 부서가 우후죽순으로 생겨났다. 부서 네이밍도 멋지다. 혁신, 기획, 총괄, 전략이라는 단어가 수식어처럼 따라붙는다. 그러나 맹자의 지적을 제대로 고려한 곳은 별로 없다. 아무리 탁월한 역량을 가진 사람을 투입해도 기존 세력의 연합을 극복하기가 어려웠을 것이다. 결국 1년도 안 되어서 폐쇄하거나 통합한다. 문제는 그 사이에 조직에서 일어났을 보이지 않는 갈등과 반목 그리고 우왕좌왕 했던 시행착오는 어느 누구도 책임지지 않는다는 것이다. 그러는 사이 안전경영에 대한 불신만 쌓여 갔을 것이다. 핵심은 구성원들의 인식을 바꾸지 않은 채 시도되는 화려한 제도나 시스템은 정착하지 못한다는 사실이다.

컨설팅 전문기관인 '베인앤컴퍼니'가 전 세계 글로벌 기업 사장 1,400명에게 "가장 많이 활용해 본 경영방법은 무엇입니까?"라고 물었다. 1위가 벤치마킹이었는데, 성과는 평균 미만이었다고 한다. 이유가 뭘까? 형식과 껍데기만을 모방하기 때문이다. 결국 그것을 실행해 낼 가장 기저에 있는 그 어떤 것까지 벤치마킹하지 못하기 때문이다.

안전관리비를 투자로 인식하게 하려면?

안전관리비는 비용인가? 투자인가? 안전관리비를 비용으로 인식하는 순간 안전은 절약하거나 경감시켜야 하는 대상으로 전락한다. 비용은 아껴야 하고 투자는 늘려야 한다는 인식이 조직의 본질적 특성이다. 오죽하면 안전관리비 규모를 법으로 정해서 적게 쓰거나 전용하면 엄격한 벌칙을 부과하겠는가? 안전관리비가 투입되어서 수익이 창출되면 안전관리비는 투자금이 되지 않겠는가? 맹자는 어떻게 생각할까?

맹자의 제자 팽경이 질문한다.

"뒤따르는 수레 수십 대와 수행하는 자 수백 명을 거느리고, 제후들을 찾아다니며 밥을 얻어먹는 것은 너무 지나치지 않습니까?"

맹자께서 말씀하셨다.

"정당한 도리가 아니라면 한 그릇의 밥이라도 남에게 받아서는 안

되지만, 만일 정당한 도리라면 순왕께서 요왕의 천하를 받으시되 지나치다고 여기지 않으셨으니, 자네는 이것을 지나치다고 여기는가?"

"아닙니다. 선비가 하는 일 없이 밥을 얻어먹는 것이 불가하다는 것입니다."

"자네가 생산한 물건을 교역하고 일을 바꾸어, 남는 것을 가지고 부족한 것을 보충하지 않는다면, 농부에게는 남아서 버리는 곡식이 있을 것이고, 여자에게는 남아서 버리는 베가 있을 것이네. 그러나 자네가 만일 이를 교역하면 목수들과 수레 만드는 사람들이 모두 자네 덕분에 먹고살 수 있을 것이네. 여기에 어떤 사람이 있는데, 집에 들어와서는 부모에게 효도하고 밖에 나가면 어른에게 공손하며, 선왕(先王)의 도를 지키면서 후세의 학자를 기다리되 자네에게서 밥을 얻어먹지 못할 것이니, 자네는 어찌하여 목수들과 수레 만드는 사람들은 높이면서 인의(仁義)를 힘쓰는 자는 경시하는가?"

"목수들과 수레 만드는 사람은 일을 하는 뜻이 밥을 구하려는 것이지만, 군자가 도를 행하는 것도 그 뜻이 밥을 구하려는 것입니까?"

"자네는 어찌 그 뜻을 따지는가? 어떤 사람이 자네에게 일해준 공(功)이 있어서 밥을 먹여줄 만하면 밥을 먹여주는 것이네. 또 자네는 그 사람이 가지고 있는 뜻을 따져서 밥을 먹여주겠는가? 아니면 그 사람이 이룬 공을 따져서 밥을 먹여주겠는가?"

"뜻을 따져서 밥을 먹여주겠습니다."

"여기에 어떤 사람이 있는데, 기왓장을 깨뜨리고 담에 함부로 낙서를 해 놓고도 그 뜻이 장차 밥을 구하는 것이라면, 자네는 그에게 밥을 먹여주겠는가?"

"아닙니다."

"그러면 자네는 뜻을 따져서 밥을 먹여주는 것이 아니라, 공을 따져서 밥을 먹여주는 것이네."

《맹자》〈동문공〉

이 글은 읽어가는 중에 뭔가 속이 펑 뚫리는 느낌이 든다. 이렇게 명쾌할 수도 있구나 싶다. 맹자의 행렬은 매우 길었다. 수레 수십 대와 수백 명의 사람이 이동하는 대규모의 행렬이었다. 그들은 자급자족하지 않았다. 당연히 제후들에게 대접을 받았다. 이것이 제자 팽경 입장에서는 불편했을 수 있다. 그렇다고 해서 직설적으로 스승에게 묻는 것은 제자보다 맹자의 훌륭함을 드러낸다. 요즈음 학계에 이 정도의 질문을 했다면 충분히 논란이 될 만하다. 경영학과 교수님에게 제자가 "스승님께서 연구하신 결과로 우리 사회에 기여한 것이 하나도 없는데 교수라는 신분으로 호가호위하는 것은 심하지 않습니까?"라고 질문했다고 상상해 보자.

피터 드러커는 말한다. 지식인이란 '자신의 행위로 자신의 밥을 해결하지 못하는 자들'이라고. 실상 그렇다. 이념이니 과거의 지식이니 하는 것들이 무슨 생산능력이 있겠는가? 그것을 가져다가 생산의 요소로 쓰는 이들은 따로 있다. 그것을 대놓고 말하는 것이 가당키나 한 말인가?

　그런데 더욱더 놀랄 일은 맹자가 화를 내거나 당황하지 않으시고 순왕께서 요왕의 나라를 통째로 물려받았는데 지나치다고 생각지 않으셨다고 답변하시면서 제자를 꼼짝 못하게 한다. 제자 팽경은 얼마나 당황스러웠을까? 결국 맹자는 스스로에 대한 확신이 분명했음을 엿볼 수 있다. 그러면서 인의를 행하는 사람을 가볍다고 생각하느냐고 깨우쳐 준다. 그것도 사례를 인용해서 가르치는 모습은 가히 압권이다.

　맹자가 사례를 들면서 설명한 내용은 지금까지 세상을 지배해 온 밀턴 프리더만의 '선택의 자유'에 기반한 자유시장 이론을 뛰어 넘는다. 교역에 의해서 새로운 부가가치가 만들어지는 과정을 이보다 쉽고, 명료하게 설명하기도 쉽지 않다. 그런데 그다음이 또 가히 천재적이다. "그러면 군자가 도를 행하는 것도 밥을 얻기 위한 것입니까?"라고 반박하는 제자에게 명분이나 이상은 반드시 그 실행의 결과가 있어야 한다고 설명한다. 결국 뜻에 의해서 대가가 주어지는 것이 아니라 그 공(功)에 따라서 대가가 주어지는 것이라는 것임을 깨우쳐 준다.

　이것은 당시 맹자의 입장에서 자신의 정체성(identity) 문제이기도 하다. 왕도정치를 표방하는 것만으로 한계가 있음을 실감하고 있었을 것이다. 노장사상이나 묵자의 겸애사상 등으로부터 공격을 받을 때마다 그런 생각은 더욱 강하게 들었을 것이다. 이 지점에서 확신이 무너지는 순간 자신은 설 곳이 없어진다는 위기감이 느끼지 않았을까? 여기에서 우리가 분명하게 구별해야 할 것이 있다. 그것은 바로 명분과 성과이다.

안전경영이 경영의 한 축으로 자리매김하려면 지금까지의 명분과 더불어 성과를 분명하게 규정해야 한다. 그저 안전경영을 통해 대관 점검에 큰 문제 없이 대응했다거나, 사법적 처벌에 잘 대응했다는 식의 간접적 방어효과(Indirect Defense Effect)가 아니라 직접적 안전경영성과(Direct Safety Management Performance)를 보여줘야 한다. 이 책을 통해 필자가 반복하고 있는 "안전이 돈 되게 해야 한다."는 주장은 맹자의 이 말씀을 통해 그 정당성을 확인했기 때문이다. 패러다임의 전환이 없다면 안전경영은 늘 무늬만 경영인 한계에서 벗어나기 어려울 수 있다.

하지 말아야 할 것과
해야 할 것이 명확한가?

ESH 경영에서 절대로 하지 말아야 것은 무엇인가? 실상 이런 질문을 받으면 당황스럽다. 반드시 해야 할 것이 제대로 규정되어 있지 않거나 정해두었다 하더라도 그냥 듣기 좋아서 써놓은 경영방침이라면 우물쭈물할 수밖에 없을 것이다. 개인이 "왜 사느냐?"는 질문 앞에 늘 당황스러운 것과 같다.

맹자의 제자 진대가 말하였다.

"선생님께서 제후를 만나지 않으시는 것은 대의에 뜻을 두지 않은 작은 지조인 것 같습니다. 이제 한 번 만나보시면 크게는 왕업을 이룰 수 있고, 작게는 패업을 이룰 수 있을 것입니다. 또 옛 기록에 '한 자를 굽혀서 여덟 자를 편다(枉尺直尋, 왕척직심).' 하였으니, 해볼 만한 일인 것 같습니다."

맹자께서 말씀하셨다.

"옛날에 제나라 경공이 사냥할 적에, 대부를 부를 때 쓰는 정이라는 깃발로 사냥터를 관리하는 우인을 불렀으나 오지 않자, 그를 죽이려고 한 일이 있었네. 공자는 우인을 칭찬하시기를 '지사는 자신의 시신이 도랑에 버려지더라도 한하지 않을 것을 항상 생각하고, 용사는 전투하다가 자기 머리를 잃더라도 돌아보지 않을 것을 항상 생각한다.' 하셨으니, 공자께서는 그의 어떤 점을 높이 사신 것인가?

자기 신분에 맞는 부름이 아니면 불러도 가지 않은 점을 높이 사신 것일세. 그런데 내가 어떻게 올바른 부름을 기다리지 않고 갈 수 있겠는가? 또 '한 자를 굽혀서 여덟 자를 편다.'는 것은 이익으로써 말한 것이니, 만일 이익을 가지고 따진다면 여덟 자를 굽혀서 한 자를 펴더라도 이롭기만 하다면 또한 하겠는가?"

《맹자》〈등문공〉

제자가 벼슬도 하지 않고 돌아다니기만 하는 스승이 원망스러웠을 수 있다. 스승이 벼슬을 해야 자신도 예하의 한 자리라도 차지할 수 있을 것이고, 덕분에 좀 편한 생활을 할 수 있을 것이라는 기대는 인지상정 아니겠는가? 제자가 스승이 벼슬길에 올라 잘만 하면 왕업과 패업을 이룰 수 있는 대박 기회라면서 부추긴다.

이에 대해 맹자는 "목숨을 잃더라도 하지 말아야 할 것과 돌아보지 말아야 할 것이 있다. 한 자를 굽혀 여덟 자를 편다 하더라도 이익만을 쫓아갈 수는 없다."고 단호하게 말씀하신다.

이 대목에서 이익을 좇지 않아야 한다는 것보다 더 중요하게 생각되는 것이 있다. 그것은 하지 말아야 할 것과 해야 할 것을 분명하게 알고 있다는 점이다. 우리는 자신이 맡은 업무를 수행할 때 해야 할 것과 하지 말아야 할 것을 분명히 해야 한다. 그것이 경영원칙이고 핵심가치(Core Value)이다. 이것이 분명치 않으면 타협하고, 타협하면 구별되고, 구별되면 갈등이 생긴다. ESH 관계자들끼리 모여서 절대 하지 말아야 할 것이 무엇인지 의견을 나눠보자. 어떤 경우에도 하지 않았다 하더라도 문책되지 않는 그 어떤 것이 과연 무엇인지? 그것이 없으면 그때그때마다 의사결정을 요청할 것이다. 그 상황이 한 번도 같은 경우는 없었을 것이다. '그때는 저렇게 하라고 하고 왜 지금은 이렇게 하라고 하는가?'하고 혼란만 가중되지 않겠는기. 하지 말아야 할 것과 해야 할 것을 명확히 하면 그 범위에서의 재량권은 현업에서 가지면 된다.

입장을 명확히 하는 리더인가?

옛날 진나라 대부 조간자가 수레를 잘 모는 왕량으로 하여금 자신이 총애하는 신하인 해와 함께 수레를 타고 사냥하게 하였는데, 종일토록 한 마리의 짐승도 잡지 못하였다. 해가 돌아와 보고하기를 "왕량은 천하에 형편없는 마부입니다."라고 하였다.

어떤 사람이 이 말을 왕량에게 전하자, 왕량이 조간자에게 다시 한 번 사냥하기를 청하여 요청하였는데, 이번에는 하루 아침에 열 마리의 짐승을 잡았다. 해가 돌아와서 보고하기를 "왕량은 천하에 훌륭한 마부입니다."하니, 조간자가 "내 그로 하여금 그대의 수레 모는 일을 전담하도록 하겠소."하고 왕량에게 말하였다.

그러자 왕량이 거절하면서 말하였다.

"제가 그를 위해서 말 모는 법대로 말을 몰았더니 종일토록 한 마리의 짐승도 잡지 못하다가, 그를 위해 말 모는 법을 무시하고 부정한 방법으로 짐승을 만나게 하였더니 하루 아침에 열 마리의 짐승을 잡았습니다. 저는 소인과 함께 수레 타는 것은 익숙하지 못합니다. 사양하겠습니다."

《맹자》〈등문공〉

이 이야기는 맹자가 제후를 만나서 벼슬을 하지 않는 이유를 설명하는 과정에서 한 말이다. 마부조차도 자신의 뜻에 맞지 않으면 사양하는데 어찌 군자가 그럴 수 있느냐는 말이다.

여기서 주목해 볼 내용은 말 모는 법대로 했더니 한 마리의 짐승도 못 잡았는데, 말 모는 법을 무시하고 말을 몰았더니 열 마리를 잡았다는 대목이다. 당장 결과를 보여줘야 하는 임원과 새로 부임한 부서장, 그리고 나름의 로드맵을 가지고 업무를 진행 중인 실무자들 사이에서 일어날 수 있는 상황이다.

이때 경영책임자가 어떤 태도를 보이느냐에 따라서 실무자는 따를지 말지를 결정한다. 실무자들에게 맹자의 굳건한 신념과 마부같은 단호함을 요구하는 것은 무리다. 말은 맞는 말이지만 그것이 가능하다면 실무자가 책임자를 하면 될 일이다. 오히려 신하 '해'의 태도를 문제 삼아야 한다. 한 마리도 못 잡았다는 결과만으로 형편없다고 하고, 열 마리를 잡은 과정은 무시한 채 유능하다고 하는 것은 신하 '해'의 자질에 문제가 있는 것이다. 그것에 부화뇌동하는 왕도 예외는 아니겠지만 말이다.

약점을 말할 수 있게 하는가?

　모든 문제 해결의 출발은 현상파악에서 시작된다. 현상을 파악하는 방법으로 경영에서는 내부환경과 외부환경을 분석한다. 외부환경이란 위협과 기회라고 하고, 내부환경은 강점과 약점을 말한다. 이것을 일명 SWOT분석이라 부른다. 외부환경에서 기회는 ESG 경영이라는 반드시 해결해야 하는 과제가 있고, 그로 인해 새로운 모멘텀을 잡을 수 있다. 위협이라면 중처법 등에 의한 사법적 리스크를 꼽을 수 있겠다. 이제 내부환경을 분석해야 하는데 강점과 약점을 찾아내지 못한다. 특히나 약점을 찾아내는 부분에서 예민해진다. 회사측은 사측대로 노동자측은 노측대로 약점을 감추려고 하고, 설혹 알고 있더라도 인정하지 않으려 한다. 이때부터 다소 파워를 가진 측에서 추진력이란 이름으로 밀어붙이면 바퀴가 겉돌기 시작하는 것이다.

맹자께서 제나라 변경의 평륙에 가셔서 그 고을의 대부 공거심에게 이르셨다.

"당신의 창을 잡은 전사가 하루에 세 번 대오를 이탈한다면 버리겠습니까? 그대로 두겠습니까?"

공거심을 이렇게 대답했다.

"세 번까지 기다리지 않겠습니다."

"그렇다면 대부께서도 대오를 이탈한 것도 많습니다. 흉년으로 기근이 든 해에 당신의 백성 중에 노약자들은 떠돌다 죽어 시신이 구렁에 버려지고, 건장한 자들은 흩어져 사방으로 떠나간 것이 몇천 명이나 됩니까?"

"그 일은 제 능력으로 할 수 있는 일이 아닙니다."

"지금 남의 소와 양을 맡아 그 주인을 위해 길러주는 자가 있으면 반드시 소와 양을 위해 목장과 꼴을 구할 겁니다. 목장과 꼴을 구하다가 얻지 못하면 그 주인에게 소와 양을 돌려주어야 하겠습니까? 아니면 또한 소와 양이 죽는 것을 서서 보고만 있어야 하겠습니까?"

공거심은 이렇게 답했다.

"이는 저의 잘못입니다."

후일에 맹자께서 왕에게 말씀하셨다.

"왕의 읍을 다스리는 자를 신이 다섯 사람을 알고 있는데, 자기의 죄를 알고 있는 자는 오직 공거심뿐입니다."

그리고는 왕에게 그 내용을 말하자, 왕이 말하였다.

"이는 과인의 죄입니다."

《맹자》〈공손추〉

기가막힌 논법으로 왕과 대부에게서 '내 탓이오'를 이끌어 내는 맹자의 내공과 대화술에 놀라지 않을 수 없다. 앞에서 말한 대로 서로가 "내 탓이오."라고 하면 어떤 문제도 해결할 수 있지 않을까? 그렇다면 왜 내 탓이라 말하지 못할까? 평가에 대한 두려움 때문이다. 그렇다면 그것만 배제하는 방법을 찾거나 아니면 평가의 주체가 드러나지 않게 하는 방법을 쓰면 되지 않을까? 그런 방법은 얼마든지 있다. 다만 약점이 누구의 잘못이라고 들추어진다고 해도 그것을 추궁하지 않겠다는 것 자체를 믿지 못하는 불신이 있다. 그렇다면 다른 어떤 것도 될 리가 없다.

전략적으로 강점을 극대화하자고 한다. 강점 극대화를 하면 단점은 가려진다는 논리다. 백 번 맞는 말이다. 사람을 변화시키는 것뿐만 아니라 조직을 변화시키는 것도 그렇다. 그러나 약점마저 보완한다면 더 좋지 않겠는가?

허용의 한계와 권한의 위임?

원칙을 지켜야 한다는 점 때문에 원칙대로만 하면 삭막해지고 온통 갈등이 표출될 것은 너무나 자명하다. 이 지점이 바로 ESH 부서의 고민이다.

맹자의 제자 진진이 질문한다.

"지난 번에 제나라에서는 왕께서 품질 좋은 금 100금을 주셨는데 받지 않으셨고, 송나라에서는 7일을 주셨는데 받으셨으며, 설나라에서는 금 50금을 주셨는데 받으셨습니다. 전일에 받지 않은 것이 옳다면 오늘 받으신 것이 잘못일 것이고, 오늘 받으신 것이 옳다면 지난 번 받지 않으신 것이 잘못일 것입니다."

맹자께서 말씀하셨다.

"다 옳으네. 송나라에 있을 때에는 내가 장차 먼 길을 떠날 일이 있었는데, 길 떠나는 자에게는 반드시 노자를 주는 법일세. 송나라 왕께서 '노자로 드립니다.' 하면서 주시니 받았다네. 설나라에 있을 때에는 신변의 위협을 느껴 내가 경계하는 마음을 품고 있었는데, 설나라 왕께서 '선생께서 경계하고 계시다는 말씀을 들었기에 호위를 하는 데 쓰시라고 드립니다.' 하면서 주시니 내 어찌 받지 않겠는가? 그러나 제나라의 경우에는 해당되는 사유가 없었으니, 아무 까닭도 없이 돈을 주는 것은 돈으로 매수하려는 것일세. 어찌 군자가 뇌물에 매수될 수 있겠는가?"

《맹자》〈공손추〉

참으로 재미있는 질의응답이다. 어디까지가 호의이고 어디까지는 선의가 아닌 것일까? 이런 갈등에 대한 답은 이미 견리사의(見利思義)와 견리사해(見利思害)라는 말도 살펴보았다. '이로움을 보거든 의로운지를 생각하고 그 의로움이 이루어진 후에 취하라는 것은 공자의 가르침이었다. 맹자는 "이익을 보거든 해로운지를 생각하라."고 말한다. 위 사례를 통해서 맹자의 이 생각을 엿볼 수 있다.

문제는 그 의로움이 이루어진 것을 어디까지로 볼 것인가이다. 맹자는 수백의 수행자들을 이끌고 다니는데 돈이 왜 필요하지 않았겠는가? 그 때마다 돈을 받아야 할지 말아야 할지를 고민했을 듯하다. 보통은 자신이 직접 받지 않고 수하에 재정 담당자를 두어서 받게 한다. 그리고는 불량한 돈이면 수하가 잘못했다고 책임을 떠넘기는 방식이다. 이런 방식은 요즘도 정치권에서 공공연히 일어나는 일이기도 하다. 그러나 맹자는 그 일에 대해서 명확한 기준을 가지고 있었던 것을 알 수 있다.

ESH 관계자들 특히 필드에서 근무 중인 사람들이 나름의 허용 기준을 정하는 데 참고할 만하다. 계량적으로 접근하고자 해서 개발한 프로그램이 위험성 평가이다. 허용불가 위험, 조건부 허용 등으로 구별하는 것이다. 그러나 이것 또한 일률적으로 정확하게 적용되는 데는 한계가 있고 담당자의 재량적 판단을 요구하는 경우가 많다. 필자의 경험을 기준으로 본다면 귀찮아서거나, 다소간의 돈을 좀 아끼려고, 아니면 자신의 방법을 바꾸지 않으려는 의도에서라면 아주 사소한 것이라도 허용할 수 없을 것이다. 그러나 불가피하거나 차선의 대책을 스스로 강구한 경우에는 조건부로 허용할 수 있지 않을까? 경영책임자는 이런 부분까지도 권한을 위임해야 한다. 그렇지 않으면 현장의 안전담당자에 따라 임의적으로 대응이 달라지게 되며 결국 원칙이 무너지는 일이 뒤따라온다.

문제해결의 중계자가 있는가?

맹자가 오해받은 일이 일어났다. 노나라 평공이 외출하려고 하는데, 왕이 총애하는 장창이라는 자가 여쭌다.

"전에는 왕께서 외출하시게 되면 반드시 담당관리에게 갈 곳을 하명하셨는데, 지금은 수레가 이미 출발 채비를 마쳤는데도 담당관리가 갈 곳을 알지 못하니, 어디를 가시려는 것인지 감히 여쭙습니다."

그러자 평공이 말하였다.

"맹자를 만나보려고 하오."

"어째서입니까? 한 나라의 군주인 왕께서 몸을 낮추시어 필부에게 먼저 예를 베푸시는 까닭은 그가 현명하다고 여겨서입니까? 예의는 현명한 사람에게서 나오는 법인데 맹자의 어머니 상이 아버지 상보다 더 성대하였으니, 맹자는 예의를 모르는 사람입니다. 왕께서는 그를 만나지 마십시오."

"알겠소."

맹자의 제자로서 노나라에서 벼슬하고 있던 악정자가 들어가 평공을 뵙고 말하였다.

"왕께서는 어찌하여 맹자를 만나지 않으셨습니까?"

평공이 말하였다.

"혹자가 과인에게 말하기를 '맹자의 어머니 상이 아버지 상보다 더 성대하였다.'고 하였으므로 이 때문에 가서 만나보지 않았소."

"무슨 말씀입니까? 왕께서 이른바 더 성대하였다는 것은 아버지 상은 사(士)의 예로써 하고 어머니 상은 대부의 예로써 하였으며, 아버지 상에는 삼정(三鼎)을 쓰고 어머니 상에는 오정을 쓴 것을 말합니까?"

"아니오. 내관과 외관, 수의와 이불을 아름답게 한 것을 말하오."

"이것은 이른바 더 성대하다고 할 만한 것이 아니니, 아버지의 상을 치를 때와 어머니의 상을 치를 때 빈부가 같지 않았기 때문입니다."

악정자가 맹자를 뵙고 말하였다.

"제가 왕께 아뢰자, 왕께서 선생님을 찾아뵈려고 했는데 왕께서 총애하는 장창이라는 자가 있어 왕을 만류하였습니다. 왕께서 이 때문에 결국 오시지 않았습니다."

맹자께서 말씀하셨다.

"갈 때에 누가 시켜서 가기도 하고, 멈출 때에 누가 저지하여 멈추기도 하지만, 가고 멈추는 것은 사람이 할 수 있는 것이 아닐세. 내가 노나라 왕을 만나지 못한 것은 하늘의 뜻이니, 장씨의 자식이 어찌 나로 하여금 노나라 왕을 만나지 못하게 할 수 있겠는가?"

《맹자》〈양혜왕〉

천하의 맹자도 이렇게 오해받을 수 있겠다는 생각을 하게 된다. 모친상과 부친상을 다르게 치렀다는 것이 구실이 되었다. 외형만 본 것이다. 어떤 속사정이 있는지는 몰랐지만 나중에 알게 되어 오해가 풀렸다. 우리는 이런 실수를 수도 없이 한다. 특히 그런 오해는 다수가 정의라는 인식 속에서 더 많이 일어난다. 다수가 정의인가? ESH 관련 부서는 어디를 가든 소수다.

토론이라는 형식으로 회의를 하지만 결국 다수의 주장이 채택되기 쉽다. 문제는 소수의 의견이 반영되지 않거나 더 나아가 그 의견을 말한 사람이 오해를 받게 하는 것이다. 맹자의 제자 악정자가 그 오해를 풀어주지 않았다면 맹자는 꼼짝없이 겉과 속이 다른 사람이라는 오해를 풀지 못했을 것이다.

소수의 의견이 다수결이란 이름으로 무시되는 일은 위험하다. 소수는 약자다. 협력업체 근로자, 비정규직 근로자, 여성 근로자 등이 책임감이 없다거나 혹은 능력이 부족하다거나 혹은 주인정신이 없다는 등의 오해를 받지 않도록 해야 한다. 오해가 발생했을 때 그것을 객관적으로 들여다 볼 수 있는 악정자같은 역할이 필요한 것은 두말할 필요가 없겠다.

제3편

장자에게
안전문화를 묻다

제6장

안전과 혁신

장자 철학은 무엇인가를 사유(思惟)하게 하는 데 매우 좋다. 애써 뭔가를 가르치려 들지 않는다. 때문에 읽어 나가는 동안 기분 나쁠 일이 없다. 뭔가 잘못하고 있다거나 못났다는 느낌이 들지 않게 한다. 그러면서도 가볍지 않다. 뭔가 스스로 생각해 보게 한다. 생각을 하지 않고 살아가는 사람이 있을까마는 실상 생각하며 산다는 것은 매우 어렵다. 시키는 일만 하다 보면 어느새 다른 사람의 생각대로 살고 있는 자신을 발견하게 된다.

스스로 생각을 하게 하는 것은 안전경영에서 매우 중요한 숙제다. 관리적·제도적 방법으로 확보하는 안전의 한계를 넘어설 수 있는 유일한 방법은 구성원 스스로가 안전에 대해 자각하는 것이다. 이런 점에서 장자의 철학이나 사상은 자율 안전문화 구축이라는 국가적 과제를 해결해 나가는 데 매우 적합하다고 하겠다. 스스로 하게 하려면 스스로 생각할 수 있어야 하고, 스스로 생각하게 하는 데는 장자 철학만큼 좋은 것도 없다.

곤이 붕이 된 이유를 참새가 알까?

북쪽 바다에 곤(鯤)이라는 고기가 있다고 한다. 곤의 크기는 몇천 리나 되는지 알 수가 없다. 그 고기가 변하여 새가 되었는데 새의 이름이 붕이다. 붕이라는 새가 남쪽 바다로 날아갈 때는 파도를 3천 리나 일으키고 9만 리 높이 올라 유월의 큰 바람을 타고 날아간다. 《장자》〈소요유〉 편에 나오는 이야기다.

이 이야기를 통해 생각해 볼 수 있는 것은 다음의 몇 가지이다.

첫째, 곤이라는 고기는 왜 하늘을 날려고 했을까? 둘째, 붕이라는 그 큰 새가 하늘을 날기 위해서는 무엇이 전제되는가? 셋째, 참새는 곤이 붕이 되는 이유를 알까? CEO들을 대상으로 하는 리더십 특강 때마다 자주 인용하는 이야기이다.

첫째, 곤이라는 물고기는 왜 하늘을 날려고 했을까? 몇천 리가 되는 정도로 큰 물고기라면 무서울 것도 두려울 것도 없을 것이다. 경쟁해야 할 이유도 없고 그저 편안하게 살면 될 일이다. 흡사 지금 사업이 잘되고 급성장하고 있는 대기업과 같다. 그런데 왜 그 곤이라는 물고기는 기꺼이 하늘을 날아오르는 도전을 자초했을까? 곤이라는 고기는 어느 순간이 되면 더 이상 잡아먹을 고기도 없고, 터전이던 바다가 좁아지는 상황이 올 것이다. 그때가 되면 훨씬 더 큰 위험이 도래할 것을 알기 때문이 아니었을까?

실상 그렇다. 국민연금의 적립금이 천조 원을 넘어섰다. 그러나 수급자의 증가로 지출이 늘면 결국 기금 고갈을 걱정할 수밖에 없다. 이런 것을 '연못속의 고래'라 말한다. 이렇듯 아무리 큰 바다에도 몇천 리가 넘는 고기들이 계속해서 살아갈 수는 없다. 이것을 안전경영이란 관점에서 해석해 본다면 지금의 편안함이나 안전은 혹은 작은 사고들은 언젠가 더 큰 재앙으로 연결될 수 있다는 것을 의미한다. 그렇기 때문에 안전이라는 것은 완성상태를 말하는 것이 아니고, 당연히 지속적으로 관리해야 하고 또다른 변화를 꾀해야 한다는 것을 말해준다.

여기서 곤이 선택한 것은 붕이 되는 것이었다. 바다와 하늘은 극히 다른 영역이고 다른 세계이다. 바다에서 살던 동물에게 하늘은 가장 위험한 곳이고, 하늘을 나는 새에게 바다는 가장 두려운 곳이다. 그런데 살기 위해 곤이 선택한 것은 붕이라는 전혀 다른 생물로의 변모였다. 적당한 수준에서의 업그레이드를 통해 계속해서 바다에서 생존하는 방법을 추구하지 않았다. 몸집을 더 키우고 헤엄치는 속도를 높이고, 혹은 몸에 더 날카로운 무기를 장착하는 방법으로 생존을 모색하지 않았다는 점에 주목해야 한다. 우리 기업들도 마찬가지다. 혁신하라고 하니 피신하는 방식으로는 경쟁력을 확보할 수 없는 것과 같은 이치다.

우리나라의 안전경영이나 안전문화 수준은 답보상태에 있다. 국민소득은 계속해서 높아지고 있는데도 안전사고는 늘어나기만 하고 중대재해 발생비율로 보면 여전히 OECD 국가 중에 최하위권에 머물고 있다. 이미 임계점에 달한 것이다. 그것은 기존의 방식으로는 안 된다는 의미다. 곤이 붕이 되는 정도의 혁명적 변화를 통해서만 문제가 해결될 수 있음을 말해준다. 지금까지 해왔던 안전경영의 방식과 프로세스를 전면적으로 검토해야 한다. 법규를 준수하는 정도 혹은 그로 인한 페널티를 모면하는 수준에서의 접근이 전부였다면 이제는 바뀌어야 한다. 규제와 처벌 중심이었다면 이제는 자발성 중심으로 바꿔야 한다. 곤이 붕이 되려고 결심하고 바다를 박차고 튀어 오를 때의 마음과 행동력이 필요할 것 같다.

바다 속에 사는 물고기는 바다를 모른다고 한다. 한 번도 전체를 본 적이 없기 때문이다. 우리 역시 우리가 처해 있는 안전문화의 문제점을 정확하게 알지 못할 수도 있다. 마찬가지로 한 번도 본 적이 없기 때문이다. 그러나 곤이 붕이 되는 순간 곤이 하늘에서 바다를 조망하게 되듯이 우리도 그럴 수 있을 것이다. 국가나 기업 혹은 개인 모두가 지금까지 안전을 필요는 하지만 최소한의 것이라고 인식했다면 이제 그 어리석음을 깨닫고 최대한의 것으로 인식할 수 있어야 한다. 여기에는 커다란 용기가 필요하다.

둘째 붕이 하늘을 날려면 무엇이 전제되어야 하는가? 한 번의 날개 짓만으로도 몇천 리를 나는 새는 생각만 해도 자유롭기 그지없다. 앞에서 말한 대로 자신이 살던 그 한정된 세상을 벗어나서 마음껏 세상을 내려다 보는 삶이란 얼마나 멋진 일인가? 가끔 역발상의 아이디어로 세상을 주도하는 기업들을 보게 된다. 다들 통신수단으로서의 성능을 향상시키기 위해 경쟁하고 있을 때 애플은 통신수단이 아니라 들고 다니는 컴퓨터를 만들겠다는 생각으로 하늘을 날았다. 음식점 사장이 음식도 직접 배달해야 한다는 생각으로 더 빨리를 외치고 있을 때 〈배달의 민족〉은 대신 배달해 주겠다는 생각으로 하늘을 날았다. 문자 메시지 한 통 한 통에 과금하던 기존의 통신사에 대항해 무료로 문자를 보낼 수 있게 해준 〈카카오톡〉은 이 세상을 바꾸면서 하늘을 날았다. 이 외에도 이런 류의 사례는 어지간한 경영사례를 언급한 책을 뒤적이면 셀 수 없을 정도로 많이 보게 된다.

비행기는 앞에서 불어오는 바람의 힘으로 하늘을 난다. 그러나 여기서도 안전경영 차원에서 생각해 봐야 할 것이 있다. 그것은 바로 하늘을 나는 자유는 공기의 저항에서 비롯되었다는 사실이다. 공기, 특히 맞바람은 속도를 높이려는 비행기에게는 저항역할을 하지만 그로 인해 생겨난 양력으로 비행기가 날 수 있게 된다. 비행기가 나는 기본 원리인 양력과 상관이 있다. 양력은 앞에서 불어오는 바람으로 만들어지는 힘을 말하는데 뒤에서 오는 바람과 만나게 되면 양력을 만들어내는 바람의 세기는 자연스럽게 줄어들게 된다. 그렇기 때문에 뒤에서 부는 바람의 영향을 받는 항공기의 경우 바람이 불지 않는 상황의 항공기보다 더 늦게 이륙하게 된다. 또 반대로 맞바람이 부는 상태라면 바람이 없는 상황이나 뒤에서 바람이 불어오는 상황보다 훨씬 더 빨리 이륙할 수 있다. 여기서 우리가 유추해 낼 수 있는 지혜가 있다. 맞바람이 있어야 더 쉽게 날 수 있다는 사실이다.

같은 바람이어도 촛불은 꺼지고 모닥불은 더 잘 탄다. 맞바람이 불어야 연은 더 잘난다. 곤이 붕이 되어 기꺼이 바람의 저항을 자초하는 것처럼 위험에 대한 인식을 회피에서 양력을 위한 극복의 대상으로 봐야 한다. 여기서 맞바람이나 공기를 위험이라고 해보자. 비즈니스란 어쩌면 저항이나 문제를 해결해 나가는 과정이다. 이런 점에서 우리는 위험이란 것을 어떻게 바라봐야 하는지 알 수 있다. 사실 예상되는 위험 때문에 힘들고 무섭다고 하지만 한편으로는 위험 때문에 먹고 사는지도 모른다.

정부 부처의 업무를 보면 분명해진다. 대통령은 국민의 안전과 국가의 안보를 책임지는 자리다. 어느 부처이든 결국 그들의 목적은 안전이고 그들의 업무가 안전을 위해 위험을 제거하거나 통제하는 행위라고 보면 위험이 없다면 그 역할 또한 성립되지 않는다. 건교부는 시설물 안전을, 국방부는 국가안보를, 고용노동부는 산업안전을 그 핵심업무로 한다. 결국 존재를 가능하게 하는 것은 역설적이게도 위험이다. 위험을 제거하거나 회피의 대상으로 인식하는 순간 안전경영은 극히 수동적일 수밖에 없다. 흡사 바람을 등지려고 하는 것과 같다. 선진안전이란 무엇인가? 적극적 자세로 안전을 확보하는 일에 임한다는 것이다. 자율적이고 주도적으로 실천하고 참여하려는 구성원이 많은 사회를 선진국이라 하는 것과 같다. 위험을 정면으로 응시하고 맞닥뜨리려고 할 때 우리의 안전문화는 하늘로 비상하게 될 것이다. 지금 우리 사회 혹은 조직에서 안전을 실천하는 데 가장 방해가 되는 요소는 무엇인가? 그것을 뛰어넘어야 한다. 그것이 무서워서 등지고 외면하는 순간 우리의 안전은 결국 비상하지 못하고 만다. 비행기가 바람을 등지고 이륙하려 하면 더 힘이 들거나 이륙할 수 없는 것처럼 말이다. 곤이 붕이 되어 하늘을 나는데 참새를 설득하지 않는다

셋째 곤이 붕이 되고 붕이 하늘을 날고 있는 그 마음을 참새나 비둘기가 알까? 장자는 매미와 비둘기가 붕을 흉보는 이야기를 한다. "있는 힘을 다해 날아올라 봤자 느릅나무에 머무는데 어째서 구만 리나 올라가서 남쪽으로 가려하는가?" 이렇게 매미와 비둘기는 붕이 어리석다고 흉을 본다.

"초나라에 명령이라는 나무가 있는데 오백 년의 봄과 오백 년의 가을을 맞이하였다. 아득한 옛날에는 팔천 년 동안 봄을 보내고 팔천 년 동안 가을을 보낸 대춘이라는 나무가 있었다. 그런데 지금 팽조는 아주 오래 산 사람으로 유명하다며 사람들은 이에 필적하려고 한다 이 어찌 슬픈 일이 아니겠는가?"라고 장자는 말하면서 "오백 년을 산 명령이란 나무가 팔천 년을 산 대춘이라는 나무를 알 리가 없다. 백 년도 채 못 살고 죽는 사람이 칠백 년을 살았다는 팽조를 탐내는 것도 가소로운 일

이다. 하물며 사람이 대춘을 어떻게 알 것이며, 구만리 장천을 나는 붕의 속을 어떻게 알 것인가?"라고 말한다.

그렇다. 작은 것은 큰 것을 모른다. 작은 지혜는 큰 지혜를 모른다. 짧은 수명은 긴 수명에 미치지 못한다. 하루살이는 밤과 새벽을 모르고 매미는 봄과 가을을 모른다. 안전경영은 당장 사냥을 해야 하고 먹거리를 해결해야 하는 문제를 초월한다. 당장의 이익이나 편리함을 주장하는 사람은 사고나 재해로 인한 고통을 겪어보지 못한 사람이다. 그들의 불평은 고작 매미나 비둘기 소리에 지나지 않는다. 그들은 전혀 모르고 이야기한다. 지도자나 리더가 이 크기를 아는 것이 안전경영의 시작이다.

안전보건관리체계 구축이나 ISO4001 안전보건경영시스템 구축 시에 가장 먼저 나오는 것이 안전보건경영방침이다. 대부분 안전제일이라는 정신이 반영되어 녹아있다. 그러나 번번이 이 안전보건경영방침은 무력해지고 만다. 안전결의대회를 하고, 작업 시작 불과 5분 전에 TBM(Tool Box Meeting)이란 행동을 통해 안전제일의 의지를 외치지만 소용이 없다. 도대체 왜 대표이사나 회장의 안전경영방침이 작업장의 말단 관리자나 근로자에 의해 무시될까? 매미가 붕(鵬)의 마음을 몰라서일까? 그것은 아닐 것이다. 우리가 붕이 되어 하늘을 구만 리나 날고 있는 새를 보지 못했기 때문일 수도 있다. 몰라서 모를 수도 있으나 없어서 모를 수도 있으니 말이다. 기술혁신을 통해서 성공했다는 이야기는 무수히 많지만 안전제일을 통해서 세계적인 회사가 되었다는 사례가 없다.

안전제일을 경영방침으로 세계적인 철강회사가 되었다는 US스틸

게리 회장 성공 스토리는 아직 우리나라에는 없다. 아니면 경영방침이 그냥 적어놓은 글자일 뿐이라는 사실을 눈치챈 것은 아닐까? 흡사 부모님이 공부를 썩 잘하지 못했다는 사실을 눈치챈 초등학생이 더 이상 부모에게 질문하지 않는 것처럼, 우리 부모가 생각보다 게으르거나 돈을 잘 벌지 못한다는 사실을 눈치챈 중학생이 공부에 흥미를 잃어가는 것처럼 말이다.

필자는 아직도 선진안전 사례를 강의해 달라고 하면 그 케케묵은 듀폰 이야기를 꺼내든다. 그것이 우리의 한계다. 우리에게는 이렇다 하게 자랑할 만한 사례가 없다는 증거다. 그러니 회장님의 경영방침이 말단 관리자에 의해 무시되는 것을 인정할 수밖에 없는 것이 현실이다. 장자를 안전공단 이사장에 임명하면 해결되려나? 그러나 어쩌겠는가? 장자는 그 벼슬마저도 거부했던 사람이었으니 말이다.

Renovation하지 않으면 Innovation해야 하고 Innovation하지 않으면 , Revolution당한다. 개선하지 않으면 혁신해야 하고 혁신하지 않으면 혁명이 일어난다. 곤이 붕이 되는 것은 혁명이다. 하늘과 바다가 뒤집어 지는 것이다. 안전은 이제 단순히 개선의 수준을 원하는 것이 아니다. 개선을 넘어 혁신을 요구한다. 이러한 혁신을 받아들이지 않으면 근로자 한두 명의 희생이 아니라 기업의 존망이 위태로워질 수 있음을 직시해야 한다. 비단 안전의 영역에만 해당되는 것은 아니다. 조직이나 사회 전체에도 적용되는 내용이다.

포정의 칼이 무뎌지지 않는 이유?

"신이 좋아하는 것은 도(道)이니, 기(機)보다 뛰어난 것입니다. 처음 신이 소 한 마리를 해체할 때는 오로지 소 전체가 보였습니다. 3년이 지나자 소 전체를 보지 않았습니다. 요즘 신은 '정신'으로 대하지 '눈'으로 보지 않습니다. 감각기관은 멈추고 정신이 작용합니다. '천리'에 의거하여 큰 틈새를 밀치고 큰 빈 곳에 칼을 넣어서, 본래 그러한 바에 따라 기술이 일찍이 뼈와 살이 만나고, 힘줄이 얽힌 곳을 경유하는 일이 없었습니다. 하물며 큰 뼈에 부딪힐 일은 없습니다. 훌륭한 요리사가 칼을 해마다 바꾸는 것은 살을 가르기 때문이며, 평범한 요리사가 칼을 달마다 바꾸는 것은 뼈를 쪼개기 때문입니다. 이제 신의 칼은 십구 년이 되어 수천 마리의 소를 해체했으나, 칼날이 숫돌에 막 간 것 같습니다."

문혜군이 이르길 "뛰어나구나. 나는 포정의 말을 듣고 생명을 배양

하는 도리를 얻었다"라고 하였다."

《장자》〈양생주〉 편에 나오는 이야기다.

안전관리에서 도의 경지에 이른 인재가 있을까? 무재해 몇백만 시간을 달성했다고 하는 뉴스를 접해도 딱히 누군가 안전관리에서 도의 경지에 이른 사람이 있을 것이란 생각은 들지 않는다. '백락'이라는 명마를 알아보는 사람이 없다고 논박한다 해도 딱히 할 말이 없다. 우리나라에 안전관리에서 기술적 경지에 이른 사람에게 기술사라는 자격을 부여한다. 물론 시험에 의한 것이므로 기술에 대한 경력과 지력을 평가하여 부여한다.

수천 마리의 소를 해체했으나 칼날이 숫돌에 막 간 것 같다는 것은 칼날이 뼈에 부딪히지 않았다는 것을 말한다. 경력이 19년을 넘어가는 사람은 많다. 경력이 과연 실력인가? 자신 있게 답하기 어렵다. 감각기관은 멈추고 이성이 작동한다는 것은 무엇인가? 칼날이 뼈에 부딪히는 사고는 감각에 의존해서는 예방할 수 없다는 말이다. 주먹구구식으로 감으로 하던 안전관리는 이제 한계에 봉착했다. 보다 정교하게 안전에 접근해야 하는 시대가 되었다. 이제 안전보건관리 발전 패러다임을 기술 안전과 시스템 안전 그리고 의식과 문화 안전으로 발전시켜가야 한다고들 말한다. 그렇다면 장자가 말하는 이성은 무엇을 뜻하는 것일까? 달리 말해 문화적 수준에는 무엇으로 도달할 수 있는 것일까? 처음에는 소 전체가 보였지만 3년이 지나자 뼈와 살 사이의 큰 틈이 보였다는 말에 주목해 볼 필요가 있다.

"뼈와 살이 엉킨 곳에 이르면 저는 어려움을 알아채고 두려움을 지닙니다. 아주 조심하여 눈길을 모으고 천천히 손을 움직여서 칼질을 아주 미묘하게 합니다. 살이 뼈에서 털썩 떨어지는 소리가 마치 흙덩이가 땅바닥에 떨어지는 소리같습죠. 칼을 든 채로 일어나서 둘레를 살피면서 잠시 머뭇거리다가 마음이 흐뭇해지면 칼을 씻어 챙겨 둡니다."

가히 도의 경지에 이른 기술자의 모습을 읽을 수 있는 대목이다. 뼈와 살이 엉킨 곳에 이르면 조심하여 눈길을 모으고 천천히 손을 움직이는 모습에서 숙련된 기술자라도 신중에 신중을 다하는 모습을 엿볼 수 있다. 안전사고는 미숙함에서만 발생하는 것은 아니다. 익숙함이라는 태도에서도 발생한다. 익숙함은 해 보았다는 혹은 그렇게 해 왔어도 별일 없었다는 안도감을 바탕으로 한다. 그것이 결국 기존과는 다른 특수한 상황과 맞닥뜨리면서 사고로 연결된다. 익숙하고 능숙할수록 신중을 기하는 모습에서 진정한 프로다움이 무엇인지 배울 수 있는 대목이다.

최근 RCA(Root Cause Analysis)라는 근본원인분석 기법을 안전관리에 접목하고 있는 이유다. 특히 3WAY나 5WHY에 의한 방법은 어떤 문제를 해결하는데 5번의 질문을 해보고 그 근본이 되는 문제를 발굴하여 해결해야 한다는 기법이다. 1차 현상과 2차 현상 정도의 수준은 극히 표면적이고 현상적이다. 5WHY 기법을 소를 잡아서 고기를 해체하는 작업에 적용해 보자.

1WHY 왜 자꾸 칼을 갈게 되는가?

2WHY 칼을 무뎌지게 하는 것은 무엇인가?

3WHY 뼈에 부딪히지 않고 살을 해체하는 방법은 무엇인가?

4WHY 뼈는 무엇에 의존하여 뼈에 붙어있는가?

5WHY 뼈와 살의 사이를 지나면 칼날이 무뎌지지 않는가?

이 정도면 뼈와 살 사이의 공간을 찾아내는 것이 관건이다. 그 공간을 찾아내려면 수천 마리의 고기를 해체하는 경험을 통해 암묵적 지혜를 축적해야 한다. 쉬운 일이 아니다. 이 문제를 해결할 수 있는 방안은 무엇인가? 안전사고가 발생하면 정확한 경위를 조사하고 사고백서를 작성해야 한다. 또 그 일에 직접 관계된 사람들은 실패 경험치를 축적해야 한다. 안전사고 예방에 대한 노하우가 축적되고 공유되고 있는가는 매우 중요한 문제다. 직원이 퇴사함으로써 그의 업무과정과 결과를 정리한 데이터가 소실된다면 발전하는 조직이라고 이야기할 수 없다.

마지막으로는 그 뼈와 살의 사이를 찾는 것을 인간의 감각이 아닌 첨단기술에 의존하는 방법이다. 그러기 위해서는 한 가지 일을 지속적으로 반복한 실패 사례가 축적되어야 한다. 아울러 센서기술이나 인공지능과 빅데이터 등의 첨단기술을 휴먼에러 예방에 집중적으로 적용해야 한다.

장자가 말하는 수준의 경지까지 도달하는 것은 이상적일 수 있다. 그러나 이미 첨단기술은 인간 고유의 영역 수준 이상을 넘어서고 있다. IBM의 왓슨같은 인공지능은 이미 인간의 암기력을 넘어선 지 오래다. 인간이 평생을 살아도 자신이 쓴 책도 외우지 못하는 반면 왓슨은 1시간 정도면 1만 권의 책을 암기한다고 한다. ChatGPT가 1억3천만 권의 책과 문헌을 외우고 있다는 말이 이제는 놀랍지도 않다. 인간 고유의 영역으로 보았던 음악이나 미술 등의 예술영역에서도 이미 로봇과 인간 아티스트의 작품을 인간은 구별해 내지 못한다. 그렇다면 뼈와 살 사이의 공간을 인식하는 도구를 만들어 내는 것은 그리 어렵지 않으리라 본다. 다만 그 경제성의 문제만 남았다. 기술이 개입할 수 있는 시장만 형성된다면 안전관리 수준의 향상은 그리 어렵지 않으리라 본다. 늘 그렇듯이 불안전한 행동이 80%라는 통계분석은 얼마 되지 않아 불안전한 상태가 80%인 것으로 확대될지 모른다.

왕이 활을 잃어버리면 어찌해야 하는가?

유가사상과 도가사상의 가장 큰 차이를 알 수 있는 이야기가 있다.

초나라 왕이 사냥을 하다가 활을 잃어버렸다. 활을 찾다가 더 이상 찾지 못하자 왕이 그냥 가자고 한다. 그러면서 하는 말이 "그 활을 초나라 백성 누가 주워서 쓴다면 문제 될 것이 없다."고 한다. 이것에 대해 공자는 뭐라고 했을가? 공자는 "그것을 꼭 초나라 백성만이 주워야 하느냐?"고 한다. 모든 사람을 하나로 보는 것이다. 인(仁)이란 그런 것이다. 그러나 노자는 이렇게 말할 것이다. "그것이 왜 꼭 사람이어야만 하는가? 노루나 산토끼가 가지고 놀면 안 되는 것인가?"라고 말이다. 이것은 무엇을 기준으로 하느냐에 따라서 생각과 판단이 달라짐을 뜻한다.

기준은 평가를 하거나 무엇을 구분하는 데 꼭 필요하다. 우리는 절대적 기준으로 세상을 평가하고 구분하려고 하는 경향이 강하다. 돼지의 절대적 평가는 동물이다. 돼지를 상대적으로 평가하면 '뚱뚱한 동물'이라거나 '고기량이 많은 동물'이라고 할 수 있다. 이렇게만 보면 돼지의 본질은 인간에게 고기를 공급하는 동물이 된다. 결국 돼지는 영양가 있는 고기를 공급하는 수단으로 전락한다. 사과는 빨갛다. 그것은 사과를 우리에게 영양소를 제공하는 과일이라는 절대적 평가에 의존한다. 맛있게 먹히기 위해 빨간색을 띠어야 하고 그래야 비싼 가격에 팔린다. 이런 점을 보면 사물을 올바르게 판단하기 위해서 평가는 상대성을 가지는 것이 좋다.

상대적이란 말은 다양성을 뜻한다. 어떤 점에서는 상대적으로 우월하겠지만 또 어떤 점에서는 상대적으로 열등할 수 있다. 자연이란 관점에서 보면 모든 동물은 상대적이다. 그런 관점에서 인간은 다른 동물들을 해치거나 학대해서는 안 된다는 논리가 성립한다.

그렇다면 안전관리에서 절대적인 것은 무엇이고 상대적인 것은 무엇인가? 절대적인 것은 생명은 가장 소중한 가치라는 것이다. 인종이나 연령, 성별과 무관하게 생명은 절대적으로 가치 있는 것이라는 점이 중요하다. 반면 그 절대적 가치를 지켜가기 위해서는 상대성을 고려한 안전관리가 필요하다. 동일한 안전시설이 누구에게는 적합하지 않을 수도 있다. 예를 들어 안전을 위해 설치한 난간의 높이가 90센티라면 키가 큰 사람 입장에서는 낮고 키가 작은 사람에게는 높다. 그렇기 때문에 공통점을 산출하거나 혹은 평균값을 적용한다. 여기에 절대성은 성립되지 않는다. 이것이 바로 어려운 지점이다. 이러한 인식의 구별이 안전경영에서는 매우 중요한 부분이다. 협력업체와 원청사 간에 안전 관리 이행 여건은 동일하지 않다. 그러나 안전에는 매우 절대적인 기준을 적용한다. 이러한 현장의 특성을 고려한 안전관리 방법이 제대로 된 위험성 평가라 할 수 있다.

위험성 평가가 제대로 정착되기 위해서는 이러한 절대성과 상대성의 개념을 이해하는 수준의 인문학적 통찰력이 필요하다. 배경지식이 없는 상태에서 위험성 평가는 획일화될 우려가 있다. 어떤 위험이 모든 사람에게 동일 수준에서 절대적으로 위험하거나 또는 절대적으로 위험하지 않는 것이 아니다. 상황과 여건 혹은 심리적 상태에 따라 모두 다르다. 즉 상대적인 것이다. 그러므로 획일적 사고를 가지고 접근하는 것은 한계가 있다. 각자가 스스로 평가와 판단을 할 수 있어야 한다.

위험성 평가가 제대로 정착되지 못했던 이유 중의 하나는 바로 이런 상대적 개념을 살려내지 못했기 때문이다. 달리 말해 서로의 다른 입장을 반영하지 못하는 것이다. 그러다 보니 획일적이고 강압적일 수밖에 없다. 우리의 삶에도 유가사상과 도가사상의 적절한 균형이 필요한 것처럼 안전관리도 예외는 아니다. 인명존중이라는 자연 차원에서의 절대적 가치와 더불어 작업과 근로자마다 그 환경이 다르다는 것을 고려한 상대적인 생각이 균형을 맞춰야 한다. 그러기 위해서는 이 일과 관련된 사람들의 사고와 인식부터 수용적이면서도 일정한 테두리를 벗어나지 않는 유연성이 필요하다.

목계지덕의 신규채용자 훈련을 시키는가?

기원전 8세기 중국 주나라의 선왕(宣王)은 닭싸움을 매우 좋아했다고 한다. 선왕은 기성자라는 이름의 투계 조련사에게 최고의 싸움닭을 만들어 달라고 했다. 열흘이 지나자 왕은 조련하고 있는 닭을 싸움에 내보낼 수 있겠냐고 물었다. 기성자는 "닭이 강하긴 하나 교만하여 자신이 최고인 줄 안다."며 아직 멀었다고 열흘 후에 다시 오라고 답했다. 열흘이 또 지나자 왕은 다시 물었다. "이제 그 닭을 닭 싸움에 내 보낼 수 있겠느냐?"

기성자가 대답하기를 "아직 안 됩니다. 교만함은 버렸으나 상대방의 소리와 행동에 너무 민감하게 반응하기 때문에 인내심과 평정심을 길러야 할 것 같습니다."

다시 열흘 뒤에 왕은 물었다 "이제 되었느냐? 싸움에 내보낼 수 있느냐?" "조급함은 버렸으나 눈초리가 매섭고 그 표가 나서 눈을 보면 닭의 감정상태가 다 보입니다. 아직은 힘듭니다."

마침내 40일째가 되어서야 기성자는 "이제 훈련이 다 된 것 같습니다. 상대방이 아무리 소리를 지르고 위협해도 반응하지 않습니다. 완전히 편안함과 평정심을 찾았습니다. 다른 닭이 아무리 도전해도 혼란이 없습니다. 마치 나무로 만든 닭같이 '목계(木鷄)'가 됐습니다. 이젠 어떤 닭이라도 바라보기만 해도 도망칠 것입니다."라고 대답하였다는 이야기에서 유례된 말이다. "최고의 싸움닭은 싸우지 않고 이긴다."는 의미이다.

주변에서 아무리 혼란스럽고 위험하다고 해도, 나무로 만든 닭처럼 평온하면 종국에는 무사할 수 있다는 뜻이다. 이는 손자병법의 '칼을 들고도, 휘두르지 않고 목적을 달성하는 최고의 전략' 상지상(上之上) 병법과도 상통한다.

우리나라의 산업재해 현황을 보면 연간 산업재해보상보험법의 적용을 받는 사람은 약 10만 명 내외이다. 이들을 통계 분석한 결과를 매년 고용노동부에서 발표한다. 이중에 눈길을 끄는 통계치가 있다. 그것은 근속년수별 산업재해발생 현황이다.

근속 6개월 미만자가 전체 재해자의 약 56%이다. 1년 이내자까지를 포함하면 전체 재해자의 약 66%가 1년 미만의 신규자들이라는 점이다. 신규 입사자들의 특성을 보면 기성자가 말한 훈련이 아직 부족하다는 이유와 그 맥을 같이 한다.

첫째는 닭이 강하긴 하나 교만하여 자신이 최고인 줄 안다. 그렇다 신입사원은 자신의 능력이나 역량을 보여줘야 한다. 서툴지 않다는 것과 성실함을 보여주기 위해 의욕이 넘친다. 기성자가 말한 둘째 이유는 교만함은 버렸으나 상대방의 소리와 행동에 너무 민감하게 반응하기 때문에 인내심과 평정심을 길러야 할 것 같다는 것은 주변 환경이나 사람들의 이야기에 민감하다는 것이다. 이것은 완성되지 않은 안전문화에 노출될 경우 그대로 따라 하거나 혹은 스스로 안전을 잘하고 싶어도 주변의 평가나 요구에 쉽게 이끌려 간다는 점이다. 세째 조급함은 버렸으나 눈초리가 매섭고 그 표가 나서 눈을 보면 닭의 감정상태가 다 보인다. 이 또한 어느 정도 현장의 특성에 익숙졌지만 안전이 습관으로 체득되지 않은 것이다.

기성자가 목계를 길러낸 것처럼 외부환경에 휩쓸리지 않고 안전관리를 진행할 수 있는 상태가 되기 전에는 싸움에 출전시키지 않아야한다. 그렇다면 우리의 현실은 어떠한가? 신규입사자 채용 시 안전교육은 법적으로 하루 8시간이다. 이것마저도 다른 교육과 병행하여 진행하고 안전교육이란 실적으로 정리하는 것이 관행이다. 더욱이 전체 재해의 가장 많은 비중을 차지하는 건설업이나 일용직 근로자들의 경우 평생 한 번만 교육을 이수하면 면제되는 '기초안전보건교육이수제'가 시행되고 있다. 과연 그 정도의 시간을 투자해서 목계처럼 반응할 수 있는 안전관리 수준에 도달할 수 있을까? 기성자가 닭을 훈련시킨 시간은 무려 40일이었다. 사람의 습관이 형성되는 데 필요한 시간은 21일이라고 교육학자들은 말한다. 이것을 '21일법칙'이라고 한다. 우리 뇌는 정보전달 회로가 충분히 형성되지 않은 것에 저항을 일으킨다. 21일은 생각이 대뇌피질에서 뇌간까지 내려가는 데 걸리는 최소한의 시간이라고 한다. 뇌간까지 내려가면 그때부터는 심장이 시키지 않아도 자동으로 뛰는 것과 마찬가지로 의식하지 않아도 습관적으로 행동하게 된다고 한다. 예일대학 등에서는 이 법칙에 의거해서 교육훈련 프로그램을 진행한다고 한다.

듀폰의 경우 신입직원을 6개월간 훈련시킨 후 현업에 투입하는 것으로 알려져 있다. 듀폰은 1960년대부터 안전교육 관찰 프로그램(Safety Training Observation Program; STOP)을 운영해오고 있다. 이는 직원들 스스로 안전하지 못한 상황을 발생시켰다고 판단했을 때, 즉시 안전교육을 받을 수 있도록 하는 프로그램이다. 듀폰은 이 프로그램을 통해 직원들의 자력으로 시정하는 능력을 향상시켜 사고를 사전 예방하고자 한다.

또한 국가에서 발급해준 운전면허증과 별개로 회사에서 발급하는 '듀폰 면허증'을 발급받아야 회사 안에서 운전할 수 있을 정도이다. 직원들은 사내 운전 전문가와 사내 주행을 한 뒤 합격해야 '듀폰 면허증'을 받을 수 있고, 추가로 매년 안전 운전 검사를 받아 통과해야 면허증을 갱신받아 계속해서 회사 안에 차를 가지고 올 수 있다.

출장자가 2명 이상이면 반드시 택시를 따로 타고, 안전벨트를 매도록 하고 있고, 숙박 역시 안전이 검증된 호텔에서만 가능하다.

사무실 내에서도 모든 문턱을 없앴고, 곳곳에 휴대용 소화기/랜턴을 비치해 놓았으며, 복도 코너에는 볼록거울을 설치해 직원들끼리 부딪치지 않도록 한다. 직원들의 책상에 'Committed to Zero'라는 스티커를 붙여 항상 안전에 대해 인지할 수 있도록 한다. 이 스티커에 의하면 직원들은 필기구 통에 펜을 꽂아 넣을 때에도 뾰족한 심이 아래로 가도록 해야 한다고 한다.

이 정도의 시간을 할애해서 이런 세세한 것까지 교육을 시킨다면 현업에 투입되어서도 안정감 있는 근무가 가능할 것이다. 무지하거나 혹은 혼란스러워서 일으키는 휴먼에러가 최소화될 것이다. 쉽지 않은 일이다. 하루 소요되는 인건비마저도 기업경영에 부담이 된다고 하는 상황에서 31일 혹은 기성자처럼 40일간 교육훈련을 시킨다는 것이 얼마나 추상적인 이야기인가?

최근에 자주 발생하는 현장실습이나 인턴제 사원들의 산업재해는 심각한 사회문제이다. 학생들의 현장 적응력을 높여주고 기업에 맞는 인재를 양성한다는 취지나, 혹은 취업준비생들의 경력을 관리해준다는 취지는 너무나 좋다. 그러나 전체 재해자의 56%가 근속년수 6개월 미만이라는 위험 앞에 정면으로 노출된다는 점을 인지해야 한다.

이러한 교육훈련에 정부나 지자체가 관여하고 현업 배치후 멘토링 제도 등을 활성화해야 하는 이유다.

후다바야마는 79연승을 한 전설적인 일본의 스모 선수이다. 하지만 이 후다바야마가 어느 날 경기에서 지고 79연승에서 멈추었을 때 스승을 찾아가 "저는 아직 완전한 목계(木鷄)가 되지 못한 것 같습니다."라는 말했다고 한다. '목계의 덕'은 경청(傾聽)과 함께 삼성을 창업한 고(故) 이병철 회장이 아들 이건희 현 삼성그룹 회장에게 가르친 것으로도 유명하다.

신입사원 때 한 번 세팅된 안전의식이나 행동은 평생 간다. 어떤 식으로든 안전문화는 구성원들에게 습관적으로 세팅된다는 점이다. 다만 그 세팅된 습관과 문화가 무엇인지가 중요하다. 잘못된 문화가 세팅되면 평생에 걸쳐 고치기 어렵다는 논리도 가능해진다. 우리가 두려워해야 할 것은 바로 이런 것이다

경제학에는 경로 의존성(path dependence)이란 용어가 있다. 특정 국가의 진로는 우연히 주어지는 초기값에 크게 의존한다는 것을 뜻하는데, 한 사람의 인생도 마찬가지다. 그렇다면 인생을 결정짓는 안전도 마찬가지 아니겠는가? 필연이든 우연이든 출발선에서 주어지는 어떤 조건이나 특성과 같은 초기값이 이후의 삶을 전혀 다른 방향으로 이끌기 때문이다. 우리들 대부분 이런 인생, 저런 인생을 모두 살아볼 수 없는 것은 바로 그 초기값 때문이듯, 안전사고도 같은 맥락에서 접근해야 한다.

왜 안전역량은 채용의 요건에
포함시키지 않는가?

위에서 살펴본 목계지덕의 채용 후 신규채용자 교육보다 훨씬 효과적인 방법이 있다. 그것은 바로 채용 전 안전역량에 대한 평가다. 구글의 인사담당 부사장을 담당했던 "라즐로 복은 《구글의 아침은 자유가 시작된다》에서 "채용에 시간을 많이 투자하면 교육 훈련비용이 그만큼 덜 든다. 채용을 천천히 하라."고 권고한다. 아울러 "만약 자원이 제한되어 있을 때 인적자원에 배정된 교육 훈련보다는 채용에 우선적으로 투자하라."고 한다.

채용 전에 안전에 대한 지식이나 태도를 채용의 요건으로 설정하면 훨씬 강력한 효과를 낼 것은 틀림없다. 어학이나 창의성 혹은 문제해결 역량 등은 채용 전에 그렇게 꼼꼼하게 따지면서 안전에 대한 지식이나 태도는 어느 회사도 평가하지 않는다. 안전역량은 누구나 잘 할수 있을 것이라고 전제하는 것은 적절치 않다.

라즐로 복의 말대로 채용을 천천히 하라는 말은 의미하는 바가 크다. 업무 적성검사가 업무성과에만 반영될 일은 아니다. 적성이 사고와도 매우 높은 연관성을 가진다는 것은 이미 상식이다. 채용되기 위해서는 어떻게든 회사에서 요구하는 역량을 높이려 하거나 보유하고 있다고 할 것이다. 인성을 파악하기 위해 협력을 했던 경험이나 혹은 봉사활동 경험을 자기소개서에 적는다. 오히려 뛰어나다고 부풀리기까지 한다. 그러나 누구도 사고예방을 위해 어떤 노력을 했고 어떤 안전습관을 가지고 있는지를 자기소개서나 이력서에 적는 사람은 없다. 이유는 단 한 가지다. 그것은 평가 요소가 아니기 때문이다. 채용 시 평가하지도 않는 것을 채용 후에 가장 중요한 것처럼 교육하는 것이 억지스럽지 않은가?

몇십 년간 고착화된 혹은 습관화된 행동이 몇 시간 교육했다고 바뀌지 않는다. 그렇다면 이미 안전 습관을 가진 사람을 선발하는 것이 기업 입장에서는 더 이득이다. 기업에서 역량이 높은 인재를 뽑는 것에 대해서 누구도 시비걸지 않는다.

이런 주장을 하면 당연히 채용시장의 특성을 모르고 이야기한다고 반박할 것이다. 실상 인력 확보가 어려운 업종이나 기업도 있다. 그런 상황에서 이런 조건을 접목하기가 현실적으로 어렵다는 점도 모르는 바가 아니다. 그러나 외국어나 인성을 평가하듯이 안전역량이나 습관, 태도를 평가한다면 사회 전반의 안전에 대한 태도를 바꿀 수 있을 것이다. 기업이 어떤 인재상을 가지느냐가 학교 교육을 변화시키는 것은 당연한 것일 테니 그렇다.

특히 외국인 근로자들에 대해서는 시급히 적용되어야 한다. 이미 외국인 근로자의 재해율은 전체 재해의 12%를 넘어섰고, 국내 근로자에 비해 월등히 높다. 노동인구 감소에 따라 외국인 근로자 수는 앞으로도 지속적으로 증가할 것이다. 코리안 드림을 가지고 입국하고자 할 때는 어떻게든 그 요건을 충족시키려 할 것이다. 그러나 채용이 결정되고 나면 그 니즈가 반감될 것은 당연하다. 제왕의 청에도 불구하고 기성자가 훈련되지 않은 닭을 투계로 인정하지 않은 것처럼 안전습관이 형성되지 않은 사람을 채용하지 않는 것이 채용 후에 교육훈련을 통해 변화시키는 것보다 몇 배 더 효율적일 것이다. 냉혹하다는 평을 들을 수도 있겠지만 "사람 고쳐쓰는 거 아니다."는 말도 있고 "삐걱거리는 기계에 기름칠하는 것 아니다."라는 말을 맹자는 목계의 예를 들어 이야기하고 있는지 모른다. 아무튼 그것을 실천한 구글이란 회사는 세계적인 회사로 성장했다.

보이지 않으면 없는 것인가?

"아는 자는 말하지 않고 말하는 자는 알지 못한다."는 노자의 《도덕경》에 나오는 말이다. 최근 안전관리 현장에서 고민하는 것 중에 하나는 바로 안전개입이다. 안전관리는 PDCA 사이클이 순환되는 것이다. 당연히 Do에 해당하는 행동을 해야 하고 그에 대한 Check가 이루어져야 한다. 이 과정에서 관리자의 개입은 필수적이다. 문제는 그 개입행위가 갈등을 유발한다는 점이다. 특히 개입의 방식에서 세대 간 의식차이가 분명한 최근에는 사뭇 심각할 수밖에 없다. 갈등이 싫어서 개입을 하지 않거나, 혹은 안전개입마저도 직장 내 괴롭힘의 차원에서 접근하기 때문에 잦은 충돌이 발생하고 있다.

노자의 《도덕경》에 나오는 "知者不言 言者不知(지자부언 언자부지)"의 뜻은 "아는 자 말하지 않고, 말하는 자는 알지 못한다."이다. 계속되는 글에는 이런 내용이 이어진다. "예리함을 꺾고, 분쟁을 화해시키며, 그 빛

남을 부드럽게 하고, 그 속세와 하나 되니 이것이 '아득히 구분 없이 같이 여기는 것'이다. 그러므로 가까이할 수도 없고 멀리할 수도 없으며, 이롭게 할 수도 없고 해롭게 할 수도 없으며, 귀하게 할 수도 없고 천하게 할 수도 없다. 그러므로 천하에서 귀한 것이 된다."

아는 자는 왜 말하지 않을까? 자신의 생각이나 아는 것이 전부가 아님을 알기 때문이다. 결국 내가 안다고 하는 것 또는 내 눈에 보이는 것은 극히 일부에 지나지 않는다. 인간의 의식 수준은 가시광선, 가청주파수 등 일부만 의식한다. 의식이란 어떤 자극에 대한 조직체(신경조직 또는 간단하게 생긴 모든 조직 포함)의 반응 능력이라고 말할 수 있다.

조직체인 물질을 현미경으로 세세하게 관찰하면 물질→ 세포 → 분자 → 원자로 구성되어 있고 원자는 핵과 전자로 구성되어 있다. 사람뿐만 아니라 생물이든 무생물이든 모든 물질은 최종적으로 전자와 핵으로 구성되어 있고, 입자는 파동-입자 이중성으로 자극을 주면 반응을 하게 된다. 그러나 이것이 인간의 가시능력 수준에서는 보이지 않는다. 특정한 지식이나 혹은 도구를 사용해야 볼 수 있거나 있다고 생각이라도 할 수 있다.

주파수의 경우도 그렇다. 인간의 가청 주파수는 20~20,000Hz(헤르츠) 정도이다. 사람은 돌고래나 박쥐가 내는 초음파를 들을 수 없으며, 반대로 너무 낮은 주파수의 음도 듣지 못한다. 일반적으로 사람이 들을 수 있는 소리의 주파수를 가청 주파수라고 한다. 그 이상이거나 이하의 주파수인 소리는 듣지 못한다.

가시광선의 경우도 그렇다. 가시광선은 파장의 범위는 분류 방법에 따라 다소 차이가 있으나, 대체로 380~770nm이다. 가시광선 내에서는 파장에 따른 성질의 변화가 각각의 색깔로 나타나며 빨간색으로부터 보라색으로 갈수록 파장이 짧아진다. 빨강보다 파장이 긴 빛을 적외선이라 하고, 보라색보다 파장이 짧은 빛을 자외선이라고 한다. 적외선과 자외선은 인간이 볼 수 없다.

이처럼 인간이 보고 듣는 것은 우주의 극히 일부분에 불과한데도 마치 모든 것을 아는 것처럼 보이지 않고, 들리지 않는 것은 모두 미신으로 생각하는 경향이 있다. 자기가 보고 들은 것이 이 세상의 전부이고 진실이고 진리라고 생각하기 때문에 서로 다투게 되는 것이다. 과학적으로 증명되기 전까지는 미신이라 주장할 것이다. 우리가 아는 것이 우주의 극히 일부분이라는 사실을 알게 될 때 인간은 겸손해질 수 있다. 이런 이유에서 노자는 아는 사람은 말하지 않는다고 한 것이다. 과학적 장비가 없던 그 시절에도 그런 생각을 할 수 있었다는 것이 놀랍다. 노자와 장자의 가장 큰 사상적 기반은 바로 상대성이다. 모든 것은 다 상대적인 것이다.

그러면 이러한 것이 안전과는 어떤 상관성이 있을까? 안전관리에서 중요한 것은 위험에 대한 인지다. 위험에 대해 무감각하기 때문에 경각심을 갖지 않거나 대책을 실행하지 않는 것이다. 그렇다면 왜 인지하지 못하는 것일까? 그것은 보이지 않기 때문이고 들리지 않기 때문이다. 그런데 보이지 않거나 들리지 않는다고 해서 없는 것은 아니다. 그런데 그것에 대해 경험했던 것만으로 없다고 하거나 위험하지 않다고 말하는 것이 문제다. 내가 재직하는 동안의 경험으로 보았을 때 위험하지 않다고 해서 다른 사람이 근무할 때 위험하지 않다고 할 수는 없다. 나는 이미 익숙해졌기 때문에 안전한 상황일지라도 또 다른 사람에게는 위험할 수 있다. 이런 점에서 위험을 아는 사람이 괜찮다거나 이 방법으로 해도 된다고 당연하게 말을 해서는 안 되는 것이다.

자칫 알아도 말하지 않아야 한다고 해석할 수 있다. 이 말은 내가 알고 있는 위험이 전부가 아니므로 전부인 듯 말해서는 안 된다는 것과 다른 사람이 느끼거나 인지한 위험을 존중해야 한다는 두 가지 의미를 부여할 수 있겠다.

말하는 자가 알지 못한다는 것도 안전경영에서 매우 고민해야 할 영역이다. 사고 발생이 많았던 시절에나 환경에서 근무했던 경험을 가진 관리자는 안전에 대한 지식이 없어도 사례를 통한 경험값을 가지고 있다. 문제는 최근에 관리자들은 사고나 재해사례에 대한 경험이 부족하다. 때문에 별도의 교육이 필요하다. 그러나 현업에 바쁘다 보면 별도의 안전관리 지식을 습득하기 어렵다. 이런 이유에서 별도의 관리감독자 교육에 대한 의무교육이 법제화되어 있다. 그러나 그 교육마저 다소 형식화된다면 이 문제는 더욱 극복하기 어렵다. 그렇게 때문에 안전교육은 구체성이 떨어지거나 현업에서 겉도는 문제가 발생한다. 이점이 바로 노자가 말하는 "말하는 자가 알지 못한다."고 하는 지점이다.

　기업체를 방문하여 관리자들에게 안전교육을 직접 실시하도록 요구해 보면 그 수준을 대략 알 수 있다. 강의법같은 스킬은 고사하고 정확한 안전지식조차 알고 있지 못하다는 느낌이다. 안전관리의 동맥경화가 발생하는 이유다. 안전공단이나 회사 안전관련 부서에서 내려보내는 안전에 대한 지식이 현장 근로자에게까지 전달되고 있으리라고 생각하면 오산이다. 또 그 많은 내용을 다 전달해야 한다고 판단하는 것도 오산이다.

　최근 안전관리 체계구축이란 명목으로 안전관련 문서가 점점 방대해지고 있다. 정보나 지식을 검색하거나 수집하는 일이 어렵지 않은 시대이다 보니 이것저것 상당량의 자료를 수집해서 문서화하고 그것을 시스템이란 이름으로 작성해서 비치해 둔다. 문제는 그 많은 안전지식과 정보가 조직의 행동단계인 근로자에게까지 전달되지 않는다는 점이다.

악과 위험은 제거대상이기만 한가?

선과 악에 대한 유가와 도가의 생각 차이를 보면 두 사상을 이해하는 데 도움이 된다. "누군가 악한 행위를 하면 어찌해야 하는가?"라는 질문에 공자는 말한다. "덕으로 갚고 원망하지 마라." 반면 장자는 말한다. "원망을 덕으로 대해라. 나에게 잘하지 못해도 더 잘하라. 나에게 못하는 건 다 이유가 있을 것이다."

이 두 관점을 굳이 비교하자면 그러한 관점으로 인해 발생될 미래의 일을 예측해 보면 된다. 만약 공자와 같이 원망하지 않는다는 것은 상대가 받아드리기에 따라서는 다소간에 긴장감을 가질 것이다. 그러나 장자와 같은 반응이라면 미안한 생각이 들 것이다. 그러나 여기에 시간적 흐름과 반복성이란 변수를 고려해서 생각해 보자. 이럴 경우는 장자의 생각은 매우 치명적인 우려를 낳을 수 있다. 그것이 당연한 줄 알고 결국에는 그것이 권리가 되면 어떻게 할 것인가? 요즘 말로 "배려나 호의가 반복되면 권리인 줄 안다."는 말처럼 말이다. 이런 점에서 노장사상은 안전관리가 구체적으로 진행되는 단계에서는 여러 가지 충돌되는 지점이 생긴다.

죽고 사는 것도 노장사상에서 보면 자연의 이치다. 그러므로 애쓰고 의도적인 행위는 오히려 그 역효과를 가져온다고 생각한다.

장자에게 제자들이 묻는다.

"스승님 악이 나쁜 것이라면 악을 제거해 버리면 되지 않겠습니까?"

장자가 말한다.

"악을 제거해 버리면 무엇이 선인 줄 어찌 알겠느냐?"

이 논리를 숫자로 변환시켜 보면 이렇다. 우리나라의 산업재해율은 0.5% 미만이다. 99.5%는 안전하다는 말이 된다. 그러니 0.5% 정도의 위험값은 그 순기능도 있다고 해석될 여지가 있는 것이다. 그 위험 때문에 나름대로 각자 조심하려 할 것이고, 또 사고를 겪지 않은 사람들은 상대적인 안도감인 행복감도 느낄 것이라는 주장도 있을 수 있다.

이 점에서 장자의 주장을 이렇게 해석할 수도 있겠다. 악은 제거대상이 아니라는 것이다. 왜냐하면 제거할 수도 없지만 제거하려는 입장으로 접근할 것이 아니라 관리하고 통제하는 대상으로 접근해야 한다는 것이다. 같은 맥락에서 위험도 마찬가지다. 위험은 근원적으로 제거할 수 없다. 때문에 지속적으로 관리하고 통제해야 하는 것이다.

우리가 살아가는 삶의 현장은 수시로 변화한다. 때문에 위험의 요인과 형태도 수시로 변화한다. 이 순간 제거하거나 조치가 완료되었다고 해도 뒤돌아서면 상황은 변화되고 그 변화 속에 위험은 항상 동반된다. 이런 점에서 장자가 말하는 것처럼 악은 제거대상이 아니라 통제대상이란 관점은 매우 적절하다.

이렇게 되면 위에서 말한 악한 행동을 한 경우에 덕을 베풀고 더 잘해주라는 말은 지속적 통제행위가 수반된다고 보면 논리적인 모순에 빠지지 않을 수 있다. 안전관리를 처벌 중심으로만 접근하는 것이 가져오는 부작용은 사고원인이 숨겨지거나 왜곡되는 것과 아울러 처벌을 피하는 차원에서의 대응이라는 문제를 야기한다. 이런 점에서 장자의 생각은 안전관리에 대한 정책개발의 방향성을 제시한다고 하겠다.

위험은 기회를 동반한다는 관점에서 접근하려는 시도는 인류 역사를 바라보는 매우 적극적인 관점이다. 이러한 인식이 문명을 발전시킨 것도 사실이다. 안전관리에서 위험에 대한 인식 또한 같은 맥락을 가진다. 제거해야 할 것도 있지만 위험은 영원히 제거되지도 않을뿐더러 제거되었다고 인식하는 순간 더 큰 위험을 동반한다. 예를 든다면 방호장치에 대한 믿음 때문에 작업 전 안전점검을 생략해서 일어나는 사고가 대표적이다. 이런 이유에서 위험은 지속적인 통제대상이라는 관점이 매우 필요하다. 안전시설에 투자를 하는 것이 당연하다고 생각하게 되었다. 안전장비나 기계기구에 방호장치를 하는 것이 상당한 수준에

도달했다. 문제는 그 기계나 설비가 정상적인 상태를 유지하도록 점검하고 통제하는 일의 비중이 날로 확대되고 있다는 것이다. 그러니 이제 위험은 제거의 영역과 더불어 통제의 영역도 증가하고 있다. 예전에는 안전관리라는 측면만으로도 접근이 가능했다면 이제는 안전기술이나 장비 등으로 세분화되고 있다는 점에서도 안전관리에서 공학적 부문의 역할이 점점 커지고 있음을 알 수 있다.

금지와 경고 중심의 관리적 역할에서 이제는 센싱 기술을 통해 감각하고 기존의 데이터값을 기반으로 인공지능 기반 빅데이터 기술이 적용되는 시점에 와 있다. 위험을 제거하는 것은 근원적이고 본질적인 방법이다. 그러나 여기에는 많은 시간과 예산이 수반된다. 그렇기 때문에 어떻게 통제할 것이냐의 관점으로 접근하는 것은 오히려 쉬운 방법이다. 이런 점에서 생산분야에 집중되었던 기술적 역량이 안전분야에도 집중될 수 있도록 해야 한다. 당연히 시장의 형성과 정책의 집행이 필요하다. 시장이 형성된다면 기업은 움직이게 되어 있다. 그것이 자본주의가 가지는 최고의 장점이지 않은가?

사고예방과 불행예방의 차이는?

    안전을 그토록 강조해도 결국 발생하는 재해를 분석해 보면 대부분 불안전한 행동에 기인한 사고가 대부분이다. 불안전한 행동을 하는 이유는 여러 가지가 있다. 무지해서 혹은 아직 숙달되지 않아서와 같은 개인적인 이유도 있지만 알면서도 실수를 하거나 망각하는 휴먼에러 측면의 원인도 있다. 그러나 개인이나 조직에서 가진 근본적인 인식 차원에서 안전을 우선시 하는 것에 진정성이 부족하다.

    "직장에 왜 왔느냐?"고 물으면 "돈 벌려고 왔다."고 한다. 그럼 "돈 벌어서 뭐 하려고 하느냐?"고 물으면 "그래야 먹고살고 자식들 공부도 시킨다."고 한다. "왜 먹고살고 자식들 공부시키려고 하느냐?"고 물으면 "그래야 행복하게 살 수 있으니까."라고 대부분 답한다. 대부분 근로자의 사고가 스스로 이 지점까지 도달하지 못한다. 안전교육에 인문학이 필요한 이유다. 우리가 하는 대부분의 행동은 성과를 창출하려는 것이다. 성과를 창출하는 과정에서 속도를 빨리해야 하고 더 무겁거나 높은 곳으로 무엇인가를 이동시켜야 한다. 안전제일을 말하지만 이때 말하는 안전은 결과값으로서의 안전으로 해석되는 경향이 크다.

돈이 목적이 되면 인간의 노동은 수단이 된다. 돈이 수단이 되면 인간은 목적적 존재가 된다. 안전도 마찬가지다. 안전이 목적이 되면 인간은 수단이 된다. 우리 사회나 가정의 안전이 목적이 되는 순간 우리는 더 열심히 더 많이 더 빠르게 일해야 한다. 그것은 결국 누군가에게는 성과로 불리고, 또 누군가에게는 욕심으로 불린다. 안전은 내가 행복해지기 위한 수단이다. 그렇기 때문에 어떤 경우에도 안전은 성과나 욕심으로 해석되지 않아야 한다. 안전은 이 두 가지 시선에서 공통적으로 행복을 지켜내는 유일한 방법이라는 공감이 필요하다.

"욕심을 버려 마음을 비우고, 맑고 고요한 상태를 굳세게 지켜라." 라는 의미인 致虛極 守靜篤(치허극 수정독)은 노자가 말하는 행복론이다. "욕심을 비우면 존재가 인식되어 채워지고, 고요함을 지키면 삶의 진면목을 보게 된다."는 것이다. 이런 점에서 아침 조회시간마다 당일 해야 할 성과를 공유하고 그 과정에서 위험성 평가를 하는 것은 안전에 극히 소극적으로 접근하는 것일지 모른다. 차라리 본인에 대한 존재감을 느끼게 하고 그로 인한 스스로의 귀중함을 느끼게 하는 것이 안전을 강화하는 것일 수 있다. 하려는 마음을 비우면, 그 양만큼 존재가 자리한다. 행복은 소유가 아니라, 존재이다. 그러나 우리가 살면서 추구하는 목표는 원하는 것을 얻는 것이다. 문제는 그것을 얻었다고, 행복하지 않다는 것이다. 왜냐하면 스스로 만족하지 못하니까, 그리고 목표를 찾아나서는 첫 마음이 '가지는' 것이 아니라, '누리는' 것이라는 사실을 잊었거나 모르고 있기 때문이다.

한 방울의 물을 마르지 않게 하는 방법은 그 물방울을 바다에 빠트리는 것이라고 한다. 더 큰 것을 지향하면 작은 것이 원하는 어떤 것은 당연히 따라온다. 육지에 살고 있는 우리들에게는 육지가 참 넓고도 큰 것 같다. 그러나 정작 큰 것은 육지보다 바다이다. 육지에서 물 한 방울을 마르지 않게 하려면 온갖 방법을 강구해야 한다. 그러나 더 크고 넓은 곳에서 답을 찾으면 의외로 쉽게 답을 찾을 수 있다.

안전에 대한 답을 기술이나 특별한 어떤 제도나 기법에서 찾으려고 하면 끝이 없을지 모른다. 더 큰 행복론이나 사랑 그리고 자신에 대한 자존감 등에서 그 답을 찾으면 의외로 쉽게 그 답을 찾을 수 있다. 사고예방교육이 아니라 불행예방 교육으로 바꾸고 안전교육이 아니라 가족사랑교육으로 바꿔야 한다.

"이 만큼의 성과를 올리면 내가 행복해질거야."라는 믿음이 지금의 위험을 무릅쓰게 하는지 모른다. 열심히 일해야 안전하다는 사고는 어쩌면 우리가 받은 교육 중에 최악일지 모른다. 프로테스탄티즘에서 일은 신이 내려준 소명같은 것으로 인식되었다. 열심히 일하지 않는 것은 신에 대한 거역으로 인식되었다. 그 틈새에 자본주의가 살짝 끼어들었다. 그래서 우리는 아직도 일은 위험을 무릅쓰고서라도 해야 하는 것으로 생각한다. 이것은 그렇게 해야 신이 나에게 행복을 내려 줄 것이라는 믿음이 있는 것이다. 그렇지 않다. 행복은 어딘가에 있는 것이 아니다. 어떤 조건이 충족되면 신이 내려주는 선물같은 것이 아니다. 행복은 지금 이 순간 내가 느껴야 할 어떤 것이다. 그렇기 때문에 이미 내 곁에 있는 것이고 문제는 내가 느끼지 못하고 있거나 혹은 느끼지 않으려고 애쓰는 것일지 모른다.

안전도 이런 관점에서 이해되어야 한다. 지금 내가 느끼지 못하는 행복은 불안감 때문이다. 불안감은 위험 때문이다. 이 정도로 사고가 논리력을 구비하면 행복을 저해하는 가장 큰 주범이 위험이란 생각을 하게 될 것이다. 그 다음은 알아서 할 것이다. 안전이 행복의 관점으로 영역이 확대되는 순간 안전의식은 더 이상 고민의 대상이 아닌 것이다.

물 한 방울을 영원히 마르지 않게 하기 위해 비닐을 씌우고 뚜껑을 만들어 덮는다고 해도 소용없다. 안전사고를 예방하기 위해 온갖 기술과 방법을 찾는 것도 중요하지만 근본적으로 왜 그래야 하는지를 자각하게 만들어야 한다. 그것은 바로 행복이라는 바다에 빠트리는 것이다.

ESG 경영과 안전경영의 공통점은?

《장자》〈응제왕(應帝王)〉에 "혼돈이 일곱 구멍으로 죽었다(渾沌七竅而死)."
는 이야기가 나온다.

"혼돈은 중앙에 살고 있었는데, 남쪽에 살던 숙과 북쪽의 홀이 서로
만나려면 먼 길을 가야만 했다. 그래서 숙과 홀은 중앙에서 만날 수 있
도록 혼돈에게 부탁을 했고 그는 둘이 편안하게 만날 수 있도록 많은
도움을 주었다. 이를 고맙게 여긴 두 사람은 어떻게 은혜를 갚을까 고
민 끝에 혼돈의 얼굴에 구멍을 뚫어주기로 하였다. 다른 사람들은 일곱
개의 구멍이 있어서 보고 듣고 먹을 수 있지만, 혼돈은 글자 그대로 혼
돈 상태였던 것이다. 그들은 혼돈의 얼굴에 하루에 한 개씩 구멍을 뚫
기 시작했다. 그런데 일곱 번째 구멍을 뚫자 혼돈은 죽고 말았다. 의도
는 아니었지만, 은혜를 원수로 갚은 셈이 되어버렸다."

이 우화에서 혼돈은 인위적인 힘이 가해지기 전의 자연적인 상태를

말한다. 구멍을 뚫는 행위는 인간이 인위적으로 만든 문명의 길을 뜻한다. 인간은 과학과 산업의 성장으로 문명이 발전했다. 덕분에 인간의 생활은 이전에 비해 훨씬 나아졌고 지속적으로 성장하면 더욱 행복할 것이라는 믿음을 가지고 살아왔다. 그러나 이러한 희망은 무참히 깨지고 말았다. 인간성은 상실되었고 자연과 생태계는 돌이킬 수 없는 상처를 입게 되었다. 기후온난화로 인한 가뭄이나 홍수로 죽어가는 사람의 숫자는 사고로 숨지는 사람의 숫자를 몇십 배나 상회한다. 그러나 우리는 애써 그것을 신이나 우리가 어쩔 수 없는 영역의 책임으로 떠넘긴다. ESG 경영에서 말하는 지속가능경영이 불가능해진 것이다. 오늘날 우리들이 겪고 있는 기후변화와 미세먼지는 일상이 되어버렸다. 임계점을 넘어서서야 파리기후협약 등을 통해 해결방법을 찾기 위해 동분서주하고 있다. 이 세상은 혼돈처럼 죽기 일보 직전의 상황에 처해있는 것이다. 행복하기 위해 만든 길이 오히려 멸망을 향해 가고 있는 셈이다.

만약 장자라면 죽어가는 혼돈을 살리기 위해 어떤 대안을 제시했을까? 가장 시급한 것은 구멍 뚫기를 멈추라고 했을 것 같다. 그리고 "자연으로 돌아가라."고 강력하게 사자후를 외치지 않았을까. 비록 늦기는 했지만, 그 길 이외에 별다른 대안이 없기 때문이다.

필자는 이 7개의 구멍을 다음과 같이 정리해본다. 그 첫째는 비교, 둘째는 평가, 셋째는 경쟁, 넷째는 금전 우선, 다섯째는 속도, 여섯째는 소유, 일곱째는 편리함이다. 이 7개의 구멍은 서로 연결되어 있어 어느 것 하나를 막는다고 해서 해결되지 않는다. 동시에 막아야 한다. 다만 그 시작점은 비교에서 시작되었다. 비교하려니 평가했고 평가를 잘받으려니 경쟁했다, 그 경쟁에서 우위를 위해 돈이 필요하다고 했고 그돈을 속도가 빠른 이들이 차지했다. 그 성과를 차지한 이들이 편리함을누릴 때 또 다른 많은 사람들은 집어등을 향해 몰려드는 물고기 떼가되어 살아간다. 더 빨리 달려가는 와중에 서로 부딪히고 깔리고 하다가심하게는 서로를 해치는 상황까지 벌어진다. 흡사 스프링벅 현상을 연상케 한다.

아프리카에 스프링벅이라는 동물이 있다. 건조한 초원에 무리를 지어 사는 초식동물이다. 수백 마리가 대형 무리를 형성하고 시속 94km까지 달리는 동물로 빠르다는 치타조차도 쉽게 잡지 못하는 빠른 발을가지고 있는 동물로 알려져 있다. 선천적으로 식욕을 타고나서 뒤에서풀을 먹던 스프링벅들이 앞에서 먹는 녀석들보다 더 좋은 풀을 먹기 위해서 앞으로 달려나간다고 한다. 그러면 앞에 있던 녀석들은 자리를 빼앗기지 않기 위해서 더 빨리 달려나가고, 어느 순간 스프링벅들은 왜뛰고 있는지 그 목적을 잃어버린 채 계속해서 뛴다고 한다. 그러다 패닉상태에 빠져서 강이나 절벽으로 그대로 떨어져서 죽음을 당하는 것을 '스프링벅 현상'이라고 한다. 안전경영 측면에서 보면 집단으로 엄청난 재해가 발생한 것이다. 살아남는 것이 목적인 안전을 위해, 또 살아남지 못한다는 위험을 벗어나기 위해 치열하게 경쟁한다. 어느 순간 그목적을 잃어버린 채 집단 전체가 뛰기 시작하면 그 결말이 어떻다는 것을 자연은 우리에게 이러한 동물의 모습을 통해 일찍부터 경고하고 있었는지 모른다. 얼마 전 국내에서 발생한 이태원 참사가 떠오른다.

이 지점에서 안전경영의 답을 찾아볼 수 있겠다. 속도를 조절하고 선거리를 유지하고 상호 규칙을 정해서 신호를 보내는 것이 결과적으로 전체의 이익을 극대화하는 것임을 깨닫게 하는 것이 안전경영의 본질이다.

앞에서도 언급했지만 시급하게 해결해야 할 지구촌의 과제는 지속가능성의 회복이다. 우리 사회는 더 이상 지속가능할 것 같지 않다. 여기에 인류가 반응한 결과가 바로 저출산이다. 이런 인식조차 하지 못한 사람들의 출산으로 총량적으로는 인구가 증가하고 있지만, 내가 낳은 아이가 왠지 나보다 더 힘들게 살 것 같다는 생각을 지울 수 없어 출산을 기피하게 되는 것이다. 우리 사회가 지속가능하려면 지구 온난화로 대표되는 환경파괴 행위를 즉시 멈춰야 한다. 아울러 더불어 사는 세상을 만들어야 한다. 누군가의 성장이나 성공이 누군가의 패배와 실패로 연결되는 구조라면 결국 그 소외된 자로부터 강력한 반발이 생겨날 것은 자명하다. 안전사고를 이런 관점에서 해석하면 누군가의 성장이나 수익을 위해 또 다른 누군가의 불가피한 희생을 받아들이는 것이다. 안전사고를 목숨을 잃거나 장애를 입은 가족을 둔 누군가는 경쟁의 대열에서 이탈할 것은 자명하다. 이런 점에서 ESG 경영과 안전경영은 같은 맥락에서 이해되어야 한다.

제7장

안전이 문화가 되지 못하는 이유

위험은 기회를 동반한다. 그래서 위기라고 한다. 때문에 위험 관리는 곧 위기관리이지만 기회관리이기도 하다. 고객의 불만이 위험이지만 그 불편을 해결하는 기업이 오히려 성장을 하는 것과 같다. 반대로 그 불만을 회피하거나 미루었던 기업들의 몰락을 우리는 익히 잘 알고 있다. 위험을 어떻게 보아야 할 것인지에 대한 장자의 해석과 관점은 놀라울 만큼 획기적이다. 특히 이번 장에서는 위험에 CSV(Creative safety value), 즉 안전가치창출의 개념에서 접근해 본다. 안전이 문화화되지 못하는 이유를 매뉴얼북에서 찾고 그 대안으로 플레이북을 제시하는 내용을 만나본다.

위험과 안전에 대한 노장사상의 해석?

安可安 非可安 危可危 非常危 (안가안, 비가안, 위가위, 비상위)

안전하다고 하는 것은 더 이상 안전한 것이 아니고, 위험하다고 하는 위험은 위험의 전부가 아니다.

노장사상의 핵심은 "나와 우리를 지배하고 있는 가치관이나 이념은 기준이다. 그 기준은 억지로 만들어 개념적으로 구조화해 놓은 것일 뿐이다."라는 주장이다. 도덕경 1장 나오는 말이다.

道可道 非常道 (도가도 비상도) 名可名 非常名 (명가명 비상명)

도(道)를 억지로 도라고 하면 영원한 도(常道)가 아니다.

이름(名)을 붙여 불려지는 것은 그 이름이 아니다.

학창시절 선생님이 사과를 들고 "이 사과를 정의해 보세요?"하면 학생들은 제각기 자신의 생각을 이야기한다.

"과일입니다."

"사과나무에 달린 열매입니다."

"빨간색 과일입니다."

그 이야기를 다 들은 선생님은 단호하게 말한다.

"여러분이 정의한 것은 모두 아닙니다. 왜냐하면 여러분이 말하는 순간은 이미 흘러갔기 때문입니다."

시간적 개념을 통해 무엇이라고 명명하는 순간 이미 다른 것이 되어 있다는 논리다. 결국 가치관이나 혹은 지식이란 형태로 관념화되어 있는 것은 도가 아니라는 말이다. 그 기준에 따르면 우리는 혹은 사회는 구분될 것이 없다. 예를 들어 지금 안전하다고 말하는 순간 그것은 더 이상 안전하지 않다. 위험도 마찬가지일 수 있다. 무엇인가를 구분하는 것은 한쪽을 배제할 것이고 배제한 후에는 억압하거나 무시하거나 혹은 소홀히 할 것이다. 우리는 기준을 갖는 한 한쪽에 설 수밖에 없다. 한쪽에 서는 한 자발성과 자율성은 유린된다.

'사랑은 눈물의 씨앗'이라고 규정하는 순간 웃으면서 사랑하는 것은 가짜 사랑이 된다. "얼굴만 예쁘다고 여자냐?"라고 규정하는 순간 얼굴 예쁜 사람은 어딘가 부족한 사람이 된다. 이렇듯 무언가를 규정짓고 개념화하는 것은 결국 또 다른 결과를 파생시킨다고 보는 것이다. 선한 의도를 가지고 도로교통법을 엄하게 하면 전 국민을 범법자로 만드는 위험을 초래한다. 그러므로 자발성으로 돌아가라고 주장한다. 자발적 개인이 많은 사회가 강하고, 국가는 부강해진다고 노자는 주장한다. 자발성은 주체적으로 설 수 있을 때 가능하다. 주체적이란 것은 어디에도 속하지 않는다.

이 논리를 안전문화에 접목해 보자. 앞에서도 언급했지만 선진 안전은 자율안전이다. 구성원 스스로가 안전을 챙기고 그 과정에서 불편을 감수하는 것이다. 노자는 이 자율이란 것은 어디에도 속하지 않을 때 가능하다고 주장한다. 그렇다면 안전의 관점에서 그 어딘가에 속함이란 무엇을 말하는 것일까? 필자는 안전과 위험을 말하는 것이라 생각한다. 안전하다고 생각하면 안전불감증에 구속된다. 반면 위험하다고 생각하면 불안감에 아무것도 할 수 없게 될 터이니 노자의 주장은 적절하다.

그러면 어떻게 해야 하는가? 위험과 안전을 동시에 생각할 수 있어야 한다. 위험을 최소화하면서 안전을 확보하며 살아가는 지혜가 필요한 것이겠다. 위험만을 과민하게 받아들이면 살아갈 수 없다. 설혹 위험이 무서워서 숨어 지낸다고 해도 그것 자체가 또 다른 측면에서는 위험이다. 노자가 말하는 "도라고 말할 수 있는 것은 더 이상 도가 아니고, 이름지어 부를 수 있는 것은 더 이상 그것이 아니다."라는 말은 "안전하다고 규정한 것은 더 이상 안전한 것이 아니고 위험하다고 규정된 것은 더 이상 위험의 전부를 말하는 것은 아니다."로 해석해도 되겠다. 이런 점에서 安可安 非可安 危可危 非常危(안가안 비가안 위가위 비상위)라고 할 수도 있다.

위험은 무조건 쓸모가 없는 것인가?

　최근 미국에 메뚜기떼가 주택가에 대량으로 출몰해서 사회적 문제가 되었는데, 어느 한국 사람이 "해충이라 생각하지 말고 단백질을 섭취할 수 있는 식충(食蟲)이라 생각해 보라."고 해서 화제가 된 적이 있다.

　위험을 기회로 본 것이다. 《장자》〈소요유〉는 장자와 혜시의 대화로 구성되어 있는데 재미있다. 혜자가 장자에게 말한다.

　"나한테 큰 나무가 한 그루 있는데, 줄기가 하도 울퉁불퉁해서 먹줄을 치지 못하고, 가지도 하도 꼬여서 자를 대지 못합니다. 그러자 장자가 말한다. 선생은 큰 나무를 가지고 있으면서 그것이 쓸모가 없음을 걱정하시는데, 어째서 아무것도 없는 들판에 심어놓고 그 곁에서 마음 내키는 대로 한가롭게 쉬면서, 그 그늘 아래 누워 유유자적하지 않소? 도끼에 찍히는 일도 누가 해를 끼칠 일도 없을 것이요, 쓸모없다고 해서 어찌 괴로워한단 말이오?"

장자 철학을 공부하신 분들은 이 단어나 문장 하나하나를 의미 부여해서 해석한다. 필자는 그럴 실력이 없고 혜안도 부족하다. 다만 이 문장을 읽고 들으면서 안전문화라는 측면에서 드는 생각을 이야기해 본다.

안전이란 업무 영역이 어떤 조직에서든 제대로 대우받지 못하는 것은 생산성이 없기 때문이다. 경영적 관점에서 보면 부가가치를 창출하지 못하는 것이다. 간접적 효과나 성과를 말하기는 하지만 기업을 경영하는 사람의 관점에서 보면 당장 통장의 잔고를 늘려주느냐 아니면 얼마라도 감소하게 하느냐의 문제가 시급할 뿐이다. 장자는 혜자가 큰 나무를 가지고 있으면서 쓸모를 찾지 못하는 어리석음에 대해 핀잔을 준다. 그리고는 이야기를 덧붙인다.

"선생께서는 큰 것을 쓸 줄을 모르십니다. 송나라 사람이 있었지요. 그는 손을 트지 않게 하는 연고를 잘 만드는 사람이었습니다. 대대로 솜을 빨아 생계를 꾸리는 사람이었습죠. 한 나그네가 그 소식을 듣고 찾아와 그 비법을 사고자 했답니다. 무려 백금을 주겠다 했어요. 그러니 가족들이 함께 모여 의논할 수밖에요. 우리는 대대로 솜을 빨아 살았는데, 이처럼 큰 돈을 만져본 일이 없다. 오늘 하루 아침에 비법을 팔아 백금을 얻을 수 있게 되었으니 팔아버리자.

나그네는 그 비법을 가지고 오나라 왕에게 유세했지요. 마침 월나라와 전쟁이 벌어졌는데 오나라 임금이 그를 장수로 삼았어요. 한겨울 월나라 사람들과 수전을 벌이는데, 그 연고 덕분에 월나라에게 큰 승리를 거두었답니다. 결국 그 공으로 나그네는 봉지를 받았습니다. 손을 트지 않게 하는 건 똑같아요. 그런데 누구는 봉지를 받았고, 누구는 여전히 솜 빠는 일에서 벗어나지 못합니다. 바로 다르게 썼기 때문입니다."

안전경영에서 가장 관심의 대상인 위험에 대한 생각을 바꿔보는 것은 어떨까? 위험을 제거하거나 분산 통제해야 하는 대상으로만 볼 것이 아니라 오히려 기회나 수익창출의 메시지로 보는 역발상 말이다. 사실 불편함이란 것은 새로운 제품을 탄생하게 하는 신호가 아니었던가? 누군가의 불만은 새로운 고객을 만들어 낼 수 있는 시그널이 아닌가? 그렇다면 위험은 안전의 징조가 아닌가 말이다. 안전에 대한 욕구가 인간의 기본욕구이고, 기꺼이 비용을 지불할 자세가 되어 있다고 보면 위험만큼 수익성을 담보해 주는 것도 없다. 장자의 말대로 누군가는 손트는 데 바르는 약을 만들줄 알면서도 세탁업이나 하며 살지만 누군가는 전쟁에 참전한 병사들에게 사용하게 함으로써 벼슬을 얻게 되었다. 그러면 우리 조직에서 위험은 어떤 존재인가? 제거해야 하는 혐오스러운 것인가? 골치 아픈 것인가? 아무리 찾아서 제거해도 다시 살아나는 바퀴벌레 같은 어떤 것인가? 역발상적 사고가 필요한 시점이다. 장자는 이것을 우리에게 알려준다. 쓰지 못하는 것을 탓할 일이다. 그것의 크기나 모양이 그동안 우리가 겪어보지 못해서 어색하고 서툰 어떤 것으로 인식되는 것은 오롯이 우리 자신 혹은 조직의 문제가 아닌가?

ESH 분야에서 위협이나 위험이란 것이 돈이 된다면 안전은 고민하지 않아도 된다. 돈 되는 일이라면 아무리 법으로 규제해도 다들 뛰어들지 않던가? 욕망이 또 다른 욕망을 낳듯이 돈이란 자본주의가 만들어 놓은 물적 욕망은 제어되지 않는 특성을 가지고 있다. 이런 점에서 위험을 기회로 바라보는 관점으로 접근하는 일이 필요하다.

필자는 안전이 돈 되게 하자고 주장한다. 위험성평가를 통해 위험요인을 평가하고 허용가능이냐 불가능이냐를 구분하는 정도를 넘어서야 한다. 개선대책을 수립하는 것을 넘어서야 한다. 그 개선대책을 부가가치로 연결시키는 것까지가 안전관리의 영역이어야 한다. 위험을 어떻게 쓸까를 고민해야 한다. 그 속에 기회도 있고 신사업의 아이템도 있다.

1947년 벨 연구소는 트랜지스터를 발명했다. 트랜지스터는 라디오 또는 당시 새로 개발된 TV 등의 전자제품에 사용되는 진공관을 대체할 것이라는 사실이 즉각 알려졌다. 모두가 이 사실을 알았다는 얘기다. 그러나 그것에 대해 아무도 조치를 취하지 않았다. 당시 소비자 전자제품의 선두주자들은 모두 미국 회사들이었는데, 1970년경이 되어서야 비로소 트랜지스터를 연구하고 트랜지스터로 전환하는 계획을 세우기 시작했다. 그때까지 그들은 트랜지스터가 아직 "다른 용도로 전환될 채비가 안 되었다."라고 판단했다.

당시 소니는 일본을 제외한 나라에서는 거의 알려지지 않았으며, 게다가 전자제품 시장에 아직 진출하지도 않았었다. 그러나 당시 소니 사장이었던 모리타 아키오는 신문에서 트랜지스터에 관한 정보를 읽자, 곧 미국으로 날아가 벨연구소로부터 새로운 트랜지스터의 라이선스를 2만 5,000달러라는 터무니 없는 헐값에 사들였다. 2년 후 소니는 최초의 휴대용 트랜지스터 라디오를 시장에 내놓았다. 무게는 성능이 같은 진공관 라디오의 5분의 1도 안 되고, 가격은 3분이 1 이하였다. 그로부터 3년 후, 소니는 미국의 저가 라디오 시장을 완전히 손에 넣었고, 또 5년 후에는 일본 회사들이 전 세계 라디오 시장을 휩쓸었다. 물론 이것은 예상치 못한 성공에 대한 거부 현상의 고전적 사례라고 할 수 있다.

일본기업들은 이 전략을 TV에, 디지털 시계에 그리고 휴대용 전자계산기에 되풀이해 이용했다. 또 복사기 시장에 진출해 복사기의 발명자인 제록스보다 시장점유율을 높일 때도 이 전략을 이용했다. 달리 표현하면, 일본 기업들은 미국 기업들을 상대로 '기업가적 유도' 즉 다른 기업의 힘을 역이용하는 전략을 실행했고 잇달아 승리를 거둔 것이다.

위험은 기회를 동반한다. 기회가 위험을 동반하는 것과 같다. 어떤 위험이 크다는 것은 기회도 크다는 것을 의미한다. 이런 이야기는 지겨울 정도다. 그러나 위험에 대한 획일적 사고에 관성이 생길 때쯤이면 그 위험 자체보다 위험 속에서 기회를 보지 못하는 새로운 위험이 생기고, 새로 생긴 그 위험은 결국 회사를 돌이킬 수 없는 지경까지 몰고 간다.

매일 같이 위험을 발굴하고 대책을 세우는 것이 안전관리자같은 안전 관계자들이다. 이들이 위험을 다른 시각으로 볼 수 있어야 한다고 주장하는 것일까? 안전관리자에게 이런 시각을 가지라고 하는 것은 오히려 혼란을 불러올 수 있다. 그 위험을 다른 시각에서 보는 또 다른 역할을 수행하는 조직을 갖추는 것이 더 나을 수 있다.

영국인들이 페니실린을 발견하고 개발했지만 그 결실을 거둔 것은 결국 미국인들이었다. 발효에 필요한 기술을 개발해낸 것은 당시 미국의 작은 회사였던 화이자였다. 그 덕분에 화이자는 세계 최초의 페니실린 제조회사가 되었다.

영국인은 세계 최초로 제트 여객기를 생각해내고, 설계하고, 생산했다. 그러나 영국 회사 드 하빌랜드는 필요한 것이 무엇인지 분석하지 않았기 때문에 두 가지 핵심 요소를 놓치고 말았다. 한 가지는 비행기의 적정 설계 개념, 즉 항공사가 가장 많은 수익을 올릴 수 있는 제트기의 최적 규모, 항로별 최적 화물량 등에 대한 개념이었다. 다른 한 가지 역시 평범한 것이었는데, 항공사들이 이 같은 고가의 비행기를 구입할 수 있도록 자금 조달 방법을 제공하는 일이었다. 드 하빌랜드가 분석에 실패했기 때문에 미국의 두 회사, 즉 보잉과 더글라스가 제트 여객기 시장을 차지해 버렸고 결국 드 하빌랜드는 재기하지 못했다.

보잉사의 혁신도 항공기 전문가가 아니라 마케팅 전문가들이 주도했다. 그들은 항공사와 일반 대중들이 원하는 것이 무엇인지를 파악하는 데 집중해 성공할 수 있었다. 코닥이란 회사가 디지털 카메라를 가장 먼저 개발했으나, 그것을 시장에서 히트시킨 것은 캐논이었고, 노키아가 스마트폰을 가장 먼저 상품화했으나 그로 인해 발생한 노이즈를 위험으로 인식하는 순간 애플이 그것을 기회로 전환시켰다. 결과적으로 애플은 모바일 혁명을 주도했고, 그 결과 애플은 세계 최고 수준의 회사로 성장했다.

안전가치창출(CSV)과 기업경영의 관계는?

CSV라는 개념이 있다. 공유가치창출(Creative Shear Value)를 말한다. 기업의 사회적 공헌활동을 새로운 가치를 창출하는 개념에서 접근하는 것이다. 사회적 공헌활동이 필요하다는 주장에 반대하는 사람은 없다. 설혹 반대할지라도 겉으로는 동의한다. 겉으로만 동의한다면 형식에 그치고 결국 그 추진력도 약하다. 이런 점에서 기업의 사회적 공헌활동이 결과적으로 기업의 새로운 가치를 창출한다는 관점에서 접근하자는 주장이다. 하버드대학의 유진 포터 교수가 2011년 《하버드 비즈니스 리뷰》에서 발표한 개념이다.

기업이 수익창출 이후에 사회공헌활동을 추가적으로 하는 것이 아니라 기업의 활동 자체가 사회적 가치를 창출하면서 경제적 수익을 추구하는 방향으로 이루어져야 한다는 것이다. 이것은 사회적 공헌의 개념이 언제 접목되느냐 하는 순서의 문제 즉 시간적 개념으로 접근한 것이다. 이 논리는 매우 설득력이 있었고 임팩트도 있었다. 이유는 기업의 속성을 정확하게 인정한 것이기 때문이다. 그 속성을 대표하는 것이 바로 이윤창출이다. 기업의 목적이 이윤추구에만 있지 않다는 말을 종종 하지만 이윤이 창출되지 못하는 기업은 생존할 수 없고, 기업의 가장 큰 잘못은 생존하지 못해서 고용을 유지하지 못하는 것이다.

그렇다면 안전경영도 이런 맥락에서 접근해야 하지 않을까? 안전은 다분히 근로자 등을 위한 회사의 기여 활동이란 인식을 가지고 있는 것이 사실이다. 그렇다면 이것을 "하면 좋겠다."는 차원이 아니라 "하면 돈 된다."는 관점으로 접근방식을 바꾸는 것이다. CSV를 Creative Safety Value의 개념으로 적용하는 것이다.

포터 교수는 이성으로 소비자에게 접근하던 시대를 마켓 1.0 시대로, 감성과 공감으로 접근하던 시대를 마켓 2.0 시대로 규정했다. 그리고 마켓 3.0 시대는 영혼에 호소해야 하는 시대라고 설명했다. 이런 관점에서 보면 마케팅뿐만 아니라 안전도 바로 이런 흐름과 무관하지 않다고 하겠다. 안전관리가 지식교육이나 기술적 접근에서 감성적 접근으로 발전했고, 이제 사회구성원 전체의 영혼 속에 녹아 들어가야 하는 안전문화로 발전해가야 한다는 점에서, 포터 교수가 말하는 마켓 1.0에서 3.0으로의 발전 개념에 착안하여 안전 1.0 시대에서 안전 2.0과 안전 3.0 시대로 규정하는 것은 제법 괜찮은 방법이라 하겠다.

1980년까지만 해도 미국 대기업들은 여전히 여성을 '문제'로 여겼다. 시티뱅크만이 유일하게 여성을 '기회'로 보았다. 이 은행은 1970년에 여성들을 적극적으로 채용했고, 이들을 대출 담당으로 훈련시켜 미국 전역에 파견했다. 이 야심찬 젊은 여성들이야말로 시티뱅크를 미국의 선두은행이자 '국민' 은행으로 만드는 데 핵심적 역할을 한 사람들이다. 기능을 향상시키기 위해 다소간의 위험을 허용해야 한다는 논리는 이제 어디에도 발붙일 수 없다. 그렇다면 위험을 미래가치로 전환시켜야 한다. 이것은 흡사 ESG 경영에서 기업의 사회적 공헌이란 것이 "하면 좋은 평판을 받는다."는 수준에서 "해야만 기업의 수익이 증가한다."는 관점으로 전환하는 것에 기인하는 것과 같다.

로벤스 보고서를 장자가 읽었다면?

"물오리의 다리가 비록 짧지만 그것을 길게 이어주면 괴로워하고, 학의 다리가 비록 길지만 그것을 잘라주면 슬퍼한다. 그러므로 본성이 길면 잘라주지 않아도 되고, 본성이 짧으면 이어주지 않아도 된다. 아무것도 걱정하지 않아도 된다."

《장자》〈변무〉에 나오는 이야기다.

오리는 다양한 재주를 가지고 있다. 물속에서 헤엄도 잘 치고 육상에서 생활도 가능하다. 요즘 말로 하면 수륙양용이고 멀티플레이어이다. 그러나 헤엄치는 속도가 빠른 것도 아니고, 달리기가 빠른 것도 아니다. 물에서 위험이 생기면 육지로 피하고 육지에서 위험이 닥치면 물로 피하는 것이 나름의 생존방식이다. 피하는 것만이 능사는 아니라는 논리를 만들어서 오리에게 달리기 훈련을 시킨다고 가정하자. 최소한 얼마 이상의 속도를 내야 한다고 하면서 일률적인 규제방안을 만들어 시행하라고 하고 교육과 훈련을 시킨다. 훈련 덕분에 달리기 속도가 눈에 띄게 빨라졌다. 너무 기쁘다. 그러나 문제는 달리기 속도가 빨라졌지만 그로 인해 헤엄치는 속도도 빨라질지는 의문이다.

집작하겠지만 결과는 그 반대다. 부단한 달리기 연습으로 물갈퀴가 닳아 없어짐으로써 다리 근육이 발달해서 다리를 빨리 저어도 그 나아가는 속도가 오히려 저하된 것이다. 결국 달리기 속도가 빨라졌다고 해도 다른 육상동물보다 빠른 것도 아니고, 수영 속도는 예전만 못하게 된 결과를 초래했다.

획일적인 규제는 자칫 장자가 말하는 것과 반대의 결과를 만들어 낼 수 있다. 학은 다리를 잘라서 그 고고함을 잃어버리게 되고 오리는 다리를 늘여놓아서 오히려 불안정감이 높아지게 하는 것이다. 자율안전관리와 사업장별 특성을 고려한 안전관리가 절대적으로 필요한 이유다. 문제는 그 자율성을 서로 믿지 못하고 혹은 자율에 맡겨 놓았을 때의 기준을 평가할 방법이 없다는 것이다.

1964년 런던에서 무너진 크레인이 버스를 덮쳐 승객 7명이 사망한다. 1966년 웨일스의 애버밴에서는 폭우에 무너진 석탄 폐기물이 마을을 덮쳐 주민 144명이 사망하고, 1968년 스태퍼드셔주 힉슨에서는 수송기와 급행열차가 충돌해 11명이 사망하는 등 영국에서는 1960년대에 산재 사고로 연간 1천여 명이 사망했다. 결국 사회적 공분과 더불어 안전의 중요성에 대한 공감대가 형성되자 정부는 안전정책에 대해 근본적으로 접근하기로 결정했다. 1970년 노동부 장관 주도하에 조사기구가 꾸려지게 되고 그것이 애버밴 참사의 책임자 위치에 있던 알프레드 로벤스를 포함해 노사측 대표, 국회의원, 법 전문가 등 6인으로 구성된 로벤스 위원회이다. 그들이 2년간의 치열한 분석 끝에 내놓은 보고서가 일명 〈로벤스 보고서〉이다.

정부에서 '중대해재감축로드맵'을 발표했는데 그 주요 골격과 이론적 배경이 바로 이 〈로벤스 보고서〉이다. 보고서에서 밝힌 반복적 안전사고의 발생 원인은 바로 너무 낡고 많은 법규라고 했다. 법이 너무 많아서 법을 지키기에 급급하고 오히려 무감각해지는 부작용을 초래한다고 지적했다. 결론은 더 강력한 법이 필요하다는 것이 아니라 "더 효과적인 자율 규제 시스템(self-regulation)이 필요하다."였다.

물오리의 다리를 길게 하려는 행위나 학의 다리가 길다고 자르려는 행위가 너무 단편적이거나 혹은 기존에 해오던 것을 폄하하거나 뭔가 다르게 해야 한다는 강박감에 의한 것이라면 문제가 된다. 적절히 조정해 가야 한다는 정책적 관점에서의 해결책과는 별개로 안전문화에 대한 접근방식이 좀 더 다양해야 함을 의미한다. 아무튼 실무자들이 자율 안전을 제대로 실천할 수 있도록 해주지 않는 한 어떤 명칭을 사용한다고 해도 그것은 그저 규제일 뿐이라는 점을 잊어서는 안 된다. 자유가 주어지면 좋을 것이라고 하지만 통제력을 갖지 못하면, 즉 자율을 수행해 낼 수 있는 역량이 없다면 혼란으로 수렴하기 마련이다. 우리에게는 그런 뼈아픈 역사가 있다. 여러 후진국에서도 민주주의를 도입하지만 제대로 정착되지 못하는 것은 바로 이런 이유에서다. 우리 사회는 과연 그 혼란한 모습을 다양성으로 받아들일 만한 수준인가? 만약 이 질문에 답을 명확히 할 수 없다면 자율은 그저 또 다른 혼란만 야기할 뿐이다. 구성원의 역량이 중요한 이유가 여기에 있다. 구성원의 의식향상 없이는 제도적 선진화는 효과를 발휘하지 못한다.

안전지식이 술 찌꺼기가
되어 있지는 않은가?

안전지식의 유효기간은 얼마나 될까? 안전관리 현장에서 서류량은 지속적으로 증가하고 있다. 안전기준 업데이트와 책임의 근거자료 측면에서 생산되는 문서가 꾸준히 늘어나고 있는데, 실제로 안전보건관리자의 주요 성과는 이러한 서류를 생산하고 보존하는 속도나 작성 수준으로 평가된다. 관련 기관의 점검에 대비하는 일이 80% 이상이다. 지적을 위한 점검 앞에서는 때로는 무력감마저 느낀다. 현장에서 실정을 감안하면 도저히 작성될 수 없는 서류도 점검을 위해서는 만들어야 한다. 이와 관련한 관련 부처에 실무자들이 주고받은 질의회신 문건만 해도 웬만한 법전을 방불케 한다. 이를 지적하는 매우 적절한 내용이 《장자》의 〈천도편〉에 나온다.

제나라 환공이 대청에 앉아 책을 읽고 있었다.

윤편이라는 사람이 있었는데, 그는 수레바퀴를 깎는 것을 직업으로 하는 사람이다. 그가 수레바퀴를 만들던 망치와 끌을 놓고서 대청 위를 쳐다보면서 환공에게 묻는다.

"대왕께서 읽고 계신 것이 무슨 책입니까?"

"성인의 말씀이니라."

"그 성인은 지금 살아계십니까?"

"벌써 돌아가셨느니라."

"그렇다면 대왕께서 지금 읽고 계신 책은 옛사람의 찌꺼기인데 무엇 하러 읽으십니까."

제나라 환공이 이 말을 듣고는 벌컥 화가 나서 말하였다.

"과인이 책을 읽고 있는데, 수레바퀴나 깎는 놈이 감히 시비를 건단 말이냐? 합당한 설명을 하지 않으면 죽음을 면치 못할 것이다."

이에 윤편이 대답한다,

"제가 하는 일의 경험 수준에서 말씀드리겠습니다. 수레바퀴를 깎을 때 많이 깎으면 헐거워서 덜컹거리고, 덜 깎으면 뻑뻑하여 굴대가 들어 가지 않습니다. 더도 덜도 아니게 정확하게 깎는 것은 손짐작으로 터득 하고, 마음으로 느낄 수 있을 뿐, 입으로 말할 수는 없습니다. 물론 더 깎고 덜 깎는 것은 그 어름에 정확한 치수가 있을 것입니다만, 제가 제 자식에게 깨우쳐 줄 수 없고, 제 자식 역시 저로부터 전수받을 수 없습 니다. 그래서 제 나이 70살이 되었어도, 여전히 수레바퀴를 깎고 있는 것입니다. 옛 성인도 그와 마찬가지로 가장 핵심적인 깨달음은 책으로 전하지 못하고 세상을 떠났을 것입니다. 그러니 대왕께서 읽고 계신 것은 옛사람들의 찌꺼기일 뿐이라고 말씀드린 것입니다."

이 말에 환공은 놀라움을 금치 못한다.

윤편이라는 사람은 죽은 성인의 가르침을 찌꺼기로 묘사하였다. 실상 우리가 성인들의 책이라고 해서 읽고 있는 것들은 성인 그 자신이 쓴 책도 아니다. 대부분이 제자들이 회상해서 적은 내용이거나 전해져 오는 내용들이다. 그러니 그 성인이 깨달은 내용이 그대로 적혀있을 것이라고 할 증거도 딱히 없다. 하물며 세계적인 석학이 엄청난 연구를 통해 적어놓은 책이든 논문이든 그 결과물들은 그 어떤 제약된 상황과 조건에서의 결론일 뿐이다. 그러니 윤편의 말대로 우리가 배우고 있는 대부분의 지식이란 것들은 찌꺼기일지 모른다.

실제로 논문을 쓸 때 상황이나 조건값은 매우 중요한 의미를 가진다. 그런데 우리는 곧잘 그 상황이나 조건은 무시한 채 결과값만을 인용하곤 한다. 상황을 고려해서 도출된 결론이라 하더라도 그것은 지나간 시간이고 달라진 상황이라고 생각해 보면 동일한 결론이 나온다고 주장하기 어렵다. 하물며 조건을 무시한 채 결론을 근거로 한 이론이나 주장은 술찌꺼기라고 해도 무리가 있어 보이지는 않는다. 그러한 찌꺼기를 지식이라고 부르고 그 지식체계를 기반으로 만들어 놓은 이념이나 혹은 제도라는 것도 결국 다 가짜일 수 밖에 없다. 다만 그 속에서 합리성이나 다수의 생각이라는 나름의 판단 기준을 제시하지만 그 또

안전지식이 술 찌꺼기가 되어 있지는 않은가?

한 그 찌꺼기란 평가에서 자유롭지 못하다. 이것이 우리가 겸손해야 하고 어떤 절대성이란 것으로 평가하고 예단하는 것을 금해야 하는 이유이기도 하다.

그렇다면 안전 지식은 어떠한가? 이 또한 수많은 사고사례를 통해 그 원인을 분석하고 대책을 수립한 것이다. 그렇다면 그것이 모든 상황에서 적용되기 어렵다. 아니 그렇게 하면 오히려 정작 봐야 할 것을 보지 못하는 경우도 생길 수 있다. 이것을 피하기 위해 대부분의 대책이란 것이 책 한 권이라고 할 만큼 방대하고 포괄적이다. 그래서 오히려 "뭐야! 결국 모든 것을 다해야 한다는 것인가?" "그렇다면 일은 언제 하라는 것인가?"하며 무기력해진다. 이런 악순환이 현실이다.

정확하게 지금 무엇을 해야 하는지에 대한 KPI(Key Performance Indicator, 핵심성과지표)가 없다. 어르신들의 막연한 걱정거리 같은 수준에서 안전을 바라보면 이 세상에 조심하지 않아야 할 것은 하나도 없다.

이 점에서 안전 지식은 찌꺼기 취급을 해야 하는 것이 맞을지 모른다. 물론 제나라 환공에게 죽은 사람이 써놓은 것을 읽지 말라고 하는 것처럼 극단적이어서는 안 된다. 하지만 그것이 절대적인 것처럼 받아들여져서는 안 된다. 회사 캐비닛을 가득 채울 만큼 혹은 외장 하드를 써야 저장할 수 있을 만큼 많은 안전 지식을 생산해 내고는 그것을 하부조직에 쉴 새 없이 던지고 하달하는 방식으로 안전에 접근하는 방법은 이제 접어야 한다. 관계부처에서도 전임자 혹은 전년도와 무언가 다른 것을 보여주어야 한다는 강박감에 양산해 낸 자료가 얼마이던가? 관련 규정은 또 얼마나 많은가? 담당자조차도 바뀐 내용을 업데이트하느라 시간을 다 써버려야 하고, 어디에 있는지도 모르고, 바뀐 법규나 환경이 반영되지도 않은 안전 지식 덩어리들을 어떻게 효율화할 것인지 냉정하게 생각해보아야 한다. 여기에 장자의 지혜가 있다.

새로운 규정이나 지침을 만들기보다 일단 기존의 지침이나 규정을 없애려는 노력부터 해보자. 한때 기업에서 도입했던 '3정5S'라고 해서 품질관리 방법으로 진행했던 기법이 있었다. '정리, 정돈, 정위치'가 그것이다. 일단 정리부터 해야 한다. 정리를 하지 않은 채 정돈하는 것은 불가능하다. 안전 지식 찌꺼기가 잘 쌓여져 있기는 하지만, 그저 찌꺼기의 형태로 존재할 뿐이다.

장자는 찌꺼기도 술찌꺼기에 비유한다. 조백(糟粕)이란 술찌꺼기를 말한다. 술 찌꺼기를 먹어도 취하기는 한다. 그러나 엄연히 술맛은 아니다. 매일같이 접하는 안전 이론을 술 찌꺼기라고 한다면 그것으로도 안전경영을 하는 것처럼 보일 수는 있다. 하지만 진정한 의미에서 안전경영은 아니다. 윤편은 왜 마차바퀴 깎는 기술을 글로 남기지 못했는가? 만약 조금의 잘못이라도 생겨서 달리던 중에 마차바퀴가 부서지기라도 하면 엄청난 재해로 연결될 수 있다는 사실을 알기 때문이다.

"이 세상에 존재하는 것은 이론인가, 아니면 사건인가?"라고 모 철학교수는 곧잘 묻는다. 당연히 사건이다. 지금 이 시간, 이 공간 속에 존재하는 것이 사건이다. 이론은 그 지나간 사건들에 대한 기록일 뿐이다. 물론 그것을 가지고 예측하고 대처 방안을 수립하는 데 활용해야 한다. 그러나 그것만으로 할 일을 다 했다고 생각하거나, 그것을 정리해 놓은 것만으로 시스템이 갖추어졌다고 생각한다면 그것은 술찌꺼기를 먹거나 보관해놓고 안전경영이 이루어졌다고 착각하는 것과 같다. 이것이 무늬만 안전이고 구호만 요란한 안전경영이 판을 치는 이유다. 그린 워싱(Gren Washing)처럼 안전 워싱(Safe Washing)이다.

매뉴얼북인가 아니면 플레이북인가?

　정부의 어떤 통계를 보니 우리나라의 안전 관련 법령이 1,220여 개라 한다(출처 : 22 중대재해감축로드맵). 그렇다면 관련 법령을 기반으로 한 매뉴얼은 그 이상일 것이다. 여기에 각 사업장마다 자체적으로 마련해 놓은 매뉴얼은 육법전서보다 양이 많다고 해도 과언이 아니다. 그것이 과연 제때 수정되고 있을까? 법률의 변경에 따른 수정사항뿐 아니라 사업장, 작업환경의 변화, 각종 기술이나 재료 등의 변화를 반영하고 있다고 할 수 있을까? 그렇지 못하다면 수정되지 않은 매뉴얼은 어떻게 신뢰할 수 있을까? 매뉴얼을 만드는 사람 입장에서라면 매뉴얼 수정을 최소화해야 한다. 그렇다면 그 매뉴얼에 적힌 내용이 과연 구체적이고 실질적일까? 구체적이지 못한 매뉴얼이 무슨 소용인가?

　매뉴얼은 왜 만드는가? 실제 사고를 예방하려고 만들까? 현실에서는 일일이 위급상황에서 의사결정을 내려 줄 수 없다. 의사결정의 신속성을 위해 긴급상황 시의 대처는 유전 정보로 저장되어 실행된다. 이기적 유전자는 바로 이런 관점에서의 이야기다. 아주 오래전 우리 조상이 호랑이를 처음 만났을 때 그 정보를 해석해서 누군가는 호랑이 소리를 무시했을 것이고 또 누군가는 도망을 갔을 것이다. 결국 그 도망가는 반응이 메모리된 인류만이 살아남았을 것이다. 정보를 인식할 때마다 분석하고 뒤늦게 대처하는 프로세스를 진행했던 인류는 다 멸종했다. 당연히 조직도 마찬가지다. 지속적으로 변화되는 상황에 즉각적이고 체계적으로 대처하는 것이 위기관리의 핵심이다. 이런 점에서 보면 조직에서 매뉴얼은 인체로 보면 유전자와 같은 것이다. 누구라도 매뉴얼대로 행하면 문제가 해결되는 것이 바로 시스템이다. 그렇기 때문에 매뉴얼은 R&R(Role & Responsability)에 대한 지침서이다. 그런데 그 매뉴얼이 언제부터인가 책임을 면하기 위한 역할에 머물고 있다. 그마저도 내용이 너무 방대하고 현장과 맞지 않는다는 지적을 받는다. 앞으로도 사고가 발생할 때마다, 새로운 상황이 생겨날 때마다, 또 의사결정권자의 생각이나 관점이 바뀔 때마다 매뉴얼은 계속 변화할 것이다. 결국 조직의 효율성이 증대되기는커녕 점점 복잡해지기만 할 뿐이다.

앞에서 이야기한 것처럼 장자는 지식은 그저 술 찌꺼기에 지나지 않는다고 말한다. 술이 아닌 술찌꺼기를 그럴 듯하게 포장, 즉 기록하고 보관하는 일은 이제 멈춰야 한다. 이런 점에서 몇 가지 생각을 공유해

본다.

첫째 매뉴얼을 추가로 생산하지 말고 통합하거나 간소화해야 한다.

둘째 매뉴얼북이 아니라 플레이북을 만들어야 한다

셋째 매뉴얼에 대한 접근이 용이해야 한다.

기업에서도 이미 이러한 문제를 인식하고 있다. 때문에 매뉴얼북이 아닌 플레이북을 만들어야 한다고 주장하는 것이다. 플레이북은 간결하고 선명해야 한다. 실제 행동해야 할 내용이 구체적이고 명확해야 한다. 담당자에 따라서 또 상황에 따라서 포괄적으로 해석해야 하는 수준이어서는 곤란하다. 굳이 덧붙인다면 훈련되지 않는 매뉴얼은 의미가 없다. 특히 안전분야에서도 위기관리 부분은 훈련까지 포함시키는 것이 플레이북의 완성이다.

태산이 짐승 털끝보다 소중한 것인가?

제물(濟物)이란 있는 것이면 모두 같다는 말이다. 이 말은 인간의 판단이 얼마나 편협하며 얼마나 편견과 고정관념에 빠져 있는가를 알게 해준다. 이 이야기를 통해서 안전경영의 인사이트를 배워본다

"세상에 가을철 짐승 털끝보다 더 큰 것은 없으니 태산도 그지없이 작은 것이다. 어려서 죽은 아기보다 오래 산 사람은 없으니 팽조도 일찍 요절한 사람. 하늘과 땅이 나와 함께 살아가고, 모든 것이 나와 하나가 되었구나."

가을이 되면 짐승들에게는 새 털이 나온다. 이때 가을 털이란 여린 털을 말한다. 태산(泰山)은 중국에서 가장 유명한 산으로 산동성(山東省)에 있다. 팽조는 700년이나 800년을 살았다는 전설적 인물이다.

장자는 이 이야기를 통해서 공간과 시간의 개념을 설명한다. 공간적으로 부피가 더 크다고 해서 큰 것이 아니고 시간적으로 좀 더 살았다고 해도 자연의 입장에서 보면 그것은 의미 없다. 무엇이 더 크냐 적으냐와 무엇이 더 빠르고 늦냐는 개념은 순전히 인간들이 작위적으로 만들어 낸 개념일 뿐이다. 기준을 정해야 평가할 수 있고 평가해야 우열을 가릴 수 있다. 그래서 경쟁이라는 틀에 가둘 수 있고 가두어야 통제가 용이해진다. 이것은 장자가 말하려는 무위(無爲)가 아니라 유위(有爲)인 것이다.

그동안 안전이라는 인명존중의 가치가 상대적으로 폄하되거나 소외된 이유도 이 지점에서 찾아봐야 한다. 경제성장이라는 명분의 크기 덕에 인간의 희생이나 불의의 사고가 당연한 것으로 혹은 어쩔 수 없는 것으로 평가되었다. 그러나 그러한 평가의 이유는 당혹스럽다. 그래야 더 많은 사람이 더 많이 행복해질 수 있다는 게 논리다. 경제가 성장해야 더 행복해진다. 성과나 성적이 높아야 행복해진다는 식이다. 그러나 그것이 연관성이 없다는 사실은 이미 수없이 증명되었다. 전쟁과 환경파괴 혹은 산업재해 현황 데이터뿐만 아니라 삶의 만족도에 대한 수많은 연구를 통해 입증되고 있다.

우리나라에서는 2023년도 기준 2,200여 명이 산업재해로 사망하고 13만여 명이 상해를 입는다. 하루 평균 7명꼴로 사망하고 450여 명이 부상을 당한다는 데이터는 수출 감소 혹은 고용 증가 등의 경제지표보다 주목받지 못한다. 이것은 새의 깃털보다 태산이 크다는 주장의 반증이다. 평균수명이 늘었났다는 경제지표에 산업재해 사망자 수는 덮혀 버린다. 계량적이고 합리적 사고로 무장한 수많은 이론들이 넘쳐난다. 그에 세뇌된 관념이 만들어 내는 원심력에 맞서 본질로 돌아오려는 구심력은 너무나도 약하다. 그렇기 때문에 원심력과 구심력이 균형을 이루어야 한다면 원심력만큼의 반대급부적 노력이 물리적으로 필요할 수도 있다. 경영관련 도서를 읽고 자기계발에 노력을 기울이는 만큼이나 인간존엄에 대한 노력도 이루어져야 한다. 시쳇말로 인간이 밥만 먹고 사는 것이 아니듯 말이다

장자가 말하는 가을철 짐승의 털끝이 태산보다 적지 않다는 말은 안전경영에서 궁극적으로 도달하려는 지점인 셈이다. 가족이든 회사 동료든 누군가 다칠 뻔했다고 하면 그것이 가을철 짐승의 털끝만큼 하찮은 것일지라도 태산만큼 크게 반응해 줘야 하는 이유다.

안다는 것은 어떤 것인가?

설결과 왕예의 대화가 재미있다. 왕예는 설결의 스승이다. 설결이 묻는다.

"모든 존재란 하나같이 옳다고 인정하는 것을 아십니까?"

"어찌 그것을 알겠느냐?"

"자신이 모른다는 사실을 아십니까?"

"그것을 어찌 알겠느냐?"

설결이 다시 묻는다.

"그렇다면 모든 사물에 대해 아무것도 모르신단 말입니까?"

스승이 다시 말한다.

"내가 그것인들 어찌 알겠느냐? 그러나 말이 나왔으니 말을 해보자. 네가 알고 있다는 것이 실은 모르는 것일지도 모른다. 아울러 내가 모른다고 하는 것이 실은 알고 있는 것인지도 모른다. 내가 너에게 물어보자. 사람은 습한 데서 자면 허리병이 나지만 미꾸라지도 그렇던가? 사람은 나무 위가 무섭지만 원숭이도 그렇던가? 이 셋 중에 어느 것이 올바른 거처라고 할 수 있을까? 사람은 고기를 먹고, 순록은 풀을 먹고, 지네는 뱀을 먹고, 올빼미는 쥐를 먹는다. 이 넷 중에 어느 것이 맛을 알고 있는 것이라 할 수 있을까? 사람마다 미인이라고 하는 여희를 보면 미꾸라지는 숨고, 새는 날아가고, 순록도 도망을 간다. 어느 것이 아름다움을 안다고 할 수 있겠는가?"

ESG 경영이란 과제가 인류에게 주어졌다. 지속가능성(Sustainability)을 조속히 회복하지 못하면 인류는 멸종한다고 한다. 이러한 인식을 형성하고 그 원인을 찾는 데 장자의 주장만큼 명쾌하기도 쉽지 않다. 우리가 안다고 하는 것이 얼마나 불완전한 것들인지를 말해주고 있기에 그렇다. 지금 환경적인 측면에서 기후위기는 지구의 위기는 아니다. 그저 인간의 위기일 뿐이다. 지구 평균기온이 2도만 상승해도 지구 생명체의 반 이상이 멸종한다는 것은 지구의 문제가 아닌 생명체의 문제라는 것을 분명히 한다. 우리가 안다고 하고, 맞다고 하는 것들은 그저 인간을 기준으로 한 논리와 이야기일 뿐이다. 이 세상의 올바름이란 것은 사람을 기준으로 해야 하는가? 아니면 미꾸라지나 사슴을 기준으로 해야 하는가?

"아는 것이 모르는 것이고 모르는 것이 아는 것일 수 있다."는 장자의 가르침은 안전경영과 문화에 많은 것을 시사한다.

다음 몇 가지 질문을 해본다

1. 안전수칙이나 법규를 아는가? 어디까지를 안다고 할 수 있는가?
2. 내가 안전수칙을 잘 지킨다고 한다면 그것은 나를 위한 것인가? 구성원 전체를 위한 것인가?
3. 내가 안전하다고 하는 행위가 다른 사람에게 위해가 되는 일은 없는가?
4. 내가 위험하게 해야 누군가를 안전하게 하는 일은 없는가?
5. 내가 안전하고자 만들어 둔 시설이 누군가를 위험하게 하지 않는가?

이 질문들은 확증편향이나 소통되지 않는 안전경영이 얼마나 많은 부분에서 새로운 위험을 양산하고 있는지를 깨닫게 해준다.

제8장

욕망과
안전문화의 충돌

호랑이에게 산채로 먹이를 주지 않는 이유?
Safety is Simplelization이어야 하는 이유?
육신의 흠결과 마음 흠결의 차이는?
무엇이 위험한 것인가?
어리석음이 악보다 위험한 이유?

인간은 욕망의 동물이다. 욕망은 속성상 더 많이 가지려 한다. 애덤 스미스는 이것이 국부를 증대시킨다고 말했다. 더 많이 가지기 위해서는 더 빨라야 한다. 더 빨라지기 위해서는 질러가거나 생략하기 쉽다. 빠르고 생략하는 것은 결국 사고를 동반할 가능성이 높다. 문제는 접근 방식이다. 욕망을 거스르는 방식이 아니라 욕망을 고려해서 반영해야 한다. 그러기 위해서는 안전을 단순화시켜야 한다. 안전이 복잡해지면 오히려 안전이 또 다른 위험을 증가시킨다. 안전행위가 만들어 낸 위험은 무감각을 양산해 낼 것은 자명하다.

호랑이에게 산채로 먹이를 주지 않는 이유?

"그대는 사마귀를 알지 못하오?"

"사마귀는 화가 나면 앞발을 들고 수레바퀴에 맞서려 하오(당랑거철(螳螂拒轍)."

"자신이 수레바퀴를 이겨낼 수 없는지도 모르고, 자신의 재주가 더 뛰어나다고 믿기 때문에 그러는 것이오."

"조심하시오! 삼가시오!"

"자신의 재주가 뛰어나다고 뽐내다가는 그의 심기를 거스르고 말 것이니 위태로워질 것이오."

"그대는 호랑이를 기르는 사람을 알지 못하오?"

"호랑이를 기르는 사람이 호랑이에게 먹이를 산 채로 주지 않는 것은 호랑이가 먹이를 죽이다 포악해질 수 있기 때문이오."

"또 호랑이에게 먹이를 통째로 주지도 않는 것은 호랑이가 먹이를 찢어발기다 포악해질 수 있기 때문이오."

"호랑이를 기르는 사람은 호랑이가 굶주리거나 배부른 때를 살펴서 언제 포악해질지를 알아야 하오."

"호랑이와 사람은 서로 다른 부류지만, 호랑이를 아끼기 때문에 호랑이가 따르는 것이오."

"그러므로 호랑이가 호랑이를 기르는 사람을 죽이는 것은 호랑이의 심기를 거슬렀기 때문이오."

"말을 아끼는 사람은 광주리로 말똥을 받아내고, 조개껍질로 말 오줌을 받아내오."

"그런데 어쩌다 말 몸뚱이에 들러붙은 모기나 등에를 보고 그것을 잡으려고 갑작스럽게 말을 찰싹 때리면, 말은 깜짝 놀라 재갈을 끊고 발광하다 말 주인의 머리를 들이받고 가슴을 걷어찰 것이오."

"말에 대한 생각이 지극했으나 아끼는 마음마저 잃어버린 것이오".

"그러니 어찌 삼가지 않을 수 있겠소?"

《장자》〈인간세〉 중에서

마차와 싸우려는 사마귀의 거만함을 말하고 있다. 세심한 주의와 배려가 부족한 호랑이와 말을 키우는 사람의 이야기다. 공통적으로 말하는 것은 겸손이다. 자만함은 가득 채워진 상태다. 정신적이든 육체적이든 포만감은 더 이상 긴장하지 않게 한다. 긴장하지 않으면 과거의 경험만으로 형성된 생각이나 태도가 지금의 행동을 결정하는 데 영향을 미친다. 수레에 맞서는 사마귀가 꼭 그런 모습이다. 마차에게 덤벼드는 사마귀 모습은 우습다기보다는 안타깝다. 가끔 몇십 톤씩 나가는 중량물에 사고를 당하는 사고 사례를 보게 된다. 그때마다 그 중량물이 가지는 관성을 몸으로 어떻게 제어할 수 있을 거라고 생각했을까 하는 의구심이 든다.

중장비는 흡사 호랑이와 같다. 잘 다루게 되면 우리가 하는 일의 효율을 몇백 배는 올려준다. 장자는 호랑이에게 먹이를 산 채로 주지 않는 것은 포악해질 수 있기 때문이라고 했다. 중량물 인양 시 물체가 관성에 따라 움직이도록 인양하지 말아야 하는 것과 같다. 참고로 중량물 인양 시 인양로프의 각도가 5도 이상 벌어진 상태에서 인양하면 5도 만큼 직선으로 돌아가려는 관성이 작동되므로 금지하고 있다.

또한 장자는 호랑이가 배가 고픈지 부른지를 살펴야 한다고 했다. 장비 점검상태가 피로를 극복할 만한지 정기점검을 받았는지 등을 확인해야 한다는 말과 같다. 호랑이가 먹이 주는 주인을 해치는 것은 호랑이의 심기를 건드렸기 때문이라고 말했다. 장비의 작업구역을 침범했기 때문이고 장비의 피로와 스트레스가 누적되어 분노상태라는 말과 같다.

말을 아끼는 이가 말에게 먹이를 주고 똥을 치운다. 그러나 말 엉덩이에 붙어 있는 모기를 보고 엉덩이를 찰싹 때리면 말이 놀라서 주인의 가슴을 발로 차게 된다고 했다. 이는 평상시 잘하다가도 사소한 것 하나에 큰 재해로 연결된다는 것과 같은 맥락의 말이다.

대표적인 것이 고장 수리 중인 기계를 임의 조작해서 발생하는 재해가 그렇다. 평상시 아무리 조심하고 주의를 하다가도 장비 고장수리 중에 전원을 임의 조작하는 사소한 실수에 의한 재해가 매년 반복적으로 발생하는 것을 보면 장자가 〈인간세〉에서 말하는 처세에 대한 지혜가 안전에 대한 내용과 기가 막히게 연결됨을 알 수 있다.

Safety is Simplelization
이어야 하는 이유?

공자가 제일 사랑하고 아낀 제자가 안회다. 공자보다 먼저 안회가 죽자 "하늘이 나를 버리셨구나."라고 탄식을 했을 만큼 뛰어난 사람이었다고 한다. 〈인간세〉 앞부분에는 공자와 안회의 대화가 나온다. 두 사람의 대화를 통해 공자의 도(道)가 얼마나 고달픈 것인가를 장자는 말하려고 한다. 제자 안회가 폭군의 나라 위나라고 가겠다고 하면서부터 대화가 시작된다.

"왜 하필 가려고 하느냐?"

"스승님께서 잘 다스려지고 있는 나라에서는 떠나고 어지러운 나라에는 가거라. '그것은 의사 집에 환자가 모이는 것과 같다.'라고 가르쳐 주셨기 때문입니다."

"가 보았자 처벌받을 것이 뻔하다. 네가 지켜야 할 도에 번거로움이 있으면 안 된다. 번거로움이 있으면 일이 많아지고, 일이 많아지면 혼란해지고, 혼란해지면 근심이 생기고, 근심이 생기면 남을 구할 수가 없는 일이다."라고 공자는 안회를 걱정한다.

이 지점에서 장자는 공자가 말한 인의(仁義)로 자신을 다스리고 덕(德)으로 남을 다스린다는 것이 허무맹랑함을 자인한 것이라는 점을 부각시키려 한다.

이 내용을 안전경영에 접목해 보자. "네가 지켜야 할 도(道)에 번거로움이 있으면 안 된다. 번거로우면 일이 많아지고 그러면 혼란해지고 혼란해지면 근심이 생기고 결국 남을 구할 수 없다."는 공자의 말이다. 실상 안전에 관계된 법이나 규제가 번거롭다면 이는 결국 혼란함을 초래하고 결국 안전을 지켜내기 어렵다는 의미로 해석할 수 있다.

여러 번 반복하여 이야기하고 있지만 안전이 언제부터인가 복잡해지기 시작했다. 물론 복잡해진 만큼 전문화되었다고 말할 수 있다. 그러나 책임을 명확히 한다는 이유로 책임을 회피하거나 변명하기 위한 목적에서 복잡해지고 있는지를 살펴봐야 한다. 각종 서류에 치여서 정작 현장에 한 번 나가볼 겨를이 없는 것이 안전관계자의 실상이다. 서류작업을 하는 사람은 자연스럽게 뭔가 새로운 것을 시도하려 한다. 서류만으로도 차별성을 확보해야 하기 때문이다. 부서장이라도 바뀌면 기존 것을 덮어버리고 뭔가 또 새로운 것을 찾는다. 이렇게 만들어내는 각종 규제와 규정이 산더미같이 쌓여 간다. 새로운 것은 없다. 형식과 순서를 바꿀 뿐이다. 장자는 이러한 공자의 주장을 스스로 인정하게 하는 방식을 취하고 있는 것이다.

이런 측면에서 이 대화는 안전에 대해 무지하거나 또는 거부감과 저항감까지 가지는 근로자들에 대해 어떻게 접근해서 안전문화를 확산하고 안전의식을 점프업시킬 것인가에 대해 생각해 볼 수 있는 대목이다.

안전이 아무리 중요하다 강조해도 난폭한, 즉 인성이 갖춰지지 않은 사람들 몇 명은 전체 분위기를 흐트린다. 실제로 안전교육을 해보면 몇몇 영웅심리를 가지고 있거나 자기 존재감을 드러내려고 반항적인 태도를 보이는 사람들을 만나게 된다. 안전수칙을 위반한 것을 무용담처럼 이야기한다. 이런 점에서 공자는 제자 안회가 봉변을 당할 것이라 걱정한 것이다. 이 점을 보고 장자는 결국 자기수양을 그만큼 했어도 그런 사람 하나를 다스리지 못한다는 한계성을 드러낸 것이라고 공격하는 것이다.

안전은 누군가에게는 책망하듯 꾸짖는 듯한 분위기가 압도할 수 밖에 없다. 인지심리학적으로 부정적인 메시지가 단기적 행동을 통제하는데 유용하다고 한다. 그런 측면에서 이해한다. 사고사례나 그로 인한 영향은 당연 부정적이다. 이런 점들이 안전교육을 재미없고 엄숙할 수 밖에 없게 만드는 한계점이기도 하다. 그래서 인문학이나 자기계발 관련 지식과 스토리텔링을 안전교육에 접목시키려는 시도는 매우 중요하다.

공자의 말씀대로 남에게 기분을 상하게 하면 해를 끼친 것이고 반드시 그 해는 자신에게 돌아온다. 안전에 대한 거부감이나 불감증 등으로 되돌아온다. 이런 공자의 걱정에 안회는 대답한다.

"마음을 단정하게 하고 잡념을 없애고 애써 순수한 입장을 지키면 되겠습니까?"

이에 대해 "폭군은 남의 입장을 고려해서 행동을 하는 것이 아니다. 제 성미대로 행동을 한다."라고 답한다.

"그렇다면 마음을 곧게 지니고 외모를 부드럽게 하면서 제 의견을 말하지 않고 옛사람의 말을 인용해서 하겠습니다."

안회는 답한다. 한마디로 상대방을 감동시켜 보겠다고 한 것이다.

그러자 공자는 "상대방을 감화시킬 수 있다는 것은 바로 착각이다. 남을 감화시키겠다는 것은 오직 자기 생각에만 잡혀 있는 셈이다."라고 말한다

안전이 자율로 가야 하는 이유다. 누군가를 감화시키겠다는 것은 착각이다. 스스로 느끼고 깨우치게 해야 하는 것이다. 최근 안전에 대한 피로감이나 저항감에 어떻게 대응해야 할지를 깨닫게 해주는 문구다.

공자는 안회에게 말한다.

"걷지 않기란 쉽다. 하지만 걸을 때 땅을 밟지 않기란 어렵다. 사람의 부름에 응할 때 속이기는 쉽지만 하늘에게 응할 때 속이기는 어렵다. 날개가 있어서 난다는 말은 있어도 날개 없이 난다는 이야기는 들

은 적이 없다."

공자는 안회에게 인간의 삶이 모순적일 수밖에 없음을 말한 것이다. 유학에서는 상대적인 인간 세상을 비교해서 선과 악을 따져 악을 멀리하자는 주장을 한다. 실상 안전에서도 위험을 발굴하여 제거하거나 통제해보자는 점에서는 공자의 주장과 맥을 같이 한다. 그러나 그 행위가 어느 지점에서 끝나는 것이 아니라 끝없이 계속되고, 오히려 이만하면 됐다는 안도감이 더 큰 위험을 초래한다는 점에서 공자의 말못할 고충이나 안전을 담당하는 사람들의 고충이 일면 통한다고 하겠다.

캐나다의 영화배우로 아버지의 제2차 세계대전 참전 일기를 정리해서 《Landed》라는 책을 낸 작가로 알려진 시인 자넷 랜드는 〈위험들〉이라는 시를 통해 이렇게 말한다.

웃는 것은 바보처럼 보이는 위험을 감수하는 일이다.
우는 것은 감상적으로 보이는 위험을 감수하는 일이다.

타인에게 다가가는 것은 일에 휘말리는 위험을,
감정을 표현하는 것은
자신의 진짜 모습을 드러내는 위험을 감수하는 일이다.
자신의 생각과 꿈을 사람들 앞에서 밝히는 것은
순진해 보이는 위험을 감수하는 일이다.

사랑하는 것은

그 사랑을 보상받지 못하는 위험을 감수하는 일이다.

사는 것은 죽는 위험을,

희망을 갖는 것은 절망하는 위험을,

시도하는 것은 실패하는 위험을 감수하는 일이다.

그러나 위험은 감수해야만 하는 것.

삶에서 가장 큰 위험은 아무 위험도 감수하지 않는 것이기에.

아무 위험도 감수하지 않는 사람은

아무것도 하지 않고

아무것도 갖지 못하고

아무것도 되지 못하므로.

고통과 슬픔은 피할 수 있을 것이다.

배움을 얻을 수도, 느낄 수도, 변화할 수도,

성장하거나 사랑할 수도 없으므로.

확실한 것에만 묶여 있는 사람은

자유를 박탈당한 노예와 같다.

위험을 감수하는 사람만이 오직 진정으로 자유롭다.

시인은 우리가 삶면서 겪는 모든 일들이 상대성을 가진다는 것을 선명하게 인식시켜 준다.

공자가 말하는 "걸을 때 땅을 밟지 않기란 쉽지 않다."는 말도 이런 점에서 참 와닿은 말이다. 어떤 일을 수행한다는 것은 위험을 수반한다는 말이다. 위험이 없다는 말은 아무런 시도도 하지 않는다는 것이다. 심하게는 아무 일도 하지 않는 그 일조차도 백수로 인식되거나 사회로부터 소외되는 위험을 동반한다. 위기라는 말의 뜻이 "위험과 기회가 같이 온다"인 것처럼 안전과 위험은 같이 다니는 것이다. 다만 그 위험이 기회가 되기도 하고, 사고가 되기도 하는 것이라면 사고로 연결되지 않도록 하는 지혜가 필요하겠다. 이 과정에는 종결되거나 마무리되는 시점이 존재하는 것이 아니라 '상시적', '지속적'이라는 것이 담보되어야 한다. 이 때문에 안전은 끝이 없는 일이고. 어떤 면에서는 지루한 일일 수 있다. 이 점을 알고 기다려줘야 한다 장기플랜을 가지고 접근하는 여유가 경영진에게 절대적으로 필요한 이유다.

경영진이 안전에서 조급증을 내거나, 보여주기식 성과만을 꾀한다면 장자가 지적하는 공자의 모순된 모습이 노출될 것이고, 이는 실무진에게 조급증을 가져다 주고, 조급증은 번잡하게 만들고, 번잡함은 논쟁이나 주장을 낳게 되어 결국 집중력을 흩트리게 된다는 점을 기억해야 하겠다.

육신의 흠결과 마음 흠결의 차이는?

지리소는 심한 장애가 있던 사람이다. 곱추다. 턱은 배꼽까지 내려오고 어깨는 정수리보다 높았다고 되어 있다. 그는 옷을 깁거나 빨래를 해서 살아갈 수 있었고 키질을 해서 쌀을 고르면 열 식구는 먹여 살릴 수 있었다고 한다. 나라에서 전쟁이 나서 징집을 해도 늘 면제되었다. 부역이 있어도 면제받았고, 나라에서 어려운 사람을 도울 때면 한상 선정되어 세 가지 곡식과 열 다발의 장작을 받았다.

이 이야기를 하면서 장자는 지리소처럼 육신이 온전하지 못한 사람도 세상의 난을 입지 않고 천명을 다하는데 마음이 온전한 자야 더 말할 것이 무엇이 있느냐고 말한다. 한 마디로 육신이 성치 못한 사람도 저렇게 천수를 누리며 잘 사는데, 마음이 온전한 사람들은 왜 그렇지 못할까를 이야기하는 것이다. 악하게 굴다가 낭패를 당하거나, 제 꾀에

제가 빠져서 혼줄이 나는 사람도 많고 제 도끼로 제 발등을 찍는 사람도 많다. 이런 사람을 비웃는 이야기다.

환경이나 안전 등 직접적인 위협이 아닌 일들에 사람들은 무감각하다. 안전장비를 갖추면 오히려 행동이 부자연스럽다며 불편해한다. 안전시설을 다 하면 그것이 오히려 위험하다고 하는 이도 있다. 안전수칙을 지키는 것이 비용 등의 작업효율을 떠나서 오히려 위험을 초래한다고도 말한다. 흡사 지리소같은 모습이다. 그러나 지리소는 그 더 큰 위험 즉 전쟁이나 굶어죽고 병드는 것으로부터 안전했다. 오히려 육체적 불편함이 없는 사람들이 더 큰 위험이나 고통을 겪게 된다고 비웃은 장자의 말처럼 오늘도 오백여 명의 사람이 산업재해를 당하고 그중에 10명 가까운 사람이 산업재해로 사망한다.

방진복을 입고, 안전 보호 장비를 착용하고 일하는 사람을 보면 흡사 지리소같이 불편하게 보일 수 있다. 그러나 지리소는 그 불편함 때문에 전쟁터에 혹은 빈곤으로부터 안전했던 것을 기억해야 하겠다. 자칫 장애를 당하는 것이 좋다는 말로 왜곡될까 걱정이지만, 다소의 불편함이 결국 더 큰 위험으로부터 자신을 지켜준다는 의미다.

무엇이 위험한 것인가?

"… 앞날은 기대할 수 없고 지난 날은 좇을 수가 없다. 천하에 도가 있으면 성인은 그 도를 이룩하지만 그 도가 없으면 성인은 몸을 숨기고 살아갈 뿐이다. 지금 이 세상에서는 형벌을 면하는 것이 고작일 뿐 행복은 깃털보다 가벼워도 담을 줄을 모르고 재앙이 땅덩이보다 무거워도 피할 줄을 모른다. 그만두게 그만둬. 도덕으로 사람을 대하는 일이란 위험하고 위험하네. 땅에다 금을 긋고 허둥대는 것은 위험하네. 가시여 가시여 내 가는 길을 막지 말라. 내 가는 길은 구불구불하네. 발에 상처를 내지 말라. 신의 나무는 스스로 제 몸을 베게 만들고 등불은 스스로 제 몸을 태우네. 계수나무는 그 열매를 먹을 수 있다고 베어지고, 옻나무는 쓸모가 있어서 쪼개지네. 사람들은 쓸모 있는 것의 쓸모는 알아도 쓸모 없는 것의 쓸모는 모른다네."

이 노래는 접여라는 사람이 초나라에 공자가 왔을 때 공자의 처소밖에서 부른 노래다.

여기서 유독 눈길이 멈추는 문장은 "사람들은 쓸모 있는 것의 쓸모는 알아도 쓸모없는 것의 쓸모는 모른다."이다.

쓸모 있다는 것은 무엇인가? 어떤 것이건 쓸모가 전혀 없어 전혀 무용한 것은 없다. 다만 그 상대적인 개념이 적용되는 것일 뿐이다. 가성비니 가심비니 하는 말들은 비교값이다. 가격대 성능이나 가격대 마음이 가는 정도를 비교하는 것이다. 이런 관점에서 안전경영은 가성비가 높지 않다고 말하는 것이다. 사고 발생확률 0.01%를 예방하기 위해 금액을 투입하는 것이 얼마나 쓸모없는 일이겠는가? 이런 측면에서 안전에 단순히 가성비만의 논리가 접목되는 것은 위험하다.

접여는 조금 더 쓸모 있어지게 만들려고 애쓰는 공자를 어리석다고 말한다. 여기서 우리는 자신도 모르게 안전에 경영상 득실의 문제로 접근하고 있다는 사실을 발견하게 된다. 실상 안전을 통해 지키고자 하는 것은 인간의 존엄성이다. 이것은 이해득실로 계산할 문제가 아닌 것이다. 목숨이 없다면 얼마간의 가성비라는 개념은 존재하지 않는다. 경영이 효율성을 추구한다고 해서 안전경영이 반드시 효율성만을 기준으로 진행되는 것은 아니라는 것을 기억해야 한다.

가족이라는 공동체가 돈으로 계산되는 일을 서슴지 않고 하는 세상이다. 대형사고가 발생하면 사고로 인한 슬픔이나 재발 방지책을 세우기보다 그 보상금의 크기로 사회적 논란을 일으키는 사람들이 있다. 인간의 존엄성을 말할 때 어떤 경우에도 계산기나 수판을 두드리지 않아야 한다. 설혹 빈말이라도 그렇다. 왜냐하면 그러는 순간 우리는 모두의 존재 이유가 사라질 수 있기 때문이다.

무엇이 진정 위험한 것인가? 바로 윤리와 도덕의 붕괴다. 인간다움을 포기하는 것이 진정 위험한 것이다. 이 세상은 아직도 배고픔으로 죽는 사람보다 사랑이 부족해서 죽는 사람이 더 많다. 사랑이 있다면 비만을 걱정하면서 배고픈 사람을 외면하는 일은 없을 것이다. 인간다움과 인간의 존엄성을 지켜내는 유일한 무기는 사랑이다. 이익의 논리가 사랑보다 우선되는 사회가 진정 위험한 것이다. 이러한 주장이 사회에서 통용되기 시작할 때 우리는 진정한 위험을 경험하게 될지 모른다.

어리석음이 악보다 위험한 이유?

프랑스 속담에 "어리석은 것은 악(惡)보다 위험하다. 이유는 악은 가끔식 멈추지만 어리석음은 멈추지 않기 때문이다."는 말이 있다. 그렇다면 어리석음은 무엇인가? 자신이 아는 것이 이 세상의 전부인 양 하는 것이다.

《장자》〈제물론〉 우화 속에 왕예라는 인물이 나온다 여덟 살에 순임금의 스승이 되었다는 그 사람이다. 제자인 설결이 무엇인가를 네 번이나 물었다. 네 번 다 모른다고 왕예가 대답했다. 그러자 설결은 모르는 것이 참으로 아는 것이라고 터득하게 되었다고 한다.

이것은 이것이고 저것은 저것이냐고 물으면 왕예는 모른다고 응할 것이다. 이것은 맞고 저것은 틀리느냐고 물으면 또한 왕예는 모른다고 응할 것이다. 나아가 이것은 옳고 저것은 그르냐고 물어도 역시 모른다고 응할 것이다. 왕예는 인(仁)은 옳고 맞고 아름답고 선한 것이지만 불인(不仁)은 그르고 틀리고 더럽고 악한 것이라고 하는 물음에는 나 몰라라 한다. 인간들이 애지중지하는 분별의 앎을 왕예는 가장 무서운 것으로 알고 있으니 모른다고 대답한 것이다.

장자는 "사람의 분별은 사람을 아프거나 불편하게 한다. 결국 허세이고 거짓말인데 왜 하느냐?"고 말하고 있다. 안전교육의 특징은 반복교육이라는 것이다. 특히 의무화되어 있는 안전교육은 더욱 반복적일 수밖에 없다. 더 큰 문제는 안전교육에 대한 다양한 접근방식을 개발하거나 연구하려고 하지 않는 관리감독자 등의 관계자들 입장에서는 교육내용뿐 아니라 교육방식까지 반복되는 경향이 크다.

당연히 수강자들 입장에서는 이러한 반복이 권태롭고 지겨울 수 있다. 당연히 다 안다는 태도를 취한다. 그러나 다 아는 것처럼 보이는 그 모습이 강사로 하여금 교육생들이 알고 있다고 판단하게 한다. 문제는 확실히 아는 것이 아니면 안다고 할 수 없고, 구체적으로 안다고 해도 앞으로 상황이 어떻게 변할지 모르기 때문에 안다고 할 수도 없다. 실제로 발생되는 재해는 대부분 반복 재해다. 정확히 알고 있는데 왜 반복되는가? 결국 안전에서 '다 안다'는 것은 존재하지 않는다.

왕예의 모른다는 태도가 안전에서는 가장 올바른 태도다. 실상 안전수칙대로 한다고 해서 완벽하게 사고가 예방된다고 할 수 없다. 그 모든 행위가 자로 잰 듯이 동일할 수 없기 때문이다. "스스로 소가 되면 소가 되고 스스로 말이 되면 말이 된다."는 왕예의 스승인 포의자의 말이 부연해서 설명하고 있다. 사람들은 "제왕 같다고 하면 좋아라 하고 소같다고 하면 화를 낸다고 한다." 사람들은 안전을 많이 안다고 하면 좋아하고 모른다고 하면 언짢아 한다. 문제는 안다고 해서 좋아라 하는 것과 사고 발생비율이 반드시 일치하지 않는다는 점이다. 때문에 모른다는 태도가 필요하다. 이는 안전교육 시 수강자들이 다 알고 있다는 태도를 보일 때 적절하게 활용할 수 있는 사례다.

제 9 장

효과와 효율 그리고 문화

안전경영의 효율성과 효과성은?

왜 ESH 업무에 벌은 크고 상은 적은가?

진수성찬이면 바닷새에게도 좋은 것인가?

안다고 하는 것이 무엇을 안다는 것인가?

말과 소리 그리고 위험신호의 관계는?

외눈박이 원숭이 99마리가 말하는 위험성평가는?

다양한 관점에서 안전경영을 바라본다. 효율성과 효과성 그리고 ESH 업무에 대한 상벌을 생각해 본다. '진수성찬이면 바닷새에게도 좋은 것인가?'에서는 형식으로 치우치는 최근 ESH 업무에 대한 생각을 되돌아보게 한다. 최근 강조되는 위험성평가 관련 내용에서는 99마리의 외눈박이 원숭이 이야기를 통해 무엇에 집중해야 하는지 알아보았다. 다수가 진리이고 정의라는 관념에서 벗어나야 한다. 반복이 관성이 되고 관성이 결국 무심이 되는 악순환에 빠지지 않도록 관리하는 것이 안전경영의 핵심 중 하나다.

안전경영의 효율성과 효과성은?

천근이라는 사람이 은양이란 곳에서 노닐다가 요수라는 강가에서 우연히 무명인을 만난다. 천근은 그 무명인에게 질문한다.

"천하를 다스리는 비법은 무엇입니까?"

무명인은 호통을 친다.

"너는 야비한 인간이다. 나는 지금 조물주와 벗이 되려 하고 있다. 싫증이 나면 다시 아득히 높이 나는 새를 타고 끝없이 넓은 들판에서 살려고 한다. 너는 무엇 때문에 천하를 다스린다는 말 따위로 내 마음을 혼란하게 하느냐?"

그래도 천근이 다시 또 묻자 무명인은 이렇게 대답한다.

"네 마음부터 욕심을 벗어나서 깨끗한 경지에서 노닐 것이며, 네 기(氣)를 넓고 고요한 경지에서 노닐게 하고 모든 일을 자연에 맡기고 따르라. 욕심을 부리지 않는다면 천하는 잘 다스려질 것이다."

여기서 무명인은 장자를 대리하는 인물이다. 안전경영의 저해요인은 결국 생산성을 향상시키는 방법에서도 찾을 수 있다. 생산성은 성과의 양이나 질을 높이는 것이다. 양이라하면 Efficency 즉 효율성이다. 매출액이나 매출이익의 크기를 말하는 것이고 질이라 하면 Effective 즉 효과성을 말한다. 피터 드러커는 효율성은 'Do the things right' 효과성은 'Do the right thing'이라고 말한다. 효율성이란 투입대비 산출의 비율로 산정한다. 투입의 요소 중에 시간은 인건비와 관리비에 영향을 받는다. 생산성을 올리는 방법으로 우리는 시간이란 변수를 통제하는 것이 매우 효과적이란 사실을 알고 있다. 이것을 기준으로 경영평가는 이루어진다. 그러나 안전이 경영으로 설명될 때는 어김없이 이러한 효율성이 아닌 효과성으로 이야기된다. 생명존중이나 인권 혹은 행복이란 개념들과 연결되는 것이다. 이 지점에서 안전경영이 설득력이나 자신감이 낮아지는 것도 사실이다.

장자가 말하는 욕심을 버리면 천하는 잘 다스려질 것이란 말은 무슨 말인가? 효율성이란 성과를 말한다고 하겠다. "이것을 버리면 천하의 조화로움이 자연스럽지 않겠는가?"라는 말로 이해할 수 있다. 과연 그럴까? 어떤 조직이든 핵심적 구성요건이 있다. 첫째는 공동의 목표이고, 둘째는 1인 이상의 구성원이고, 셋째는 그 작동장치, 즉 시스템이다.

여타의 모든 조직은 성과를 효율성으로 인식하고 있다. 그런데 안전경영에서 말하는 경영이란 것이 효율이 아닌 효과성만을 의미하는 것이라면 이 지점에서 미스매치가 발생한다.

장자의 말대로 효과성만 추구하면 해결될 일은 천하를 다스리는 데는 적용될 수 있을지 몰라도 기업이나 일부 조직 단위에 적용하기에는 이격 거리가 너무 크다. 그런데 해결 방법은 의외로 간단하다. 이 세상에 밝음이 좋다고 해서 햇빛만 비추면 사막이 된다. 달의 시원함이 좋다고 해서 달빛만 받으면 성장할 수 없다. 결국 안전경영은 양비론적으로 접근할 문제가 아니다. 조화로움으로 접근해야 한다.

효율성이라는 성과를 주장하는 목소리 못지 않게 효과성이라는 안전경영을 주장하는 목소리도 누군가는, 또 어떤 부서는 내주어야 한다. 위에서 천근이란 사람이 질문하지 않았다면 그 무명인은 아무 말도 하지 않았을 것이다. 결국 천근이란 사람이 어리석고 무식한 것이 아니라, 지혜로운 누군가를 드러나게 해주었다고 봐도 되겠다. 이런 관점에서 조직 내에 안전을 담당하는 부서나 직책자의 목소리를 무시하거나 외면하기보다는 기업의 성과를 더욱 드러나게 해주는 역할로 인식해야 한다.

왜 ESH 업무에 벌은 크고 상은 적은가?

양자거가 노자에게 물었다.

"날쌔고 억세며 사물의 도리에 밝고 도를 부지런히 배우고 있는 사람이 있는데 이런 사람을 왕에 비할 수 있습니까?"

노자가 답한다.

"지혜만 앞서고 매여서 사는 사람은 불안하고 지치게 한다. 호랑이나 표범의 무늬는 사냥꾼을 부른다. 원숭이나 너구리를 잡을 줄 아는 개는 개줄에 매이게 된다. 이런 자를 왕이라 하겠는가?"

구체적으로 설명을 요구하자 노자는 말한다.

"훌륭한 왕의 정치는 공적이 커도 자기에 의한 것이 아닌 것처럼 한다. 가르침을 베풀지만 백성은 그런 줄 모른다. 헤아릴 수 없는 무의 경지에서 노니는 사람이 진정한 왕이다."

노자는 욕심내지 말고 자랑하지 말고 무엇을 분별하려고 하지 말라고 가르친다.

안전리더십은 일반 업무를 수행하면서 발휘하는 리더십보다 몇십 배는 더 어렵다. 일반 리더십 교육은 직급이나 직책별로 수없이 많이 실시된다. 반면에 안전리더십을 따로 떼어서 교육하는 경우는 드물다. 실상 매슬로우의 욕망의 단계를 적용해 보더라도 안정에 대한 욕구는 1단계이고, 성과에 대한 리더십은 3단계이다. 단계가 높다고 해서 그 영향력이 더 크다고 말할 수 없다. 그러나 분명한 것은 안정 욕구를 넘어서서 성과와 자기실현 혹은 존경의 단계와 방향으로 욕망은 작동된다. 리더십은 욕망을 자극하는 매우 세련된 역량이다. 이런 점에서 1단계를 강화하려는 안전리더십은 훨씬 더 많은 공부가 필요하다고 본다.

노자의 "구분하지 말고 공치사 하지 말라."는 말은 다르게 표현하면 상대를 인정하라는 말도 된다. 안전경영은 구체적인 성과 측정이 어려운 일이다. 당연히 성과에 대한 인정도 부족하다는 말이다. 결국 잘되면 본전이고 잘못되면 욕먹는 일로 치부된다. 아무도 선뜻 맡으려고 하지 않는다. 그래서 법은 강제화되고 규정화된다. 매출 성장 100%에는 박수를 치고 환호를 지르지만, 무재해에 함성을 지르는 회사는 아직까지 못 봤다. 누군가 징계를 받았다는 이야기는 들려오지만, 그 못지않게 인정받았다는 이야기가 유독 적은 곳이 안전경영이다. 안전담당자의 성과에 박수를 치고 보상을 해야 한다. 왜 유독 안전경영의 결과에 대해 벌은 크고 상은 적은가?

진수성찬이면 바닷새에게도 좋은 것인가?

장자 지략편에 이런 우화가 소개된다. 바닷새 한 마리가 노나라에 날아왔다. 노나라 왕이 직접 이 새를 궁궐 안으로 데리고 가서 술을 권하고 음악을 연주해 주고 산해진미로 융숭하게 대접했다. 그런데 새는 좋아하기는커녕 어리둥절해 하면서 술도 먹지 않고 고기도 먹지 않았다. 결국 사흘 만에 죽어버렸다는 이야기다.

여기서 새가 죽은 이유를 설명하려면 원인으로 어떤 것을 대입해도 설명이 가능하다. 이런 점이 장자의 매력이다. 새가 죽은 이유를 자기 중심적인 사고와 행동을 이야기하는 자의식으로 해석해도 말이 된다. 소통방식으로 해석을 해도 설명이 된다. 인간관계의 어려움을 이 우화로 설명해도 전혀 손색이 없다. 그렇다면 우리가 다루고 있는 안전경영과 문화란 측면에서 해석해 보자. 새가 죽은 이유는 새가 원하는 환경에서 새가 먹고 듣고 마시는 것을 제공한 것이 아니라 세상에서 좋다고 하는 것을 제공했기 때문이다. 소통방식에서 이런 현상은 두드러진다. 삶의 방식에서도 마찬가지다. 자신이 무엇을 좋아하는지와 무관하게 세상이 좋다고 하는 것과 타인이 원하는 것을 먹이려고 하고 성취하라고 독려한다. 결국 새는 어리둥절해 하다가 죽었다.

자살율이 높아지는 것이 그렇다. 취업 후 3년 내 퇴사율이 30%를 넘어가고, 대학교 자퇴율이 20%에 육박한다. 그 어렵다는 공무원 임용 후 퇴사율도 사회적 문제가 될 지경이다. 인생 후반기에 들어서서 우울감을 호소하는 사람들이 날이 갈수록 늘고 있다. 이 모든 것이 설명가능한 장자의 이야기가 생명력이 긴 이유가 여기에 있다.

세상이 혹은 다른 이가 좋다고 해서 열심히 먹었더니 결국 탈이 난 것이다.

자! 이제 안전이란 관점에서 이야기 해 보자. 크게 두 가지로 생각해보려 한다 첫째는 안전을 위한 커뮤니케이션은 과연 누구 중심인가? 학자들이나 기술전문가가 만들어 놓은 용어가 법과 규정 그리고 매뉴얼에 가득하다. 그것을 해석하고 이해시키는 데 너무 많은 노력과 비용이 들어간다. 그러는 사이에 누군가는 재해를 당하고 있다. 고급 교육을 받은 전문가는 너무나도 당연한 듯 전문용어를 말한다. 심하게는 전문용어가 자신의 우월성을 드러내는 것처럼 활용되기도 한다. 그러나 그것은 바닷새에게 인간들의 입에 맞는 진수성찬을 주는 것과 같은 것이다.

둘째는 안전에 대한 지침이나 규정의 현장과의 일치성이다. 쉽게 말해 안전하려면 "이러해야 한다는 것인가?" 아니면 "이런 상황에서는 이러해야 한다는 것인가?"이다. 이 질문을 받게 되면 숨이 턱 막힐 것이다. 상황변수를 고려하면 규제나 강제하는 데 어려움이 수반된다. 동일한 지침이어야 현장상황과 무관하게 규제하거나 처벌할 수 있다. 그렇지 않고 예외규정을 적용하면 감독기관 입장에서는 엄청난 혼란이 야기될 수밖에 없다. 자율안전경영이란 말을 하면서도 늘 일정 테두리를 벗어나지 못하고 답보하는 이유다.

문제는 작업현장에 맞지 않는 규정이나 제도가 너무나 많다는 것이다. 위험성 평가가 제대로 뿌리를 내리지 못한 이유이기도 하다. 이런 이유에서 현장 근로자를 각종 안전회의에 참석하도록 하고 있다. 그러나 현장 근로자가 회의에 참석하면 과연 달라질까? 현장 근로자는 무수한 지침과 규정에 기겁을 한다. 현장상황을 얼마나 정확하고 솔직하게 회의에 반영하는지는 또 별개다. 참석자의 성향이나 혹은 지적능력, 경험과 밀접한 연관이 있다. 현장대표로 참석했다고 해서 일선 근로자의 상황을 다 알고 있다고 하기에도 무리가 있다. 그렇기 때문에 본연의 과업을 수행하기에도 바쁜 참가자는 그냥 시키는 대로 하겠다고 마음먹게 된다. 바닷새가 어리둥절하거나 혹은 불쾌해 하는 것과 같다.

새가 원하는 것을 제공해야 한다. 새가 먹을 수 있는 것을 먹기 좋게 제공해야 한다. 그래야 새가 죽지 않는다. 새를 새장 속에 가두어 두고서 외부로부터의 공격을 막아 준다고 해서 안전경영이 실천되는 것은 아니다. 새가 무엇을 원하는지를 알아내야 한다. 어떻게 해야 소통이 되는지도 서로 대화해 보아야 한다. 어떤 점이 불편한지도 찾아봐야 한다. 막상 이런 점들을 들춰보면 이것이 걷잡을 수 없이 범위가 넓어지고 복잡해지는 것을 확인할 수 있다. 이 지점이 경영자들이 집중해야 할 부분이다. 화려한 결의대회나 기법 혹은 기존 것과는 달라서 뭔가 차별적 안전관리를 하는 것에 집중할 것이 아니라 바로 근본 원인을 찾아내는 것에서부터 시작해야 한다. 그렇지 않으면 어쩌면 자율안전은 요원할지 모른다. 바닷새가 어리둥절하면서 음식을 먹지 않은 것과 같다.

안다고 하는 것이 무엇을 안다는 것인가?

안전정보의 홍수와 안전불감증의 관계에 대한 이야기를 좀 해보자.

"장님에게는 아름다운 무늬가 소용없고, 귀머거리에게는 악기의 소리가 소용없는 것입니다. 어찌 형체에만 장님과 귀머거리가 있겠습니까? 지혜에도 역시 장님과 귀머거리가 있습니다."

다시 말하지만 인간의 삶은 위험에 대한 방어행위의 누적이고 그 결과이다. 나치즘이 만연하기 시작할 때 독일을 떠났던 사람들은 살아남았고, 신에게 기도하며 위험에 맞선 사람은 희생되었다. 가난이라는 위험을 성실성에 의존한 사람은 결국 그 가난이라는 위험에서 못 벗어난다. 반면 그 위험에 대해서 보다 적극적이고 체계적인 지식으로 무장하고 대응한 사람들은 가난이라는 위험으로 인해 사고를 당하지 않는다. 가난해지는 것을 원하지 않았는데 생겨난 것이라면 사고이다. 물론 사고가 났다고 해서 무조건 재해가 되지는 않는다. 가난 때문에 원하는 삶을 살지 못해서 가족간에 다툼이 생겨 불행해졌거나 자녀가 제대로 교육을 받지 못했다면 재해가 발생한 것이다.

"물에 빠지기 싫어 배를 타지 않으면 물에 빠질 위험도 없지만 평생 강을 건널 수도 없다."라는 말도 있다. 이처럼 우리가 알고 있는 명언은 상당 부분 위험에 어떻게 대처할 것인지에 대한 것들이다.

이렇듯 우리는 매일 위험과 안전에 대한 이야기를 반복적으로 듣는다. 이것이 또 다른 위험을 초래한다. 위험에 무감각해지는 것이다. 그 이유는 바로 '다 안다'는 마음가짐에 있다. 안다는 인식은 무감각을 초래한다. 사실 무감각은 죽음이다. 살아있다는 것은 감각한다는 것 아닌가? 느끼지 않는다면 죽은 것과 다를 바 없다. 그것이 육체적인 것이든 정신적인 것이든 그렇다. 감각했을 때 우리는 반응한다. 무반응은 결국 무감각이다. 가끔 강의하러 일체의 반응이 없는 사람들이 앉아 있는 곳에 가면 흡사 공동묘지에 와서 강의하는 것 같다는 느낌이 들 때가 있다. 그럴 때면 섬뜩하기까지하다.

감각이 부분적으로 안 되는 장애인 중에 장님이나 귀머거리가 있다. 외부 정보를 가장 많이 받아들이는 기관은 시각과 청각이다. 그런데 장자는 이를 육체적인 것뿐 아니라 머리와 마음에도 그 문제가 있다고 말한다. 다 안다고 하는 것은 실상 장님이나 귀머거리와 다를 바 없다.

또 한 가지 무감각적인 것과 더불어 생각해 봐야 할 것은 삶 전체가 위험을 감내하거나 대응해 가는 것이라면 어쩔 수 없는 것이라는 인식이다. 고난을 감내해야 한다거나 견뎌내야 한다는 식의 논리가 위험도 그리해야 한다는 것으로 비약하거나 와전된다.

역경지수를 향상시켜야 한다는 자기계발이나 인성 관점의 논리가 위험 역시 적당히 감수해야 한다는 식으로 발전하는 것이다. 이러한 현상들은 요즘 안전불감증이라 불리는 현상이 만연하는 원인의 한 가지로 지적된다.

정보의 양이 급격히 증가한다. 또한 유사한 정보가 혼재되어 사용되는데서 오는 부작용이다. 안전에 관한 정보도 사실 쏟아져 나온다. 예전에는 사고사례 하나만 소개해도 수강생들의 반응이 매우 심각했고 집중과 몰입도도 높았다. 최근 관련 기관에서 핸드폰이나 SNS를 통해 실시간 중대재해 사고사례와 더불어 예방대책을 공유하고 있다. 이것이 결국 무감각을 키운다. 어쩔 수 없는 일이라거나 혹은 나와는 무관하겠지라는 정도로 인식된다. 흡사 지진 등의 재난문자를 전 국민에게 발송하고 있지만 그것이 어떤 행동으로까지 연결되지 않는 것과 같다.

안전교육이 의무화되어 있고, 반복적이라는 점이 안전 무감각이라는 장애를 만들고 있는지 살펴봐야 한다. 작업장마다 무수히 많이 부착해 놓은 표지판이 어떤 역할을 하는가? 심하게는 책임을 회피하기 위한 수단이나 때로는 안전관리를 하고 있다는 표식행위(심하게는 장식용)로의 역할 이상을 하지 못하기도 한다. 안전표지 미부착 시 개소당 과태료가 부과되고, 사고 발생 시 책임을 면하기 위한 행위로 인식되고 있다면 안전정보를 제공하는 수단으로 제구실을 하지 못하는 것이다.

이런 점들이 안전교육의 수준을 높여야 하는 시급한 이유다. 안전교육을 통해 전달되는 정보의 양이나 질이 달라져야 한다. 그렇지 않으면 쏟아져 나오는 안전정보는 혼란을 가중하고 이에 비례해서 불감증이 높아질지 모른다.

분진 가득한 작업장에서 시각이 제대로 작동될 수 없다. 소음이 심한 작업장에서 청각이란 감각기관이 정상적으로 작동된다고 할 수 없다. 더해서 마음이나 생각마저 마비되어 있다면 장자의 지적대로 장애를 가진 사람들이 작업을 하는 것과 다름없다. 이 얼마나 무서운 일인가?

말과 소리 그리고 위험신호의 관계는?

말이란 소리가 아니다. 말이란 것은 어떤 생각을 표현하는 것이지만, 그 말하는 것은 일정하지 않은 것이다. 말이란 존재하는 것일까, 존재하는 않는 것일까?

그것은 새끼 새의 우는 소리와는 다르지만, 거기에는 구별이 있는 것일까 아니면 없는 것일까? 도는 어디에 숨겨져 있다가 진실과 허위를 드러내며, 말은 어디에 가려져 있다가 옳고 그름을 분별하는가?

도는 어디에나 존재한다. 도는 조그만 성취에 숨겨져 있으며, 말은 화려함에 가려져 있는 것이다. 그래서 유가와 묵가의 시비가 존재하게 된 것이다.

출근하면 오늘 만나게 될 기계나 기구 혹은 설비나 물질 또는 작업방법이나 관리 시스템과 대화를 나누고 소리를 들어 보자. 아프다고 하는 기계나 장비 소리를 들을 수 있다면 아픈 상태의 환자에게 무리한 작업을 강행할 작업자가 과연 있을까? 우리는 기계나 혹은 어떤 재료 등으로 인해 사고를 당하고 심하게는 목숨을 잃은 나약한 존재이면서도 그것들이 내는 다양한 소리의 의미를 못 듣고 있는지 모른다.

"상대가 그르다고 하는 것은 이쪽에서 옳다 하고, 상대가 옳다고 하는 것은 이쪽에서 그르다고 한다. 오직 밝은 지혜로만 상대방이 그르다고 하는 것을 옳다고 하고, 상대방이 옳다고 하는 것을 그르다고 해야할 것이다."

《장자》〈제물론〉에 나오는 내용이다.

위에서 우리는 기계나 장비가 내는 소리를 들을 수 있어야 한다고 했다. 도는 진실과 허위를 드러내고 말은 화려함에 가려져 있다고 했다. 말이 가지는 각자의 위치에서 부여된 의미에 따라 시비가 달라진다. 이 지점에서 어떤 소리가 "아직은 괜찮아." 혹은 "다음에 해도 되겠지." 또는 "아닐거야."라는 말로 해석된다. 이 지점에서 사고가 발생하기 전에 반드시 어떤 신호가 있고 그 신호는 소리이다. 다만 우리가 그 신호를 각자 다른 의미로 해석해서 말하고 있는 것이다.

"방구 잦으면 똥 싼다."는 말이 있다. 우리 몸이 보내는 신호다. 그 신호 소리를 무시하면 똥을 싸야 하는 다급한 상황이 생기는 것이다.

이 지점에서 위험신호는 소리다. 소리는 각각의 입장에 따라 다르게 해석될 일이 아니다. 그저 사실로 받아들여져야 한다.

장자는 "만물이 저마다 구멍을 가지고 저마다 소리를 내니 언제나 요란하다. 대지가 내는 소리는 하나일 수 있지만 그 소리를 맞이하는 만물의 구멍들은 제각기 다른 소리를 낸다."고 말한다. 만약 대지가 바람이라는 소리를 내지 않으면 그 수많은 구멍들은 소리를 잃어버린다고 말한다. 그런데 그 구멍들은 이러한 이치를 모르고 마치 제 구멍이 소리를 내는 것처럼 착각한다. 이런 이유에서 천 명의 사람이 있으면 천 명의 소리가 난다. 기계나 재료 혹은 어떤 장소도 각각의 소리를 내고 있지만 그 해석이 또 각각 다르다.

오송 지하차도인들 소리를 내지 않았겠는가? 이태원 참사 때 그 이태원이란 장소는 소리를 내지 않았겠는가? 성수대교인들 상판이 무너져 내리기 전에 소리를 내지 않았겠는가? 삼풍백화점이 무너져 내리기 전에 내는 소리를 우리는 듣지 못했다. 아니, 들었겠지만 각각의 소리로 해석했을 것이다. 그러니 수많은 소리 중 하나로 치부되었을 것이다.

악기는 구멍 속으로 바람을 불어서 소리가 나는 도구이다. 각각의 구멍들은 바람이 지나가면 각각 소리를 낼 뿐이다. 각각의 구멍이 다르게 소리를 내려고 애쓰거나 요란을 떨지 않는다.

소리는 들리지 않아도 침묵이 들리는 귀가 있고 눈을 감고 있어도 보이기도 하고, 귀를 막아도 들리는 소리도 있다. 그 소리를 사실대로 들을 수 있는 상태가 된다면 어떨까? 그래서 위험이 보내는 신호라는 소리를 들을 수 있어야 한다.

안전의식 수준 향상이라는 말을 곧잘 한다. 그러나 그 수준이 어느 수준을 말하는 것인지를 규정하는 내용이 빈약하다. '자기 스스로'라는 말로 뭉뚱거려서 말한다. 누군가가 소리를 듣고 알려줘야 들을 수 있다면 그 소리를 해석하는 기준이 각각 다르고 그것은 결국 이해관계로 얽히면서 복잡해진다. 스스로 침묵을 하고 눈을 감아도 위험한 기계나 물질들이 내는 소리를 들을 수 있어야 한다. 이러한 역량을 성장시켜 가는 데 장자 이야기는 매우 매력적이다.

폭풍이 친다고 대지가 시끄러운 것은 아니다. 바람이 잠잠하다고 땅이 고요한 것은 아니다. 폭풍이 친다고 산이 자리를 옮기지 않으며 바람이 잔다고 나뭇가지가 억지로 움직이려고 하지는 않는다. 바람이 세게 불면 세게 흔들리고 바람이 잔잔하면 잔잔하게 흔들린다. 나뭇가지는 폭풍이 무서워 알아서 먼저 부러지지 않고 바람이 잔다고 해서 신이 나서 억지로 흔들어 대려고 하지도 않는다. 그러나 사람은 다르다.

흡사 안전정책이 그렇다. 처벌을 강화한다고 한다. 그러면서도 자율적인 안전을 목표로 한다. 처벌을 강화하는 안전정책이 처벌이 약해지거나 혹은 별것 아니라는 생각이 들면 어떤 부작용이 생기겠는가? 스스로 위험신호를 들을 수 없는 작업자들의 상태에서 규제나 처벌을 약화시키면 또 어떤 반작용이 생겨날지는 분명해진다.

노자 《도덕경》에는 "爲無爲則無不治(위무위즉무불치)"라는 말이 나온다. "인위적으로 무엇을 하지 않아도 그렇다고 다스려지지 않는 것도 없다."는 의미다. "일부러 애쓰지 않는다. 그렇다고 안 되는 일도 없다."면 이 얼마나 멋진 일인가? 이것이 안전문화가 완성된 모습 아닐까?

2.8km 가까운 볼티모어 다리가 붕괴되었다. 엄청난 사고에도 생각보다는 피해가 적었다. 이유는 관계자들의 신속한 위기관리 덕분이다. 첫째로 다리 교각과 충돌한 배의 선장은 통제불능인 상태임을 솔직하게 인정하고 신속한 신호체계를 가동시켰고, 둘째로 그러한 신호를 받고는 경찰관은 한 치의 의심이나 망설임 없이 바로 교량으로 진입하는 차량을 통제하기 시작했다. 이러한 위기관리 역량의 공통점은 결국 위험신호에 신뢰가 형성되어 있었다는 점이다. 이러한 상황이 우리가 속한 조직이나 사회에서 발생했다고 상상해 보자. 신고에서 붕괴까지의 시간은 불과 2분여 남짓이었다. 과연 우리는 그처럼 신속한 조치와 실행이 가능했을까? 어딘가에 물어보고 못 미더워 재차 확인하느라 시간을 허비하지는 않았을까? 또는 매뉴얼을 찾는다고 시간을 지체하면서 골든 타임을 놓치지는 않았을까? 생각해 보면 끔찍한 일이다. 위험신호가 위험신호로 인식되지 않는 현상이 우리 조직에는 없는지 살펴볼 일이다. 위험 상황에서 대기하라는 신호만을 보냈던 뼈아픈 이력을 가지고 있다는 점을 잊지 말아야 한다.

외눈박이 원숭이 99마리가 말하는 위험성평가는?

백 마리의 원숭이가 사는 마을에서 투표를 했다. 99마리의 원숭이는 모두 눈이 하나인데, 오직 한 마리만 두 눈을 간직하고 있었다. 어느 쪽이 장애를 가지고 있는지를 정하기 위해 100마리의 원숭이가 투표를 했는데 99:1로 두눈박이 원숭이가 장애가 있는 것으로 결과가 나왔다. 이러한 결과를 본다면 장애 결정은 과연 옳은가?

사물은 이것만인 것도 없고 저것만인 것이 없다. 이것이 저것이고 저것이 또한 이것이다. 저것도 하나의 시비이며 이것도 하나의 시비이다. 저것과 이것이 서로 대립을 없애는 경지를 도의 중심이라고 한다.

태풍의 중심인 눈에는 바람이 불지 않는다. 그러나 그 눈이 없으면 태풍도 없고 바람도 불지 않는다. 바람은 구름 없이는 그 존재를 증명할 수 없고, 구름은 바람 없이는 한치도 나아갈 수 없다.

위험성 평가에서 위험도를 정하는 방법으로 강도나 빈도에 척도를 부여한다. 그동안 위험성 평가가 제대로 정착되는 데 어려움을 겪었던 이유가 바로 이 지점이다. 빈도나 척도에 대한 주관적 생각이 다르거나 이미 획일화되어 있다는 점이다. 주관적이란 말은 신입사원에게는 매우 위험하지만 경력사원에게는 아무것도 아닐 수 있다.

이런 상황에서 도출된 결과를 가지고 허용 불가니 혹은 수용 가능이니 하는 등급을 부여했는데, 참여자 전원에게 공감을 얻기란 쉽지 않다. 흡사 99마리의 외눈박이 원숭이가 한 마리의 두 눈을 가진 원숭이에게 장애가 있다고 하는 것과 같다. 위험성 평가가 이런 위험으로부터 벗어나려면 획일성에서 벗어나야 한다는 말이다. 획일성에서 벗어나는 방법은 구성원의 참여를 통해서 그나마 해소될 수 있다. 이것이 위험성 평가 참여가 강조되는 이유이기도 하다.

제10장

동물에게 배우는 안전문화

소에게 코뚜레를 하는 것이 안전문화인가?
보이는 것과 보이지 않는 것 중 무엇이 더 두려운가?
말 엉덩이의 파리를 어떻게 잡아야 하는가?
타고난 성격은 고칠 수 있는가?
명예욕에 안전문화를 접목하는 방법은?
코끼리가 생쥐를 무서워하는 이유는?
큰 상수리나무가 쓸모없는 이유는?
도둑 잘 잡는 개의 위험은?

장자의 책에는 유난히 동물 관련 비유가 많이 나온다. 동물 이야기는 일단 재미있다. 이야기가 주려는 메시지가 선명하다. 소에게 코뚜레를 하는 것이 문화인가? 보이지 않는 것의 두려움과 코끼리가 생쥐를 무서워하는 이유를 말한다. 특히 말 엉덩이에 파리가 앉았다면 어떻게 잡을 것인가 하는 이야기는 문제를 해결해가는 방식을 배우게 한다. 동물 이야기가 좋은 이유는 군더더기를 붙이지 않기 때문이다. 누구에게나 쉽게 이해된다. 이런 점에서 신은 인간에게 다소 열등한 동물을 통해 가르침을 주는지도 모르겠다. 안전경영도 예외는 아니다.

소에게 코뚜레를 하는 것이 안전문화인가?

아주 옛날 거문고 명인인 소씨 이야기다.

"완성과 파괴가 있는 것은 소씨가 거문고를 뜯었을 때이고 완성과 파괴가 없는 것은 소씨가 거문고를 뜯지 않았을 때이다."

소씨가 거문고를 타면 거문고에서 가락이 나온다. 수많은 가락이 나오게 되면 수많은 가락들은 서로 분리된다. 그런데 만일 소씨가 거문고를 타지 않는다면 아무런 가락이 흘러나오지 않는다.

무엇을 만들었으면 그 이전의 무엇을 파괴해야 한다. 유명한 경제학자인 슘페터는 창조적 파괴라는 말로 혁신을 강조했다. 집을 지으려면 재목이 있어야 한다. 재목을 만들려면 나무를 파괴해야 한다. 이렇듯 변화과정이 파괴와 완성이다. 다만 이 조정을 누가 하느냐의 문제일 뿐이다. 이것을 자연이 스스로 해야한다고 하고, 또 더러는 인간이 해야 한다고 주장하는 것이다. 장자의 비유대로 어떤 행위는 이렇든 저렇든 시비가 수반된다.

장자는 거문고 소리를 소씨가 내는 것이 아니라 자연이 내는 소리라고 봐야 한다고 주장한다. 바람소리가 거문고 소리가 되기도 하고 나뭇가지 부딪히는 소리가 거문고 소리가 되기도 한다. 그렇다면 거문고를 뜯건 말건 무슨 상관인가? 결국 자연에 맡겨야 한다는 것이다. 이런 점에서 보면 장자는 인간 인위적 행위의 결과물인 문화의 필요성을 부정한다. 실제로 장자는 사람을 불편하게 하는 문화라면 없어져도 된다고 보았다.

장자는 "자연이란 무엇인가?"라는 질문에 '소의 네 발'이라고 했다. 반면 "문화란 무엇인가?"라는 질문에는 '소의 코뚜레'라고 했다.

"소의 네 발이 없다면 소는 매우 불편하고 괴롭다. 반면 소의 코뚜레가 없다면 얼마나 편하고 숨을 쉬기 편할 것인가?"라고 덧붙인다.

이 말을 작업적 행위를 하면 위험이 따르고, 행위를 멈추거나 멀리하면 편안한 것이라 해석한다면 안전문화는 필요없는 것이 되어 버린다. 사람을 불편하게 하는 것이 안전행위이고 그 행위를 받아들일 수 있는 수용력의 수준을 문화 수준이라고 해석한다.

여기에는 조건이 있다. 행위의 불편함이 있다면 문화는 필요 없다고 한 장자의 주장대로 안전문화는 설득력을 잃는다. 불편하거나 어색한 것이 자연스러워질 때까지 훈련이 필요하다. 소가 코뚜레를 뚫었다고 해서 언제나 항상 불편할까? 그렇지 않을 수도 있다. 그 코뚜레 때문에 낭떠러지로 떨어지지 않을 수 있고, 사람의 보살핌을 받을 수도 있다. 코뚜레가 뚫리지 않아서 산천초목을 마음대로 활보한다고 해서 소에게 마냥 안전하기만 한 것은 아니다.

이런 이유에서 장자가 규정한 "문화는 사람이 불편하다면 필요 없다."는 말은 안전행위가 그저 바람이 불고 해가 뜨는 것처럼 자연스러워서 불편하지 않을 때까지의 습관화란 것이 필요하다고 해석해야 한다.

이런 점에서 안전문화는 안전 습관화로 볼 수 있다. 습관이 모여서 문화가 된다.

보이는 것과 보이지 않는 것 중
무엇이 더 두려운가?

未知有無之果孰有孰無也 (미지유무지과숙유숙무야)

有와 無 중에서 과연 무엇이 있고 무엇이 없는지를 아직 알지 못하겠다.

"무엇이 있는 것이고, 무엇이 없는 것인가?"라고 할 수 없다. '보이면 있는 것이고 보이지 않으면 없는 것'이라고 할 수 없다. 보이지 않지만 있다고 하면서 믿는 사람도 있고, 보이는 데도 믿지 못하는 사람도 있다. "없다고 말하는 순간 있다."는 말이 전제된 것이다. 니체처럼 신은 죽었다고 말하는 순간 신이 있음을 인정한 꼴이 되기도 한다. 장자는 이점을 말하려고 한 것일 게다.

그저 확실한 것은, "보였다가 없어지는 것을 죽음이라 하고, 보이지 않던 것이 보이게 되면 살아있다."고 할 뿐이다. 그래서 영원히 무이고 영원히 유인 것은 존재하지 않는다. 장자는 "천지는 하룻밤 묵어가는 여관이고 만물은 하룻밤 먹고 가는 손님에 불과하다."고 말한다. 그런데 인간들은 영원히 무는 무이고 유는 유일 것처럼 생각한다고 지적한다. 흔히 "천년을 살 것처럼 행동한다."는 말이 꼭 그렇다.

밤 하늘에 별들이 있다고 해서 낮에는 별이 없는 것인가? 보이지 않는다고 해서 바람이 없다고 하고, 눈에 보인다고 해서 구름이 있다고 하겠는가? 물리적 현상만이 아니다. 누군가가 나에게 듣기 싫은 소리를 했다고 해서 사랑이 없다고 할 것이며, 듣기 좋은 소리를 했다고 해서 사랑한다고 할 수 있는가? 보기에 매너가 좋고 풍채가 좋다고 해서 좋은 사람이라고 하고 외모가 볼품 없다고 해서 나쁜 사람이라는 고정관념이 얼마나 어리석은 것인지를 깨닫게 해준다.

이러한 장자의 시각을 안전문화에 접목하여 해석하려 하면 매우 난처해지게 된다. 어찌 해석하면 어쩔 수 없는 허무함에 이르게 된다. 그러나 장자는 그리 호락호락하지 않다. 여러 번 언급했지만 위험이 보이지 않는다고 해서 위험이 없는 것이라고 할 수 없다. 그러면 반대로 누가 봐도 위험한 곳이 안전할 수도 있다는 것도 성립된다. 이것은 결국 두 가지를 동시에 봐야 한다는 것으로 해석될 수 있다. 확실하게 위험한 곳은 확실하게 안전하다. 왜냐하면 그런 곳에서는 누구라도 작업하지 않으려 하거나, 하면 안 된다는 사실이 명확하기 때문이다. 문제는 분명하지 않을 때다. 이것도 저것도 아닌, 다르게는 이것일 수도 있고 저것일 수도 있는 상태가 문제다. 위험이 완전히 제거된 것도 아니고 그렇다고 확실하게 위험이 노출된 것도 아닌 상태가 문제다. 60점 수준의 안전은 매우 위험할 수 있다. 이런 점에서 60점짜리 안전은 설마를 증대시키는 점수다. 그럴 수도 있고 아닐 수도 있고가 명확한 것은 60점이 아니라 100점이거나 0점인 것을 말한다. 들어가지 말아야 할 곳은 정확히 통제되어야 한다. 들어가도 되는 곳은 안전해야 한다. 들어가면 안될 수준을 60점 정도로 유지하고서 나머지 40점을 인간의 의지에 의존하는 방식으로 접근을 통제하면 된다.

한 번 사고가 발행하면 대형사고로 연결되는 비행기의 안전사고 발생률은 자동차 사고율보다 낮다. 대형사고 위험이 큰 기차의 안전사고율이 자동차보다 낮다. 확실한 위험은 확실한 안전을 담보한다. 그러니 유와 무는 같은 것이다. 회색이 문제다. 안전으로 가장된 위험이 더 큰 문제인 것이다. 규제중심의 형식적 안전관리는 눈에 보이지 않게 하는 것이 최선이다. 눈에 보이지 않으면 위험이 없다고 해도 달리 방도가 없다. 나중에 사고가 발생해도 책임으로부터 자유로워진다. 가려두거나 감춰진 위험을 볼 수 있는 눈을 가진 구성원이 많은 조직의 안전 수준이 높다고 하는 이유다.

말 엉덩이의 파리를
어떻게 잡아야 하는가?

자신이 키우는 말을 너무나 사랑하는 사육사가 있었다. 그는 말똥을 직접 받아내고 말의 오줌을 큰 조개껍데기로 만든 귀한 그릇에 담아 처리할 정도로 애정을 쏟았다고 한다. 매일같이 말의 털을 빗겨주고 좋은 사료를 먹였다. 어느 날 자신이 사랑하는 말의 등에 파리가 한 마리 앉자 말이 꼬리를 치면서 쫓았지만 파리는 금세 다시 엉덩이에 앉아서 말을 괴롭혔다. 안쓰러운 생각에 사육사는 파리를 잡을 생각에 손바닥으로 세게 말의 엉덩이를 쳐서 파리를 잡았다. 그 순간 말은 사육사가 자신을 때린다고 생각하여 깜짝 놀라 뒷발로 사육사의 갈비뼈를 찼다. 결국 사육사는 죽게 되었다. 사육사가 사랑해서 한 행동이 말에게는 상처가 된 것이다.

장자는 말한다.

意有所至(의유소지) 愛有所亡(애유소망) 可不愼邪(가불신야)

"사육사가 말을 사랑하는 뜻(意)은 지극(至)하였다. 그러나 사랑(愛)의 방식에 문제(亡)가 있었다. 그러니 사랑을 할 때는 신중(愼)하게 고민하고 또 고민을 해야 한다."

사육사의 의도는 말을 괴롭히는 파리를 잡으려는 것이었지만 말은 자신을 때린 행위로 받아들인 것이다.

안전관리 관점에서 해석하면 중대재해가 일어난 것이다. 이에 대한 사고원인을 분석해 본다면, 첫째 사육사의 파리를 잡는 행동 시 위치 선정의 문제다. 둘째는 말의 습성을 인지하지 못한 문제가 있다. 셋째는 말 엉덩이에 붙은 파리를 잡는 작업에 대한 표준안전작업지침이 부재했다. 넷째는 도구 사용의 부적합성이다. 파리채를 이용해서 말이 놀라는 행동을 하더라도 괜찮을 만큼의 안전거리를 확보하지 못한 원인 등을 꼽을 수 있을 것이다.

가끔 교육 중에 이런 문제를 제시하고 안전사고 원인을 찾아보는 브레인스토밍이나 디자인씽킹 게임을 해보면 수강자들이 재미있어 한다. 이런 직·간접적인 원인을 찾아서 분석해 보는 것도 중요하다. 그러나 여기서 놓치기 쉬운 것이 하나 있다. 누군가를 위한 배려가 오히려 사고로 연결될 수 있다는 점이다. 약속된 신호여야 하고, 상호 소통되고 이해되는 방식이어야 한다. 그렇지 않고 자기 생각에 더 좋겠다고 생각하고 한 행동이 상대에게는 전혀 이해되지 않을 수 있다.

최근에 과다하게 만들어진 규제나 규정 혹은 매뉴얼이 작업자의 안전 복잡도를 증가시킨다. 그 이유는 매뉴얼이나 지침이 상호 소통되지 않은 채 만들어지고 있기 때문이다.

새로운 기법을 개발하고 접목할 때 또는 정지되어 있는 기계나 장비에 전원 스위치를 넣을 때에는 혹여 말 궁둥이에 붙어 있는 파리를 잡겠다고 옹기그릇 파는 가게 앞에서 말 궁둥이를 손바닥으로 내려치는 것은 아닌지를 생각해봐야 한다.

타고난 성격은 고칠 수 있는가?

魚處水而生^(어처수이생) 人處水而死^(인처수이사)

물고기는 물에 머물러 살지만 사람은 물속에 빠지면 죽는다.

民溼寢 則腰疾偏死 鰍然乎哉

사람은 습한 데서 자면 허리병이 생기고 반신불수가 되는데, 미꾸라지도 그러한가?

《장자》〈외편〉

그동안 우리의 안전은 타고난 저마다 개인의 성격을 고려하지 못했다. 휴먼에러를 이야기하지만 모든 사람을 일반화한다. 그러나 사고원인을 분석해 보면 서둘렀다거나, 또는 깜빡했다, 느리게 반응했다는 등의 극히 개인별 성격적인 부분이 반영되는 것도 사실이다. 급하게 서두르거나 둔하게 반응하는 것이 개인마다 편차가 있을 것은 너무 당연하다.

최근에 MBTI나 DISC 등의 성격유형을 인간관계나 커뮤니케이션에 활용하는 것이 유행이다. 적성검사를 통해 직무배치를 하는 경우도 많아지고 있다. 이런 접목이 가능한 영역은 안전사고 발생이 매우 낮은 직종인 경우가 많다. 실상 안전사고가 많이 발생하는 사업장이나 직종은 이런 성격적인 요인까지를 고려해서 인력을 수급하고 배치하는 일은 어쩌면 요원한 일이다. 특히 생산 가능 인구가 감소하고 있어 고령자나 외국인으로 간신히 충원하고 있는 입장에서 보면 그림의 떡이다.

필자는 성격유형별 안전사고 예방이라는 콘셉트의 교육프로그램을 개발하여 다수의 회사에서 접목했었다. 일반적으로 성격에 따라 안전을 접목하여 관리해 내는 것은 현실성이 떨어진다. 한때 바이오 리듬을 안전관리에 접목하는 시도도 했었다. 바이오리듬이란 지성, 감성, 신체 리듬을 주기를 파악하고, 이 리듬이 좋지 않는 사람은 고위험 작업에서 배제하는 것을 말한다. 대형 항공사고을 일으킨 조종사의 바이오리듬이 좋지 않았다는 통계에 근거한 방법이다. 개인별 고유한 성격이나 행동특성을 진단하고 분류하는 것은 가능하다. 문제는 디테일하게 접목시키는 과정에 어려움이 있다. 성격이 급하다고 판정된 어떤 근로자를 성격이 급한 사람에게도 안전한 작업으로 이동 배치할 수 있느냐 하는 것은 실무적으로 거의 불가한 문제다. 설혹 가능하다면 장기적인 플랜을 가지고 접근해야 한다.

장자의 지적대로 습한 곳에 사는 미꾸라지가 허리병이 날 일은 없다. 원숭이가 높은 곳에 올라갔다고 해서 고소 공포를 느끼지는 않을 것이고 고소공포를 느끼는 사람보다는 훨씬 안정감 있게 작업할 수 있을 것이다.

세월호 사고가 났을 때 책임자인 선장이 도피했던 행동을 책임감이나 의지만으로 해석하는 것이 적절할지는 의문이다. 심리나 성격적인 부분까지 책임을 말하게 되면 논란이 커질 것이기에 삼가는 것은 그렇다 치자. 분명 성격적인 요소가 작동된다는 것은 사실이다. 휴먼에러도 이런 점에 기반하고 있으니 말이다.

'조종사 성격'에 관한 Ganesh와 Catherine 박사의 연구에 따르면 '성격이 급하다' 또는 '성격이 내성적이다'라고 표현하는데, 성격은 사건이나 사건의 종류에 반응하는 우리 내부의 메커니즘이다. 오래 전부터 심리학자 사이에서 중요한 연구 주제로 자리잡은 이유이다. 특히 직업병을 예방하는 것과 관련해서는 장자의 타고난 본성을 고려한 삶을 살아가야 한다는 말이 매우 적절하다. 유해인자를 적절한 수준에서 제어·통제하고 아울러 안정한 작업환경을 갖추어야 하는 것은 당연하다.

그러나 더불어서 그 적절하다는 수준이 어떤 체질을 가진 사람에게는 보다 민감할 수 있다. 흡사 미꾸라지와는 다르게 사람이 습한 곳에 살면 허리병이 생기는 것처럼 말이다. 북극의 원주민은 얼음 속에 살아야 따뜻하다. 이제부터라도 성격이나 신체적 특성을 고려한 안전관리가 시급한 이유다. 성격이 급한 사람에게 "천천히 하세요." 반응이 느린 사람에게 "신속하게 조치를 하세요." 성격이 예민한 사람에게 "신경 쓰지 마세요."라는 식의 교육이나 지도가 얼마나 실효적일지는 고민해 봐야 할 부분이다.

심리학이 경제학 및 경영학과 만나서 행동경제학이란 영역을 만들었다. 그 결과 노벨상을 수상하는 성과를 만들어 낸 것은 누구나 아는 사실이다. 이제 안전에 심리학이 접목되어야 할 상황이 다가온다. 이과 출신이 담당하는 안전기술이 문과 출신들이 담당하는 인문학과 융합되어야 할 필요성은 각각의 영역이 가지는 한계 때문일 것이다. 그것을 인정해야 융합이 가능할 것은 자명하다.

문과는 아닌 것도 맞는 것처럼, 맞는 것도 아닌 것처럼 말한다. 이과는 틀린 것과 맞는 것 그리고 아직 모르는 것으로 말한다고 한다.

명예욕에 안전문화를 접목하는 방법은?

"덕은 명예욕 탓으로 탕진되고 지식은 경쟁심에서 생긴다. 명예욕은 서로 헐뜯는 것이며 지식이란 서로 다투기 위한 수단이다."

학생들을 대상으로 한 리더십이나 꿈 혹은 소통이나 인성을 가르치는 교육을 해서 돈을 벌었다는 교육기관이나 강사를 본 적이 없다. 반면에 국영수 과목을 강의해서 연간 수백 억을 버는 사람들은 공공연히 언론에 소개된다. 평가를 받아야 인정한다. 인정받는 평가에는 기꺼이 돈을 지불한다. 학교에서 수능평가 과목에 들어가지 않는 비교과 과목이 어떤 입장에 있는지는 차마 말로 표현하기 민망스럽다. 이런 현상을 탓할 것은 없다. 필자가 고등학교를 다녔던 시절에도 비교과 과목시간에 당시 학력고사 평가과목 자습을 허용해주었으니 지금은 오죽할까 싶다.

명예를 가질 수 있는 일에 욕망은 가장 강하게 작동한다. 매슬로우 욕구 단계론을 언급하지 않더라도 성과와 연결되지 않는 일에 한정된 자원을 투입하기는 쉽지 않다. 당연히 우수 인재가 관심을 가질 리 없다. 우수한 인재 혹은 자원이 투입되지 않는 일이 발전하기를 기대하는 것은 이상이다. 덕은 명예욕으로 탕진된다는 장자의 지적은 가히 천재적이다. 인의예지행(仁義禮智行)으로 표현되는 덕이란 것이 돈이나 권력이 가져다 주는 명예 앞에서는 속수무책으로 무력해진다. 역설적이지만 이 지점에서 안전관리의 답이 있다고 본다. 안전이 돈이 되고, 안전의 수준이 명예로워지면 된다. 하다못해 안전이란 직책이 폼이라도 나야 한다. 아니면 조직 내에서 파워라도 있어야 한다. 덕을 무력화시키는 것이 명예라고 해서 명예를 갖지 말라는 식의 접근은 너무 종교적이다. 차라리 그 덕을 잃지 않는 것이 명예를 갖는 것보다 더 명예롭게 만들면 될 일이다. 안전을 위한 일을 누군가에게 말했을 때 최소한 부끄럽거나, 염려를 받아야 하는 정도는 아니어야 한다.

명예욕이 서로 헐뜯는 것이라고 했고 지식은 다투기 위한 도구라고 말한다. 만약에 안전이 명예로워진다면 그래서 그 명예를 위해 서로 다툰다면 어떻게 될까? 명예가 헐뜯는 것이라고 장자의 의견에 동의해 준다고 해도 그것이 사람의 목숨을 살리는 일이고 다치지 않게 하는 일을 위해 서로 다툰다면 그것이 무엇이 문제가 되겠는가?

핵심은 안전이 명예로운 일이 되게 만드는 것이다. 왜 우리 사회에서 소방대원이나 안전요원들에게 고맙다고는 하면서 명예를 부여하는

데 인색할까? 우리 조직에서는 안전을 담당하는 부서나 담당자를 얼마나 명예롭게 대하고 있는가? 명예가 인간을 행동하게 하는 가장 강력한 동인이자 에너지라면 그 에너지를 왜 안전에 쓰지 못할까?

안전사고를 예방한 사람에게 목숨을 살린 사람처럼 대우해 보자. 안전사고를 줄인 사람에게 매출을 100% 증대시킨 사람처럼 보상해 보자. 안전을 가르치는 대학의 학과에 우수한 학생들이 지원하게 해 보자. 명예욕이 인간의 본원적 욕망이라면 그것을 제어하고 억누르라고 할 것이 아니라 오히려 우리 사회의 문제를 해결하는 요인으로 활용해 보면 어떨까 하고 생각한다.

장자는 명예욕에 사로잡히지 말라고 한다. 명예를 위해 덕을 쌓으려 한다. 덕을 많이 쌓은 사람에게 권력을 준다. 그러니 누구라도 더 우월해지려고 한다. 장자는 명예를 탐하는 덕이란 지렁이의 시체와 같다고 말한다. 그러한 일에 몰려드는 사람들은 지렁이의 썩은 살 한 점 얻어 먹자고 모여드는 먹거리꾼에 불과하다고 말한다. 이 말은 역설적이게도 명예가 존재하고 그 영향력이 크다는 말의 반증이기도 하다.

장자 스스로도 말한다. 이긴다는 것은 진다는 것을 전제로 성립된다고. 이 말은 이기고 지는 것은 불가피하다는 말이기도 하다. 그렇다면 명예욕이라는 인간행동 유발의 에너지를 안전에서도 얻을 수 있도록 하는 것이 좋지 않겠는가?

종교에서는 이러한 선행이나 덕을 쌓으면 복을 받는다거나 혹은 악덕하면 벌을 받는다는 관점에서 접근한다. 이 메시지는 매우 강력하다. 우리 사회에 악한 사람보다는 선한 사람이 그나마 더 많으니 말이다.

경영에서는 리더십의 매우 중요한 요건으로 설명한다. 안전에 대한 배려는 어떻게 생겨나는 것일까? 결국 자발적으로 생겨나는 마음을 기대할 수 있겠다. 그러나 이것이 덕을 쌓은 일이고 종교적으로는 선을 쌓은 일이고 그것은 결국 자신이나 자손에게 복으로 돌아온다는 논리가 효과적일 수 있다고 본다. 안전에 대한 배려는 덕을 쌓은 것이다. 그 덕은 결국 자신에게 복으로 돌아올 것이라는 신념이나 믿음의 확산이 필요하겠다.

결론적으로 덕이 쌓이면 복이 된다. 그 복은 내가 못 받으면 자식이 받는다. 가장 훌륭한 덕은 누군가의 목숨을 지켜주는 일이다. 그것이 배려다. 배려는 최상위 단계의 덕이다. 오늘도 덕을 쌓자. 아무런 조건 없이 남을 돕는 것은 가장 이상적인 모습이다. 그러나 나에게 도움이 되니까 남을 돕는 것이라 하더라도 인지상정이다.

아직도 많은 사람들이 기복 신앙에 기댄다. 요즘 종교기관에 가면 "기복하지 말고 기도하라."는 말이 유행하는 것도 다 이런 이유에서이다. 한편으로 기복신앙이 나쁜 듯이 말하는 경우도 있다. 그러나 사후 세계에 대한 걱정 못지 않게 절실한 것은 살아가면서 어려움을 겪지 않는 것이다. 솔직하게 말해서 복을 받을 것이라는 기대가 선한 행동을 이끌어 내는 것도 사실이다. 안전에 대한 배려가 선한 행동인 것으로 인식을 개선할 필요가 있다. 매일 하는 기도 중 안전에 대한 기도가 큰 부분을 차지한다. 안전을 신의 몫으로 보는 것이다. 그 신의 역할을 대신 수행한다면 신으로부터 상을 받을 것임은 당연한 논리다. 이런 복잡한 논리를 떠나서라도 남의 안전을 확보해 주는 일은 복 받을 일임에 틀림없다. "안전을 챙기시면 복 받을 겁니다."라는 말이 "동료의 안전을 생각합시다."라는 말보다 어떤 이유에서인지 더 힘이 있을 듯하다.

코끼리가 생쥐를 무서워하는 이유는?

"당랑(螳螂 : 사마귀)이 앞발을 들어 수레바퀴와 맞선다(猶螳螂之怒臂以當車轍, 유당랑지노비이당거철)."는 말은 무모하기 짝이 없을 때 하는 말이다. 《장자》에 소개된다.

필자는 마차에 대항하려는 사마귀의 모습이 흡사 안전사고 위험을 무시한 채 작업하는 작업자의 모습이라고 해석했다. 어떤 일을 수행할 때 스스로에 대한 객관적 평가가 중요하다는 관점으로 보았다.

그러나 이 이야기는 그 반대 입장에서도 고려해야 할 부분이 있다. 마차에게 사마귀는 아무것도 아닌 것인가? 그렇지 않다. 사자에게 가장 무서운 것은 불개미라고 한다. 코끼리는 생쥐의 이빨을 가장 무서워한다고 한다. 생쥐가 이빨로 코끼리의 아랫배를 갉아먹어도 어찌 해볼 수 없기 때문이라고 한다. 코가 길다고 해도 큰 발로 어떻게 후려칠 수도 없기 때문이다.

사마귀가 나타나서 두 발을 들고 서 있는 것이 대항하는 것인지 아니면 어떤 신호를 보내는 것인지는 모른다. 승객 수백 명을 태운 여객기는 참새 한 마리가 엔진 속에 빨려 들어가는 사고로 추락하거나 회항한다. 쇠가 강하다고 하지만 결국 도끼날은 도끼날에 의해 잘리워진 나무로 만든 도끼자루가 없으면 힘을 쓸 수 없다. 강한 것은 영원히 강하고, 약한 것은 언제까지나 약할 것이라 생각한다면 그것은 착각이다. 거대한 크레인이 1개의 볼트 미체결로 붕괴된다. 육중한 레미콘 트럭이 지반침하로 전복되거나 꼼짝을 못하는 경우를 쉽게 볼 수 있다. 거대한 구조물이 가스누출로 폭발한다. 두 발을 높이 쳐들고 수레바퀴에 대들다가 죽어 나간 사마귀를 바라봤던 수레들이 오히려 전복되고 부서진다.

1986년 미 우주 왕복선 챌린저 호가 이륙 72초만에 폭발했다. 이 사고로 7명의 우주비행사가 숨졌다. 또한 2003년 우주왕복선 콜롬비아 호가 지구 귀환 도중 공중에서 폭발했다. 챌린저 호의 사고원인은 보조추진로켓의 오(◎)자형 고무패킹이 저온에 얼어 틈이 생겼고 그 틈에서 새어 나온 연료에 붙은 불 때문임이 밝혀졌다. 당초 예정된 발사 일정이 다섯 번째 연기된 상황이어서 더 이상 미룰 수 없다는 외적 요인도 원인으로 밝혀졌다. 콜롬비아 호의 공중폭발 원인은 외부 연료탱크에 생긴 얼음덩어리가 떨어지며 가한 충격에 우주왕복선 날개가 손상된 것이 원인으로 밝혀졌다.

1986년 일어난 체르노빌 원자력발전소 사고와 1989년 알래스카 앞바다에서 좌초된 유조선에서 원유가 유출된 사고, 우주왕복선 챌린저 호의 폭발사고의 원인은 모두 조종사나 운전원의 수면 부족이 원인이었다고 한다. 특히 챌린저 호는 발사 당일 발사대가 있는 플로리다가 유독히 추운 날씨였는데, 연료주입 파이프의 연결 부분인 O링의 내구성을 걱정했다고 한다. 그러나 당시 담당 직원들이 며칠 동안 제대로 잠을 자지 못한 상황에서 잘못된 판단을 내렸다고 한다. 이뿐 아니라 국내에서 발생된 모든 대형사고의 원인은 이렇듯 마차바퀴의 강력함이 아니라 우습게 또는 사소하게 보았던 사마귀같은 것에 의해 발생했다는 점을 주목해야 한다.

작은 일도 무시하지 않고 최선을 다해야 한다.
작은 일에도 최선을 다하면 정성스럽게 된다.
정성스럽게 되면 겉에 배어나오고
겉으로 드러나면 이내 밝아지고
밝아지면 남을 감동시키고
감동시키면 이내 변하게 되고
변하면 생육된다.
그러니 오직 세상에서 지극히 정성을 다하는 사람만이
나와 세상을 변하게 할 수 있는 것이다.

중용에 소개된 유명한 구절을 생각하게 된다.

큰 상수리나무가 쓸모없는 이유는?

《장자》 내편 〈인간세〉에 나오는 재미있는 이야기다. 앞에서도 안전이라는 업무나 분야가 결코 무용한 것이 아니라는 관점에서 다루었다. 같은 이야기지만 다른 관점에서 해석해 보자

장석이 세나라에 갈 때 곡원에 이르러 신사에 심어진 상수리나무를 보았는데, 그 크기는 수천 마리의 소에게 그늘을 제공할 수 있고, 둘레를 헤아려 보면 백 아름이나 되며, 높이는 산을 내려다 볼 정도여서 땅에서 열 길을 올라간 뒤에 비로소 가지가 뻗어 있었으며, 배를 수십 척이나 만들 정도였다.

나무를 구경하는 사람들이 마치 시장처럼 많이 몰려와 있었는데 장석은 돌아보지도 않고 그대로 길을 가서 걸음을 멈추지 않았다.

장석의 제자는 실컷 그 나무를 보고서 장석에게 황급히 달려가 이렇

게 말했다.

"제가 도끼를 잡고 선생님을 따라다닌 이래로 재목이 이토록 아름다운 나무는 아직 보지 못했습니다. 그런데도 선생님께서는 보려 하지도 않으시고 걸음을 멈추지 않고 떠나가시는 것은 무엇 때문입니까?"

장석은 말했다.

"그만 둬라. 그 나무에 대해 말하지 말라. 쓸모없는 잡목이다."

"배를 만들면 가라앉고, 관이나 곽을 만들면 빨리 썩고, 그릇을 만들면 빨리 부서지고, 대문이나 방문을 만들면 나무 진액이 흘러나오고, 기둥을 만들면 좀벌레가 생기니 이 나무는 쓸모없는 나무이다. 쓸만한 데가 없는지라 그 때문에 이와 같은 장수를 누릴 수 있었던 것이다."

장석이 돌아왔는데 신사의 상수리나무가 꿈속에 나타나 말했다.

"그대는 무엇에다 나를 비교하려 하는가? 그대는 나를 문목(쓸모있는 나무)에 비교하려 하는가? 아가위나무, 배나무, 귤나무, 유자나무처럼 나무 열매와 풀 열매 따위의 과실이 있으면 사람들에게 잡아 뜯기고, 잡아 뜯기게 되면 욕을 당하게 되어서, 큰 가지는 꺾이고 작은 가지는 찢겨지니, 이것은 그 잘난 능력으로 자신의 삶을 괴롭히는 것이다. 그 때문에 천수를 마치지 못하고 도중에 요절해서 스스로 세속 사람들에게 타격을 받는 것들이니, 모든 사물이 이와 같지 않음이 없다. 또한 나는 쓸 데가 없어지기를 추구해 온 지 오래되었는데, 거의 죽을 뻔했다가 비로소 지금 그것을 얻었으니, 그것이 나의 큰 쓸모이다. 가령 내가 만약 쓸모가 있었더라면 이처럼 큰 나무가 될 수 있었겠는가? 또한 그대와 나는 모두 사물인데, 어찌하여 상대방을 사물로 대할 수 있겠는가?"

　쓸모없는 나무를 산목이라고 한다. 집을 짓는데 쓸 수도 그렇다고 가구를 만들 수도 없어 그저 땔감 정도로 쓸 수 있는 나무다. 사람들 입장에서 보면 하등 쓸모가 없다. 그러나 산의 입장에서 본다면 인간에게 쓸모 있는 나무를 다 베어져서 산을 지켜주지 못한다. 때문에 산이나 숲의 입장에서 보면 가장 쓸모가 많다.

　참새는 가을에 논에서 벼이삭을 쪼아 축낸다. 그래서 쓸모가 없다고 한다. 그러나 제비는 해로운 벌레를 먹으니 이롭다고 한다. 참새도 엄연히 벌레를 먹는데 말이다. 다분히 인간적인 생각일 뿐이다. 참새나 제비는 인간에게 해를 끼칠 요량으로 벼 이삭을 쪼거나 칭찬받으려고 해충을 잡는 것이 아니다 그저 살아갈 뿐이다. 그런데 이것을 좋으니 나쁘니 할 것이 없다.

　조직에 가보면 이렇든 자기들끼리 서로 쓸모가 있느니 없느니 하면서 편을 가르거나 비교하는 것이 아주 일반적이다. 설혹 말을 하지 않더라도 조직문화 속에 아주 깊숙히 뿌리를 내리고 있다.

　소설가 조정래 선생님이 서울대학교에서 신입생 대상 강의를 하시면서 학교 입학에 누구의 공이 컸냐고 물었다고 한다. 대부분의 학생이 자신이 열심히 했다고 답했다고 한다. 이런 현상은 미국 하버드대학생들도 동일하다는 것이 《공정하다는 착각》이라는 마이클 샌들 교수의 책에 소개된다. 하버드나 서울대는 자의든 타의든 어떤 사회에서 지배 계급에 들어갈 가능성이 가장 높은 사람들이다. 그런데 그들의 의식 속에 다른 사람에 대한 고마움이나 배려가 없다는 점을 지적한다. 하물며 자신을 위해 애써준 부모님이나 선생님 정도는 먼저 언급했어야 한다. 더 솔직하게는 누군가가 꼴찌를 해주었기 때문에 1등이 존재할 수 있었다. 누군가가 떨어졌기 때문에 합격할 수 있었다. 그들에게 고마움은 아니어도 다소간 미안함이 있어야 한다. 조정래 선생님은 이 점을 지적했다. 그런 사람들이 다니는 학교이다 보니 역설적이고 비약되긴 하지만 가장 큰 규모의 범죄자를 가장 많이 배출한 학교가 되는 것이기도 하다. 우리 사회를 가장 혼란스럽게 하는 이들도, 국가적으로 큰 죄를 지은 사람들도 대부분 그 학교 출신들이다.

핵심은 쓸모 있음과 쓸모 없음에 대한 인식이 경쟁이 아닌 협업이나 협력이 필요한 영역에서조차 계속된다는 점이다. 안전문화가 조직 각 부서나 부문으로 스며들지 못하는 이유다. 안전리더십은 안전에 대한 제도적 행위가 시행되는 것에 머물러서는 안 된다. 안전리더십은 조직 전체에 스며들어야 한다. 거부되거나 반발 혹은 무시되는 일이 시행되도록 강제하는 것을 안전리더십이라 하면 거짓된 형식이 부수적으로 만들어진다.

어떻게 안전이 설계 단계에서부터 반영되게 할 것인가? 생산을 하면서 추가적으로 안전관리를 하는 것이 아니라 생산 프로세스 속에 자연스럽게 안전을 녹아들게 할 것인가? 성과측정이나 평가에서 안전이 반영되게 할 것인가? 그리고 그 방법들이 따로 노는 것이 아니라 내재화되게 할 것인가?

이런 것들을 고민하고 돌아가게 하는 것이 안전리더십의 영역이어야 한다. 역설적이게도 안전가치를 경영의 최우선으로 한다고 강조하는 최고경영자가 안전교육을 듣는 경우는 매우 드물다. 그러다 보니 늘 안전경영은 담당 임원이나 부서장의 역할로 국한된다.

이렇다 보니 전체 임원 및 간부회의를 해도 타부서 입장에서는 본연의 업무 외에 부가적으로 해야만 하는 업무로 받아들여진다. 부가적인 업무를 잘하기는 어렵다. 집중해도 잘되기 어려운 일을 부가적으로 해서 잘할 수 있겠는가? 이것이 바로 안전경영의 접점에서 일어나고 있는 현상이다. 안전은 부가적으로 하나 더 해야 할 일이 아니어야 한다. 본연의 업무 속에 스며들게 해야 한다. 그래야 이해충돌(비용이나 시간 혹은 번거로움 등이 안전경영과 충돌) 상황에서 고민하지 않게 된다.

장자가 말하려고 하는 것은 무엇이 좋고 나쁜 것이 없다. 최고경영자가 늘 하는 말과 한 글자도 다르지 않을 것이다. 그렇다면 그것이 비교되지 않게 해야 한다. 은근히 비교해서 경쟁을 부추기면서 말로만 협업하거나 협력하라고 하는 이중성이 조직 내에 존재한다면 조직 내 어디에선가는 신사의 상수리나무를 두고 그 쓸모를 다투고 있는지도 모른다.

도둑 잘 잡는 개의 위험은?

"산의 나무는 스스로 잘리게 하고, 등불은 스스로 몸을 태운다. 계수나무는 먹을 수 있어서 베이고, 옻나무는 쓸모가 있어서 벗겨진다. 사람은 모두 쓸모 있는 것의 쓸모는 알아도 쓸모없는 것의 쓸모는 모른다."
　《장자》 내편 〈인간세〉

　꿩 사냥꾼은 있어도 뱁새 사냥꾼은 없다. 꿩은 날 짐승치고는 살이 많아서 총알로부터의 위협을 감수해야 한다. 반면 뱁새는 살이 적어서 인간들로부터 위협을 피해갈 수 있다. 장자의 말대로 산의 나무는 그 곧음으로 인해 잘리고, 옻이 오르면 가려움으로 고생을 하지만 쓸모가 있어서 벗겨지게 된다. 쓸모는 알아도 쓸모없는 것의 쓸모는 모른다는 장자의 지적은 감탄할 만하다.

물건의 제작비 절감을 과제로 한다면 안전에 신경 쓸 여지를 갖기란 불가능하다. 공자 말씀대로 가난한 사람이 불평하지 않기가 어렵다고 하는 것과 같다. 물건을 빨리 만들어야 하는 것은 안전을 지키는 것이 가장 큰 장애요인이다. 제품을 크게 만들고, 높게 만들고, 단단하게 만드는 것은 그만큼 위험을 동반한다. 우리가 말하는 쓸모없는 것은 무엇이 있을까? 이 말은 쓸모있는 것을 추구하는 이상 지속적인 위험이 생성된다는 말이다. 그러나 쓸모 없다고 여기는 것들은 상대적으로 위험이 작다는 쓸모가 있다. 어찌해야 하는가? 경쟁과 성장 그리고 안전의 관계성을 명확하게 드러나게 해준다. 어느 한쪽에 집중할 수 없는 구조적 한계다. 그런데 모든 해법은 안전제일이라고 외친다. 이 점 때문에 안전은 언제나 실천 단계에 가면 형식론에 빠지게 된다.

해답은 어쩌면 장자의 말 속에 있는지 모른다. 필요 없는 것의 쓸모로의 전환이다. 안전이 내재된 제품이나 서비스가 더 경쟁력 있고 부가가치가 더 높게 만느는 것이다. 주인에게 칭찬받을 요량으로 잘 물고 잘 짖는 개는 도둑을 잘 막거나 잡는다. 그러나 그 때문에 도둑의 칼이나 독을 탄 음식에 죽는 위험에 더 노출된다. 그렇다고 어떤 인간도 그 사실을 개에게 알려주지 않는다. 인간 입장에서 보면 개의 희생보다는 도둑을 막아내는 것이 더 이익이기 때문이다. 결국 인간은 잘 짖고 잘 무는 개를 칭찬함으로써 개가 살해될지 모르는 위험을 감수한다.

하루에 천 리를 달리는 천리마는 그 덕분에 장군을 태우고 다니게 된다. 행차를 하게 되면 모든 사람들이 허리를 굽히고 절을 한다. 이때 천리마는 사람들이 말 자신을 숭배하는 것으로 착각한다. 결국 말은 전쟁터에 나가면 어떤 말보다 가장 먼저 죽여야 하는 타깃이 된다.

말 잘하는 달변가는 그 덕분에 항상 주목을 받고 인기를 누린다. 그러다 보니 갈수록 말이 현란해지고 자극적이어야 한다. 그렇지 않으면 관심을 갖지 않기 때문이다. 결국 그 자극적이거나 현란해진 말의 쓸모가 오히려 위험해진다. 다소 어눌한 말솜씨를 가졌던 사람은 진지한 사람, 솔직한 사람이란 신뢰를 얻는다.

달리 표현하면 위험을 감수하는 사회가 아닌 위험을 줄이는 사회로의 전환이다. 우리가 만나고 있는 위험이 빠르게, 크게, 높게, 복잡하게, 더 작게 해야 가치를 인정받는다는 시도에서 생겨난 것이라면 그 반대쪽 쓸모없음에도 쓸모가 있음을 알아야겠다. 우리 조직에 우리 회사가 지향하는 방향의 이면에는 어떤 쓸모가 있는지를 찾아보고 오히려 그것을 극대화하는 방법을 찾아야겠다. 마케팅에서 고객의 불만을 개선해서 회사를 성장시키는 계기로 삼는 것처럼 말이다.

미국의 마케팅 회사 TARP사의 회장이었던 John Goodman의 연구자료에 의하면 불만족 고객에 대한 법칙이 있다. "불만을 제기했을 때, 불만 처리 과정에 만족한 고객은 상품, 서비스의 재구매 결정률이 불만이 있으면서 불만을 제기하지 않은 고객보다 높다."는 것이다. 기업의 서비스를 이용하는 고객이 100명이 있다면, 이 중 60%는 만족을 하고 돌아가는 반면 40%는 불만족을 느낀다. 또 여기서 96%의 고객은 불만이 있어도 침묵하고, 4%의 고객은 불만을 제기한다. 중요한 것은 불만을 제기하는 4%의 고객을 잘 케어한다면 그 4%의 고객 중 82%의 고객이 재방문하는 충성고객이 된다고 한다.

구전 마케팅에 관한 법칙도 있다. 고충처리에 불만을 가진 고객의 비호의적 소문의 영향은 만족한 고객의 호의적인 소문의 영향에 비해 두 배 이상 강하게 판매를 방해한다고 한다. 예를 들어 기업에 만족한 고객이 주변의 8명에게 긍정적인 내용을 전파한다면, 불만족한 고객은 22명에게 그 불만을 토로하고 전파하는 것이다.

위험도 그렇지 않을까? 노출된 위험보다는 노출되지 않은 위험이 더 위험할 것은 자명하다. 제거되지 않은 위험이 생산성이나 혹은 품질에 더 많은 부정적 영향을 미칠 것이다.

제11장

우 임금의 지혜와 안전경영

안전이란 거울에 티가 끼었다면?

안전수칙 위반자 중 미적발자는 어떻게 하는가?

무재해운동에 대한 장자의 해석은?

안전 타운홀 미팅을 해야하는 이유?

기계 및 기구와 감정을 교류할 수 있다면?

'우'임금이 자연재해를 예방한 지혜는?

ESH 업무를 왜 독립운동하듯 해야 하는가?

안전양극화가 불평등에 미치는 영향은?

우임금의 지혜는 가히 경이롭다. 첨단 기술이 발달한 최근까지도 '자연재해를 막기 위해 둑을 건설할 것이냐, 물길을 틀 것이냐?'는 매우 논란이 되고 있다. 우임금은 물을 잘 다스려서 우임금이다. 그는 둑으로 막은 것이 아니라 물길을 알고 대처했다는 점에서 가히 천재적이다. 비단 자연뿐 아니라 인간의 본성도 자연과 같은 것이라면 예외가 아닐 것이다.

'기계 및 기구와 감정을 교류할 수 있는가'라는 대목에서 장자가 쓴 글을 안전경영에 인용하는 이유는 한순간 그 명분을 찾는다. 또한 안전수칙 위반자에 대한 처벌은 '위반자 처벌인가? 아니면 들킨 사람에 대한 처벌인가?'에 대한 고민을 하게 한다.

안전이란 거울에 티가 끼었다면?

"거울이 밝은 것은 때와 티끌이 앉지 않아서이다. 더러운 거울은 밝게 비추지 못한다."

《장자》 내편 〈덕충부〉

신도가는 형벌을 받아 절름발이인데 정나라의 자산과 함께 '백혼무인'을 스승으로 모셨다. '나란히 걷는 것이 싫어서' 자산이 신도가에게 말했다.

"내가 먼저 나가면 자네가 남아 있고, 자네가 먼저 나가면 내가 남아 있겠네."

그 다음 날에 또 같은 집에 모여 자리를 함께하고 앉아 있었는데, 자산이 신도가에게 말했다.

"〈어제〉 내가 먼저 나가면 자네가 남아 있고, 자네가 먼저 나가면 내가 남아 있겠다고 말했는데, 지금 내가 나가려 하니, 자네가 남아 있어 주겠는가 아니면 그렇게 하지 않겠는가? 또 자네는 집정자를 보고도 피하지 않으니, 자네가 집정자와 같은 신분인가?"

신도가가 말했다.

"선생님의 문하에서도 참으로 이와 같이 집정자니 뭐니 하는 구분이 있는가? 자네는 바로 자신의 권력을 믿고 남을 함부로 업신여기는 사람이네. 내가 듣건대, '거울이 깨끗하면 티끌이나 때가 붙지 않는다. 티끌이나 때가 붙으면 그 거울은 밝게 비추지 못한다.'는 말이 있네."

필자는 거의 30년 가까이 안전관리 현장에서 수많은 안전관리자를 만났다. 안전관리자들은 위험을 비추는 거울이다. 이 거울이 위험한 것을 잘 비추려면 장자의 말대로 티끌이 앉지 않아야 한다. 밝은 거울은 원칙이다. 비록 깨질지언정 구부러지지 않아야 한다. 솔직하고 팩트 중심적이어야 한다. 그런데 그때그때 휘어지고 또 때로는 눈도 감아주고, 또 때로는 말해서 생길 갈등을 스스로 회피하기도 한다, 또는 의사전달이 두려워서 공문이나 문서를 남발하는 방식으로 일이 진행되는 경우가 허다하다. 그렇다면 이 거울에는 때가 낀 것이다.

가끔 거울같은 성격이나 열정을 가진 안전관리자들을 만나기도 한다. 그들은 어김없이 조직에서 제대로 인정받지 못하는 경우가 많다. 조직편재상 대부분의 안전부서는 최상급자라도 직급이 높지 않다. 현장 단위로 가보면 한두 명이 안전 업무를 담당하고 있는 경우가 대부분이다. 맑은 거울처럼 행동했을 때 생겨나는 갈등이나 외풍을 누구도 제대로 막아 주지 못한다. 어김없이 깨지거나 금이 가는 상처를 당하고 결국에는 적당히 타협적인 모습으로 변해간다. 우리 사회로 보면 언론의 역할이 없거나 편향된 것과 같다. 듣기 싫어도 목소리를 내는 이가 있어야 균형과 조화를 이룬다. 태풍이 피해를 준다고 해서 오지 않게 한다면 실한 과일을 맛보기 어렵다.

이런 점에서 거울은 잘못이 없다. 거울을 닦아서 먼지를 제거해 주지 않은 거울 사용자의 잘못이다. 요즘은 심하게는 황동으로 된 거울을 채용하기도 한다. 자격증만 소지한 사람이 다른 업무를 겸직하면서 무늬만 거울인 경우도 있다.

당태종 이세민은 신하 위징이 죽었을 때 이렇게 말했다.
"나는 그동안 정사를 하면서 나를 비추어보는 세 가지 거울이 있었으니 나의 의관(衣冠)을 단정하게 하는 거울이 그 하나요(鑑乎鏡), 지나간 사람들의 발자취와 교훈을 비추어보는 역사서(歷史書)가 그 둘이요(鑑乎前), 마지막으로 내가 처리하는 정사의 잘잘못을 비추어주는 간의대부(諫議大夫) 위징이라는 거울이 있다(鑑乎人). 이제 그 거울 하나를 잃었다."

경영자나 안전책임자들이 안전관리자를 거울이라 생각해야 하고, 거울에 때가 끼지 않도록 돌봐야 하는 이유다.

안전수칙 위반자 중 미적발자는
어떻게 하는가?

신도가와 자산의 대화다.

'자기의 잘못으로 발 잘리는 형벌에 처해지고서도' 스스로 자신의 잘못에 대해 변명의 말을 꾸며 대며 발이 잘려 없어지는 것이 부당하다고 생각하는 이는 많고, '잘못을 인정하여' 자신의 잘못을 꾸며대지 않고서 빌이 남아 있게 되는 것이 '오히려' 부당하다고 여기는 사람은 적다.

최근 기업마다 절대수칙을 정해놓고 위반 시 처벌을 강화하는 추세다. 심하게는 삼진아웃제나 영구퇴출 정도의 강력한 처벌을 하고 또 더러는 수칙 위반자를 대상으로 한 별도교육을 진행하기도 한다. 법적으로도 중대재해가 발생한 경우 사업주에게 안전교육 120시간 이내에서 이수 명령을 내릴 수 있도록 하고 있다. 중대재해 처벌법에서도 사업주에게 처벌과 더불어 20시간 이내의 안전교육을 받도록 하고 있다.

이렇듯 사법적 처벌 이외에 자체적인 처벌 규정에 임하는 징계대상 자들의 반응은 어떨까? 장자가 소개하고 있는 내용처럼 억울하다고 말하는 사람들이 대부분일 것이다. 억울하다고 하는 입장의 사람들에게는 개선하겠다는 생각보다는 어떻게 단속에 걸리지 않을 것인가에 대한 생각이 앞서는 것은 자명하다. 오히려 문제는 이렇듯 지적되어 경고나 처벌을 받은 사람들이 아니라 위반을 했음에도 걸리지도 않은 다수의 사람들이다.

사법적 근거에 의한 형벌제도가 정착되기 전에는 도둑질을 하면 손을 잘랐고, 역모를 꾸미면 발을 잘랐다. 그 행위를 못하게 하는 것이다. 발이 없는데 어떻게 역모를 꾸미겠는가? 문제는 마음으로 역모를 하거나 도둑질을 한 경우는 어떻게 처벌할 것인가 하는 점이다.

마음을 자를 수도 없고 그 마음을 확인할 방법도 없다. 이 지점이 가장 취약한 지점이다. 마음으로 짓는 죄란 양심이나 종교적인 방법 말고는 제어할 수가 없다. 그렇기 때문에 많이 이들이 이 취약점을 악용한다. 죄를 크게 짓는 사람일수록 이 지점에서 대담함을 가지고 있다. 법을 많이 알아서 그 망을 빠져나갈 수만 있다면 마음으로 생각으로 짓는 잘못은 전혀 문제가 될 게 없는 것이다.

필자의 경험으로 유일한 해결 책은 바로 하인리히의 1:29:300의 법칙이다. 300번의 수칙위반이 무재해로 피해 없이 지나간다 하더라도 결국 29번의 경상이나 1번의 중대재해로 연결된다고 교육한다. 흡사 예수를 믿지 않으면 지옥에 간다거나 죄를 지으면 그 업으로 자손이 잘못되거나 짐승으로 태어난다고 주장하는 것이나 비슷하다.

우리가 기억해야 할 것은 안전수칙 위반자를 적발해 내고 그 처벌을 하는 것만이 아니다. 공정성이나 엄격성이란 것도 매우 중요하다. 실상 문제는 수칙을 위반하고도 적발되지 않은 사람들이다. 그들이 운이 좋았다거나, 위반해도 안 걸리면 그만이란 생각을 하는 그 지점에 제어 시스템이 있어야 한다는 것이다. 그것이 종교적이든 아니면 양심에 호소하는 것이든 잘못이라는 점에 성찰로 이어지지 못한다면 장자의 말대로 핑계와 남 탓만 증가하는 꼴이 될 수 있다. 우리 호모사피엔스가 기가 막힌 변명을 상상해 내는 탁월한 능력으로 지구를 점령했다는 사실을 기억해야 한다. 왕이 무능한 그저 평범한 인간과 다를 바 없다는 사실이 전쟁을 통해 노출되었을 때 신으로부터 인정받았다는 왕권신수설을 주장했나. 신을 섬기는 신부나 종교 지도자들도 질병이나 전염병 앞에서 아무런 탁월함이 없다는 사실이 들통났을 때도 인간들은 신의 뜻을 잘못 믿거나 행동하면 저렇게 벌을 받는다는 식으로 위기를 모면했다. 얼마나 탁월한가? 하물며 0.1% 미만의 확률인 안전사고의 가능성으로 연결될지 모르는 수칙 위반을 얼마나 인정할지는 미지수이다. 아울러 가장 큰 숙제이기도 하다.

무재해운동에 대한 장자의 해석은?

노나라에 형벌로 발 하나를 잘린 숙산무지라는 사나이가 있었는데 한번은 다리를 비비적거리면서 중니를 만러 왔다

중니가 말했다.

"그대는 근신하지 않아서 전에 이미 죄를 짓고 이 꼴이 되었소. 그러니 지금 와 봤자 어찌 미칠 수 있겠나?"

무지가 대답했다

"저는 다만 도를 힘써 배울 줄도 모르고 경솔하게 처신하여 그 때문에 이렇게 발을 잃었습니다. 지금 제가 온 것은 발보다 귀한 것이 남아 있기 때문이며 그것을 온전하게 하고 싶어서입니다. 대저 하늘은 모든 것을 덮어주고 땅은 모든 것을 실어줍니다. 저는 선생님을 그런 하늘이나 땅같이 마음이 넓은 분으로 여겨 왔는데 선생님이 이럴 줄은 몰랐습니다."

공자가 말했다

"내가 생각이 좁았소. 자, 안으로 들어오시오. 내가 듣고 배워서 아는 바를 말씀하겠소."

이렇게 이야기했으나 무지는 듣지 않고 나가 버렸다

그러자 공자는 제자들에게 말했다

"너희들도 애써 배워라. 저 무지는 발이 잘린 병신이지만 그래도 애써 배워서 지난 잘못을 보상하려 하고 있다. 그런데 하물며 아무 결점이 없는 너희들이야 더욱 그래야 할 것이 아니겠느냐?"

무지가 노담에게 말했다

"공구는 지인에 이르려면 아직 멀더군요. 그런데 그는 어째서 자꾸만 당신에게 배우려 할까요? 그는 매우 기괴한 명성을 속이고 있겠지만 지인은 그것을 스스로를 묶는 수갑으로 여긴다는 것을 모릅니다."

노담이 말했다.

"죽음과 삶을 하나로 보고 옳다, 옳지 않다를 한 가지로 여기는 만물제동의 경지에 있는 자로 하여금 당장 그 수갑을 풀어주도록 해 보시지요."

무지가 말했다

"하늘이 그를 벌하고 있는데 어찌 풀어 줄 수 있겠습니까?"

《장자》 내편 〈덕충부〉에 나오는 이야기다. 공자가 이야기하는 덕을 쌓고 명성을 가지려 하는 것이 얼마나 어리석은 것인지를 비꼬는 이야기다. 이 이야기에 의하면 공자는 천형을 받고 있는 셈이다.

우리가 잘 살려고 하면 그 부(富)라는 것의 노예가 될 수밖에 없다. 명성을 얻으려 하면 그것을 얻기 위해서 자신의 본 모습을 숨긴 채 살아가야 하니 그 멍에를 짊어진 것에 다름없다. 현대인들은 대부분 이런 모습으로 살아간다. 맞벌이를 해서 큰 아파트를 대출 끼고 사고, 그 집의 분위기에 걸맞은 가구와 가전제품까지 할부로 구매하여 살고 있는 부부가 있었다. 그 대출금을 갚기 위해서 두 부부는 열심히 또 일터로 나가고 그 와중에 파출부까지 쓰고 있었다고 한다. 어느 날 출근하다 놓고 간 서류가 있어 급하게 집에 들렀더니, 아무도 없는 그 넓은 집에 빚내서 사놓은 오디오로 클래식 음악을 들으면서 가정부가 그 비싼 소파에서 쉬고 있더란다. 이 이야기는 우리의 단면을 정확히 말해준다. 그 고급스러운 집을 누리는 이는 오히려 가정부였고, 그 집 주인은 돈의 노예가 되어 살고 있는 것이다. 큰 아파트에 멋지게 꾸며놓고 산다는 명성을 얻었으나 그 무게를 지고 살아가는 천형을 받은 것이다.

너무 비관적인가? 안전관리에 성과제도를 도입한 사례 중에 으뜸은 무재해운동이다. '무재해 100만 시간 달성'이란 명예를 주면 열심히 할 것이라 본 것이다. 물론 긍정적인 측면이 있었다. 무재해 1배 달성이 임박한 상황에서 그간의 노력을 물거품으로 만들기는 쉽지 않다. 무재해 3배를 달성한 사업장에서 발생한 작은 사고를 산업재해로 처리하기는 더더욱 쉽지 않다. 당연히 그 명성의 이면에는 은폐와 지연 보고 혹은 공상처리 등의 어두운 부분이 있었음을 부정할 수 없다. 그나마 안전업무가 대외적으로 성과를 인정받을 수 있는 어쩌면 유일한 창구였는데, 그나마 부정적으로 보는 것이 부담스럽다. 그러나 명성을 인정하는 것이 또 다른 부작용을 유발하는지에 대해 면밀한 검토가 필요하다. 덕을 쌓으면 하늘이 돌봐 줄 것인데 덕과 지혜가 부족해서 다리를 잃었다는 사고의 틀에 매일 수밖에 없는 공자는 결국 끝없이 그 명성을 잃지 않기 위해 살아가야 하는 형벌을 지게 되었다는 해석은 일면 충격적이다.

안전 타운홀 미팅을 해야하는 이유?

'인기지리무신(절름발이이자 꼽추이자 언청이라는 뜻)'이라는 사람이 위나라 영공에게 간언을 했더니, 영공은 그 장애를 가진 사람를 무척 좋아하게 되었다. 그 후로 영공에겐 온전한 사람이 오히려 목이 야위고 가냘프게 보였다. -중략- 그러므로 덕이 뛰어나면 외형은 잊어버리게 된다. 그러나 사람들은 잊어야 할 것은 안 잊고 잊지 말아야 할 것은 잊는다. 이를 일러 '정말로 잊어버림(誠忘, 성망)'이라고 한다.

'인기지리무신'의 우화는 내면을 온전히 갖추면 겉모습은 눈에 들어오지 않고 문제 될 것이 없다는 사실을 보여준다. 우리는 겉으로 보이는 외형이나 형식 혹은 미모 지상주의에 빠져 살아간다. 어느새 우리나라는 미용 성형 대국이 되었다. 염라대왕이 데려갈 사람을 구별하지 못해서 사고가 많이 일어난다는 우스갯소리가 있을 정도. 외형적인 것에 집중하다 보니 당연히 남을 의식하게 되고 자신이 아닌 남을 중심으로 살아가게 된다. 외모에 지나치게 신경쓰는 사람일수록 내면은 텅 비어 있거나 자존감이 바닥일 확률이 높다. 물론 아름다운 외모는 동서고금을 막론하고 부러움의 대상이다. 아름다워지려 노력하는 것 자체는 매우 자연스러운 욕구이다. 다만 외모에 대한 몰입 정도가 도를 넘는 게 문제이다. 공자는 '회사후소(繪事後素)'를 말했다. "그림 그리는 일은 흰 바탕이 있은 이후에 한다."는 뜻으로 본질이 있은 연후에 꾸밈이 있어야 함을 비유한 말이다.

안전의식 개선 및 안전문화 확산을 위해서 하는 행위 중에 안전결의대회나 무재해 선포식 같은 행사가 아주 일반적이다. 큰 행사를 통해서 가장 빠르게 구성원들의 인식을 바꿀 수 있다는 점에서 매우 긍정적이다. 그러나 대부분 자발적으로 모인 것이 아니라 강제적으로 동원된 행사라는 점이 문제다. 보여주기식 행사 사진을 첨부하면 실적보고를 하기에 매우 손쉬운 반면 또 누군가에게는 안전경영이 매우 형식적인 것으로 인식되는 부작용도 있다. 차라리 안전문화 대토론회나 난상토론, 끝장토론 같은 행사가 더 필요할지 모른다. 하지만 이런 토론은 치명적인 약점을 가지고 있다. 솔직한 것은 내면의 문제이고 그 솔직함이란 것이 무차별적으로 쏟아져 나올 때 그것을 감당할 수 있겠는가? 성숙된 토론이 되지 못하고 성토와 원망의 장이 될 가능성이 높다. 아니면 매우 위축되거나 포장된 말들만 오갈 수도 있다.

실제로 기업에서 안전문화 개선을 위한 타운홀 미팅 같은 프로그램을 진행해 보면, 상사와 같은 조에 편성되면 어김없이 형식적인 이야기만 오간다. 반면에 동종의 동급자들끼리 조가 편성되면 회사의 안전시스템과 현장의 괴리감이 여지없이 드러나곤 한다.

여기서 드러나는 개선과제는 그 하나하나가 매우 복합적인 문제들이다. 어느 한 부서만의 노력으로 해결될 수 있는 것들은 매우 드물다.

장자가 이야기하는 장애를 가진 사람이 하는 말을 들으니 온전한 사람이 오히려 이상하게 보였다는 위나라 영공의 이야기는 시사하는 바가크다. 여기서 장애를 가진 사람들을 어떻게 봐야 할까? 사고를 경험한사람들이기도 하겠지만 실상 일선 최전방 접점에 위치하고 있는 사람들의 목소리다. 안전결의대회나 무재해 선포식 같은 행사가 아니라 안전사고 예방을 위한 난상토론을 할 수 있다면 가장 빠른 시간 내에 내재된아니 정확하게는 외형에 가려진 내면을 확인할 수 있을 것이다.

이런 점에서 안전결의대회 말고 안전 타운홀 미팅을 하자고 제안하는 것이다. 타운홀 미팅이란 지금의 메타(전 페이스북)에서 아이디어를 발굴하고 대안을 만들어 가는 집단이 참여하는 토론으로 알려져 있다.

재주는 외형으로 평가된다. 안전이 유능한 직원의 현란한 재주 정도로 인식되면 이런 일이 발생한다. 첫째 서류가 많아지고, 둘째 새로운방식이 많이 만들어진다. 셋째 안전관련 회의가 많아진다.

장자는 말한다. 아무리 재주 많은 줄타기꾼이라도 결국 그 줄에서 내려와야 한다. 안전 재주꾼보다는 현장의 목소리를 한 번 더 들어보고 현장에 한 번 더 가보고, 책상이 아닌 현장에서 규칙이 만들어져야 한다. 추상적이고 세련된 용어로 도배된 화려한 안전 매뉴얼이 아니어야 한다. 오히려 현장의 투박한 언어로 삐뚤삐뚤 써내려간 매뉴얼이 필요하다. 언제부터인가 안전관리자가 페이퍼 작업만으로 하루 일과를 보내기 시작했다. 문제가 발생하거나 책임소재를 따져야 할 때 그 면피를 위한 근거자료를 준비해야 하는 일이 사고를 예방하는 일보다 더 중요해지고 있다. 실무형 안전관리자보다 이론형 안전관리자를 더 선호하는 경향이 있다. 물론 이러한 현상은 비단 안전 분야만의 문제가 아니긴 하다.

기계 및 기구와 감정을 교류할 수 있다면?

혜자가 장자에게 말하길, "사람은 본래 감정이 없는 것인가?"

장자가 답하길, "그렇네."

혜자가 말하길, "감정이 없는데 어찌 사람이라 하는가?"

장자가 답하길, "도로 얼굴의 모습을 갖추고 하늘이 형체를 부여하니, 어찌 사람이라 하지 않겠는가?"

혜자가 말하길, "사람이라 하면서 어찌 감정은 없다 하는가?"

장자가 답하길, "그것은 내가 말하는 감정이 아닐세. 감정이 없다 함은 좋다, 싫다로 다치지 않고, 늘 있는 그대로여서 자신에게 감정이 붙을 수 없는 불익한 것이지."

혜자가 말하길, "감정이 붙지 않고 어찌 몸이 있을 수 있는가?"

장자가 답하길, "도로 얼굴의 모습을 갖추고 하늘이 형체를 부여하면, 좋다, 싫다로 몸을 상하지 않게 되네. 지금 자네는 겉으로 자신을 드러내 감정을 수고롭게 하니, 나무에 기대 신음하고 책상에 의지해 졸고 있지. 하늘이 형체를 주었음에도 궤변만 지껄이고 있네."

이해하기가 난해하다. 사람이 손을 다치면 아프다는 것을 알고 나뭇가지를 부러뜨리면 그 나무도 아파할 것이라는 것을 안다면 그것이 하늘의 마음이다. 반면에 나뭇가지는 아프지 않을 것이라고 생각한다면 그것은 사람의 마음이다. 여기서 '정이 있다'거나 '정이 없다'거나 하는 것은 무슨 의미일까? 어떤 여인이 반려동물로 개를 돌본다고 하자. 이 여인은 자신이 이 개를 사랑한다고 말한다. 그런데 그 개가 그 여인의 허벅지를 물었다면 그 개는 금세 미움의 대상이 된다. 결과적으로 사람이 가진 정이란 것은 어떤 단서 조항이 달린다. 그렇게 사이좋던 남녀가 금세 원수처럼 헤어진다. 그 단서조항이 변한 것이다. '~함에도 불구하고' 사랑하는 것이 아니라 '~ 때문에' 사랑한 경우에 나타나는 일이겠다. 그런데 자연은 그런 단서조항을 붙이지 않는다. 이 사실을 아는 사람을 지인이라 한다. 그래서 지인은 '유정하다는 것이 잔인한 것이고, 무정한 것이 어진 것'이라는 비밀을 안다고 말한다.

난해한 이야기를 장황하게 설명하는 것은 노장사상이 안전문화라는 과제에 접근하는 신선한 관점을 제공하기 때문이다. 우리는 앞에서도 살펴보았다. 우리는 기계, 기구나 설비 등에 대해서 어떤 생각을 갖고 있는가? 내 손이 다치는 것은 아파하면서, 나뭇가지가 잘리는 것은 아파하지 않는다. 그러면 기계나 기구에 과다하게 부하가 걸리는 모습을 보면서 어떤 감정이 드는가? 기계, 기구나 설비를 대하는 우리의 태도에는 자연의 감정이 없다. 내가 편하려고 만든 기계, 기구이고, 설비이다 보니 그 기계, 기구에는 아무런 감정이 없다고 생각하는 것이다. 밤새도록 일을 시켜도 아무런 불평이 없다고 생각한다. 기준을 초과해서 과중하게 물건을 들어 올려도 감정이 없으므로 불평불만도 없다고 생각한다. 자신이 아닌 타인의 감정이나 여건을 무시하거나 외면하는 입장에서 보면 기계, 기구나 장비는 당연한 것일 수 있다. 편리하거나 고맙다고 느끼지만, 조금만 작업능률이 떨어지면 금세 미움의 대상이 되고 만다.

"희노애락의 감정이 없을 때 시비에 빠지지 않는다."는 말은 "모든 사물에도 감정이 있다고 생각하면 시비에 빠지지 않는다."는 말이 될 수도 있겠다. 그렇다면 우리가 사용하는 소도구나, 기계, 장비, 재료 등도 잘려나가는 나뭇가지처럼 연민의 감정으로 바라보면 어떨까? 실상 우리에게 주어진 환경이 자연이라면 그 자연 속에 놓여있는 기계나 장비 또한 자연으로 바라보자. 그 기계가 지켜보았던 수많은 아차사고나 위험했던 장면과 관련된 이야기를 듣고 질문하면서 대화해 보자. 1톤의 무게를 들고 있는 크레인을 보면 안쓰러워 하며, "고맙다. 어디 불편한 곳은 없니? 줄걸이는 문제가 없니? 회전반경 내에 충돌할까 봐 신경쓰이는 것은 없니?"하는 식으로 말을 걸어 보자. 안전점검이 재미있어지고, 작업도 덜 외롭지 않겠는가?

다이아몬드는 귀하게 대접받고, 모래 알맹이가 흔한 것으로 여겨지는 것은 그저 사람의 문제이다. 흑연과 숯 그리고 다이아몬드를 차등하는 것도 인간이 생각하는 유용성에 기준을 둔 것이다. 자연은 다이아몬드라고 해서 모래라고 해서 차별하지 않는다. 여기서부터 문제는 시작된다. 다이아몬드를 귀하게 대하니 더 가지려고 하고, 그로 인해 도둑이 생겨나고 가지지 못한 자가 열등해지는 구별이 생긴다. 예쁜 얼굴을 좋아하고 못난 얼굴은 싫어하는 조건적 감정이란 것으로 화장품 회사나 성형수술을 하는 사람들은 돈을 벌고 그 돈을 갖지 못한 사람은 열등감을 지닌 채 살아간다.

안전사고는 결국 인간 중심 혹은 물질 중심, 이익 중심, 성장 중심, 속도 중심 등과 같이 인간이 좋아하는 기준을 전제했기 때문에 생겨난다. 인간이 자연의 일부라면 시설과 기계, 기구 혹은 장비도 자연의 일부다. 인간이 더 우월하니 그 인간이 필요로 하는 것을 우선으로 해야 하는 순산부터 장비나 기계는 종속된 무언가가 되어 버렸다. 결국 더 빨리, 더 높이, 더 많이 부하를 가하기 시작하면서 그들의 목소리를 듣지 못하는 순간부터 그 기계, 기구들로부터 인간이 다치기 시작했는지도 모른다.

'우'임금이 자연재해를 예방한 지혜는?

"자연이 하는 일을 알고 사람이 하는 일을 알면 최고이다. 자연이 하는 일을 아는 자는 자연 그대로 살아가고 사람이 하는 일을 아는 자는 자기가 아닌 것으로써 그 앎이 알지 못하는 바를 키워 나간다."

최첨단 기술을 자랑하는 미국을 보면 매년 허리케인이나 폭설 등으로 수많은 인명피해가 발생한다. 일본을 봐도 매년 지진이나 태풍으로부터의 피해에 속수무책이다. 역사적으로 대륙이 커서 치수 역량이 왕의 가장 큰 덕목으로 여겨졌던 중국도 여전히 지진이나 태풍 피해에는 속수무책이다.

중국 역사를 보면 '하'나라는 우 임금이 세운 나라다. 우 임금은 아버지 '곤'에게서 이어받아 천하의 치수를 담당했다고 한다. 곤 임금은 식양이라는 흙을 이용하여 둑을 쌓는 방법으로 치수했으나, 결국 둑이 무너져 실패했다. 이에 순 임금은 곤의 아들인 우를 등용하여 치수를 맡겼다. 우는 아버지가 실패한 원인을 찾다가 둑을 쌓은 방법이 아닌 물길을 터주는 방법으로 치수하여 홍수를 안정시켰다. 능력을 인정받은 우는 순의 선양을 받아 양성에 도읍하게 되는데, 이 나라가 바로 하나라다. 요즘 댐공사를 통한 치수와 4대강 공사와 같은 운하건설이 저항에 부딪치는 이유와도 연관이 있음직한 이야기다.

자연재해로 인한 피해가 갈수록 더해가는 반면 우리가 내놓는 대책이란 것은 참으로 미력하다. 미리 알려줘서 대피하거나 대비책을 세우는 정도이다. 피해가 발생했을 때 좀 더 신속하게 구조활동을 전개하는 정도이다. 실제로 빨리 알렸느냐, 구조활동을 얼마나 빨리 시작했느냐 이상의 문제를 다루지 않는다. 그나마 인간의 힘으로 어찌해 볼 수 있을 것이란 원론적 생각으로 접근하는 것이 ESG 경영에서 말하는 지구온난화 해소 방안 정노이다.

잠시 위에서 언급한 우나라의 곤 임금은 22년간 내린 홍수를 해결하지 못하고 죽었다고 한다. 아들 우 임금은 고조선 단군의 아들 부루태자에게서 대홍수를 다스리는 오행치수법을 배웠다고 알려졌다. 그것이 바로 둑을 쌓아서 치수하는 것이 아니라 물이 흐르도록 해서 물길을 터주는 방식이었다고 한다. 여기서 우리는 치수의 방법에 주목해야 한다. 둑을 막는 것이 아닌 물이 흐르도록 하는 방식 말이다.

재미있는 것은 단군 조선의 큰 홍수나 중국 우나라 홍수 22년, 노아의 홍수 등이 지금으로부터 4,300여 년 전 지구촌 전체에서 벌어졌다는 것은 역사적 기록 등으로 확인되고 있다고 한다.

장자는 자연이 하는 일을 알면 최고라고 말한다. 아울러 사람이 하는 일을 알면 최고라고도 했다. 자연이 하는 일을 거스를 수 없다. 그것에 대항하는 방식으로의 개발은 어쩌면 더 큰 재앙을 불러온다. 국내적으로 4대강 개발같은 경우 홍수 조절과 녹조 현상 등으로 인한 생태계 파괴가 끊임없이 논란이 되고 있다. 자연이 하는 일과 인간이 하는 일이 구별되지 못한 때문이다.

윤태근이 쓴 《장자》에 보면 재미있는 이야기가 소개되어 있다.

"입춘과 우수 사이에 하늘이 할 일은 바람을 불게 하는 것이고, 사람이 할 일은 개똥을 줍는 것이라고 이야기한 노인이 있었다. 그 노인은 농사만 지었을 뿐 글자라고는 하나도 모르는 사람이었지만, 하늘의 구름빛을 보고 날씨를 알았고 밤하늘의 별을 보고 동서남북을 알았다. 물맛만으로 그 지방의 풍토를 알았고 산색만으로도 토질을 알았다. 나름 자연이 하는 일을 알았던 셈이다. 그런데도 그 노인은 농사를 짓는 것밖에는 아는 것이 없다고 말했다."

노인은 왜 입춘과 우수 사이에 바람이 부느냐고 물으니 땅속에서 쉬고 있던 뿌리의 잠을 깨우기 위해서라고 말한다. 왜 개똥을 주워야 하느냐고 물었다. "농사꾼에게 가장 귀한 것은 거름인데, 거름 중에 가장 좋은 것이 똥이다. 그런데 사람 똥은 너무 독해서 그대로 거름으로 쓸 수가 없고 썩혀야 하므로 3월은 되어야 쓸 수가 있다. 소똥은 풀만 먹어서 푸석푸석하다. 그런데 개는 성한 것도, 썩은 것도, 쉰 것도 먹으므로 못자리에 거름으로 쓰기에 아주 좋아서이다."라고 답한다.

이런 노인을 무식하다 할 수 있겠는가? 인간이 앎이란 것으로 자연이 해놓은 일들을 해석하기 시작했다. 그리고 신의 영역까지 접근해 간다고 하면서 신이 나 있다. 문제는 그 과정 속에 자연의 몫과 인간의 몫이 혼재되기 시작한 것이다. 물맛만으로 그 지역의 토질을 아는 노인은 이론적으로 물은 산소와 수소가 2 : 1의 비율로 만들어졌다는 것은 알지 못한다. 그저 그 물이 우주 만물을 성장하게 하고 때로는 뒤집어 엎는 것만 보았다. 때문에 겸손하다. 물을 분석하고 압력과 그 힘으로 증기기관을 돌리는 체험을 한 사람들은 물은 얼마든지 통제가능한 것으로 생각하기 시작했다. 여기서부터 우리 인간은 자연의 영역을 침범하기 시작했다. 그러나 실상 사림의 힘은 미력하다. 가뭄이 들어 지하수를 파고, 양수기 수백 대를 동원해서 물을 퍼 올려 저수지를 채워도 표도 나지 않는다. 그러나 자연은 소나기 30분이면 계곡을 다 채우고도 남는다.

노인에게 개똥이 더럽지 않느냐고 물었다. 노인은 대답한다. "나도 개똥은 더럽다. 그래서 손으로 집지 못하고 집게로 집는다. 그것은 내 마음에 똥은 더럽다는 마음이 있어서이다. 밥상에 음식은 깨끗하고 화장실에 똥오줌은 더럽다고 생각한다. 그러나 음식은 먹으면 똥이 되고 땅은 그 똥을 아무렇지도 않게 받아들이고 다시 음식의 재료가 된다."

노인의 눈에는 못자리에 거름으로 보인다. 똥으로 보이지 않는 것이다. 그런데 그 똥이 필요 없는 것이라고 치워버리는 것으로부터 문제가 생겨난다. 땅의 밥이 아닌 것이 없으며 땅의 똥이 아닌 것이 없다고 말한다. 이렇게 대답하는 노인이 무식한 것일까?

최근에 자연재해가 발생하면 자연재해냐 인재(人災)냐 하는 갈등이 표출된다. 이 경계를 무너뜨린 것이 원인이다. 인간이 어떻게 해볼 수 있을 것이라는 생각을 하고 있는 것이다. 모든 것을 예방 가능이란 관점으로만 접근하는 것은 또 다른 억지를 만들어 낼 수 있다. 임시방편으로 또는 전체를 보지 못하고 국소적인 대책을 양성한다. 그것에 대한 믿음이 더 큰 피해를 가져온다.

한 국가에서 쓰나미가 발생해 5천 명이 사망한 일이 있었다고 한다. 정부는 엄청난 예산을 들여 인공 방파제 공사를 했다. 몇 년 뒤 다시 지난번과 비슷한 규모의 쓰나미가 발생했다. 그런데 이번에는 사망자가 5만 명이 발생했다고 한다. 그 원인을 분석한 결과 방파제가 생기고 난 후 해변가의 좀 더 조망이 좋은 곳에 가까이 살고자 리조트와 위락시설이 난립했기 때문이라고 한다.

곤 임금이 제방을 쌓아서 물을 다스리려고 하다가 실패했지만, 우임금이 물의 흐름을 통제해서 치수에 성공했다는 이야기가 정확히 적용되는 사례이다. 우리 주변에 이런 일들이 벌어지고 있는지를 살펴야 한다. 최근 지하 주차장이나 지하차도 등이 집중 호우 시 침수되면서 많은 인명 사고가 발생했다. 지가 상승은 지하공간 개발에 대한 니즈를 커지게 한다. 보상 등의 이해관계도 쉽게 해결할 수 있고 토목기술의 발달로 공사가 쉬워진 면도 있다. 이러한 행위가 자칫 우나라의 곤 임금처럼 제방을 쌓은 행위가 되는지를 면밀히 살펴서 계획을 세우고 실행해야 한다.

ESH 업무를 왜 독립운동하듯 해야 하는가?

무엇을 일러 진인(眞人)이라 하는가?

《장자》〈대종사〉를 보면 진인의 조건에 대해 설명한다.

옛날의 진인은 적다고 해서 거절하지 않으며, 공을 이루어도 뽐내지 아니하며, 인위적으로 일을 도모하지 않았다고 한다. 그 같은 사람은 실패하여도 후회하지 아니하며, 일이 합당하게 이루어져도 우쭐거리지 않는 법이다. 그 같은 사람은 높은 데 올라가도 두려워 떨지 아니하고, 물 속에 들어가도 젖지 아니하며, 불 속에 들어가도 뜨겁지 아니하니, 이것은 지식이 도의 경지에 오름이 이와 같은 것이다.

옛날의 진인은 잠잘 때에는 꿈을 꾸지 않았고, 깨어 있을 때에는 근심이 없었으며, 먹을 때에는 달게 여기지 아니하였으며, 숨은 길고 길었다. 진인의 숨은 발뒤꿈치까지 미치는데, 보통 사람의 숨은 목구멍까지 미칠 뿐이다. 남에게 굴복하는 사람은 목메인 듯 아첨하는 말소리가 마치 토하는 것 같고, 욕망이 깊은 사람은 자연의 기틀이 얕다.

최근 안전보건관리 책임자, 안전관리자, 관리감독자 등 안전관리 업무 담당자들이 겪는 일선 현장에서의 고민은 불통(不通)이다. 안전은 누군가의 불안전한 행동에 대한 개입을 전제로 한다. 개입은 갈등을 초래하고 특히나 책임 문제가 따라온다. 처음에는 의욕을 가지고 접근했다가도 발생되는 각종 갈등과 충돌에 그 열정을 쉽게 포기하게 된다. 그럼에도 불구하고 불구하고 그 갈등을 견뎌낼 수 있는 힘이 약하다. 사실 일이 힘들다기보다는 그런 상황에서 지지해주는 사람이 없다는 것을 확인했을 때의 고립감이 더 크다. 지지는커녕 비난이나 감당할 수 없는 무언의 압박감까지 받아야 한다. "네가 책임지나?" "확실한가?" "이렇게 하면 사고 안 나는가?"처럼 험악한 주변의 분위기나 상사의 매정한 말 한마디를 신입이나 짧은 경력의 안전관계자가 견뎌내기란 쉽지 않다.

현업에 종사 중인 안전관리자를 만나면 사고예방을 위한 실무를 하기에도 바쁜데 동료나 상사의 동의를 구하는 일이 더 힘들고 지친다고 토로한다.

장자가 "밖의 사물에 굴복하는 자는 그 목에서 나오는 소리가 마치 토하는 것 같다."는 말이 참으로 실감된다. 안전관련 혹은 지침이나 매뉴얼상의 내용을 알지만 현실이라는 벽 앞에 굴복해야 하는 자의 심정이 오죽하겠는가? 그럼에도 불구하고 그 와중에 조금이라도 안전을 확보하기 위한 노력을 기울이고, 조금이라도 더 합의점을 찾아보려는 노력이 흡사 장자가 말하는 진인의 모습이다. 안전 업무는 거절하지도 못하고 우쭐댈 일도 없다. 물, 불 안 가리고 위험한 곳에도 들어가야 한다. 정말 진인에 모습에 가깝지 않은가? 그러나 이런 말이 무슨 안전 관계자들에게 위로가 되겠는가? 장자가 말하는 것처럼 진인은 잠잘 때 꿈꾸지 않고 깨어 있을 때 근심하지 않았다는 말에 따르면, 안전관리 책임자나 관리자는 천상 진인은 될 수 없겠다는 생각이 드니 씁쓸하다. 현실에서의 갈망이나 염원이 꿈으로 나타난다 하였다. 염원하는 것이 없는 상태이니 꿈을 꾸지도 않고 깨어있을 때도 근심이 없는 것이라면 안전관계자는 될 수 없는 직책임은 틀림없다.

그러나 스스로 진인의 모습을 가지겠다면 모를까, 그 누구도 누군가에게 진인처럼 되라고 요구할 수는 없다. 누군가에게 이순신 장군처럼 살라고 요구할 수는 없는 것이다. 그 모함을 받고, 최고 책임자란 왕은 그 혼란한 와중에도 시기와 질투로 신하를 투옥하는 그런 상황에서도 애국심을 가지고 충성을 다하라는 요구를 어떻게 할 수 있겠는가? 이런 점에서 누구도 안전관계자들에게 그러한 직무수행에 따른 어려움을 감내하라고 요구할 권리는 없다. 안전관계자가 안전업무를 수행하면서 용기까지 내어야 할 필요는 없어야 한다.

우리 사회에 도전하는 사람이 적다고 말한다. 그것은 그 결과를 우리 사회가 공동으로 감당해 주지 않기 때문이다. 마땅히 해야 할 일을 하는데, 왜 용기를 내어야 하고 진인에 가까운 모습으로 참아내고 견뎌내며 일을 해야 한단 말인가? 정상적인 상황에서 그 업무를 수행해 내기에도 버겁고 힘든 것이 안전관리다. 그런데 내부의 지지 없이 홀로 독립운동하듯이 업무를 수행하게 한다면 안전문화의 성장은 요원할 것이다.

제 속이 텅 빈 사람은 외부적 환경으로 자신의 행동을 결정해 버린다. 적당히 타협하는 것이다. 남들이 틀리다고 하면 틀렸다 하고, 설혹 틀렸어도 남들이 맞다고 하면 맞다고 해 버린다. 그런데 결국 그것이 잘못되었을 때 그 책임을 묻는다면 공동의 잘못을 누군가가 대신 희생양이 되는 것에 지나지 않는다. 욕심이 사람의 시야를 가리게 한다. 눈앞의 이익에 눈이 멀면 처자식도 팔지 않는가? 수만 명이 죽어가는 전쟁도 아무렇지도 않은 듯 일으킨다. 이럴진대 욕심을 갖지 말라고 하기 전에 욕심을 안 가져도 될 만한 최소한의 환경을 만들어 주어야 한다. 안전분야에 실력 있는 인재가 오게 하려면 열심히 주어진 일만 해도 되는 환경을 제공해야 한다. 부수적으로 인간관계도 능수능란해야 하고, 어떤 상황에서도 좌절하지 않고 자신의 원칙을 지켜낼 수 있고, 타부서의 협력도 잘 이끌어내는 수준의 역량을 갖추어야 한다고 안전업무 담당자에게만 요구할 이유는 없다. 이 업무가 그러한 역량을 요구한다면, 왜 이 분야만 그러해야 하는가? 사실 그 정도 역량을 갖추었다면 다른 분야에서는 임원급에 오를 수 있는 수준의 리더십이고 역량이다. 대학을 갓 졸업한 신입이 팀원도 없이, 기댈 임원도 없이 안전업무를 담당하고 있는데, 이런 사람에게 요구할 수준의 역량이 아니다. 안전담당자에게 용기를 요구하지 말아야 한다. 그저 당연한 일을 하게 해줘야 한다.

어떤 분야든 그 분야가 발전하려면 그 업무를 담당하는 사람들이 인정받고 보상받아야 한다. 그렇지 않다면 일에 발전을 기대하기는 어렵다. 전국에서 안전업무를 담당하는 사람들이 위험이란 것과 치열하게 싸우기에도 바쁘고 힘에 겨운데, 내부의 구성원들로부터 불거지는 스트레스까지 감내하면서 업무를 수행하게 해서는 안 될 것이다. 백 번 안전사고를 예방해도 표가 나지 않는다. 반면 한 번의 사고가 그간의 모든 노력을 수포로 돌리도록 해서는 안 된다. 오히려 유별스럽다 싶을 정도로 지지해주고 협조해도 조직의 특성상 기울어져 있는 운동장이다. 하물며 반대하고 폄훼한다면 어떻게 균형을 맞출 수 있겠는가?

안전양극화가 불평등에 미치는 영향은?

사물을 뜻대로 하기를 바라는 자는 성인이 아니며, 편애하여 친애함이 있으면 어진 사람이 아니며, 천시에 일부러 맞추려고 하면 현인이아니며, 이로움과 해로움을 하나로 여기지 않으면 군자가 아니며, 명예를 추구하여 자기를 잃어버리면 선비가 아니며, 자기 몸을 죽여 참된본성을 저버리면 남을 부리는 사람이 아니다.

코로나19로 인한 팬데믹 상황에서 양극화는 더더욱 가속화되었다. 세계부자 5명이 전체 지구 인구의 49%보다 더 많은 부를 차지하고 있다는 이야기는 이미 식상하다. 이런 경제적 취약이 의료, 보건, 교육 등에 그대로 확장된다. 당연히 양극화는 안전양극화로 귀결된다.

우리나라의 산업재해 현황을 분석해 보면 건설업과 제조업 비중이다른 나라에 비해 높다(우리나라 33%, 미국 15.2%, 영국 15.4%, 독일 25.8%, 일본

25.9%). 제조 건설업은 특성상 원하청 이중구조로 되어 있다. 50인 미만 기업에서 발생되는 산업재해가 전체 재해의 80%에 달한다. 50인 미만 소기업들은 대부분 대기업의 1, 2차 벤더 역할을 한다고 봐야 한다.

대기업은 시설이나 인원 혹은 자본을 가지고 있다. 특히나 최근 ESG 경영 등에 의해 기업에 대한 사회적 평판을 무시할 수 없게 되었다. 안전사고로 인한 기업 이미지 실추가 단순한 재해손실의 범주를 넘어선다. 당연히 대기업이 안전경영에 대한 관심이 높아졌고, 실제로 상당한 수준에서 정착되고 있다. 반면 기업이 가지는 원가 우위 전략의 마지막 단계에 위치한 중소기업들이 안전경영 등에 소요되는 비용적 부담을 안게 되어 있다. 이 지점에 바로 안전경영에 대한 고민이 있다. 반면 해답도 있다. 산업안전보건법과 중대재해 처벌법 등에서 협력업체 재해에 대해 원청도 책임을 공동으로 묻도록 하고 있다. 그러나 실효적이지 못하다. 현장에서는 협력업체 사고예방을 원청이 관여하는 것이 파견법 등 실정법에 저촉되는 부분이 있다. 경영 간섭이 될 수도 있고 또 한편에서는 협력업체의 자율적 안전경영 역량이 저하되는 문제도 발생한다.

경영에서 핵심은 전략이며, 전략은 결국 의사결정이다, 재무, 생산, 마케팅, 인사, 고객관리나 정보시스템 등 모든 경영의 부문들은 결국 최적의 의사결정을 하기 위한 구성요인들이다. 전략수립에 빠짐없이 등장하는 손자병법의 핵심은 '時, 速, 空' 즉 시간과 속도 그리고 공간이다. 배추 농사가 중요한 것이 아니라 "언제 배추를 출하할 것인가?"

가 중요하다. "어느 정도 속도로 배추를 재배할 것인가?"가 결정되어야 한다. "어디에서 재배하고 어디에 어떤 방법으로 팔 것인가?"는 공간의 문제이다. 시간을 나누고 장소와 사람을 나누고, 자원을 나누어야 한다. "이것을 어떻게 조합해 갈 것인가?"에 대한 문제가 전략이고 그 목표나 목적을 달성하기 위한 최적의 방법인 전략이 결국 경영이란 형태로 일어나는 것이다. 장자는 욕심이라 표현한다. 욕심이 결국 나누게 하고, 구분하게 하고, 치우침을 만들어 낸다. 산업구조가 원하청 구조로 나누어진 것도 분업의 효율성이란 측면에서 생겨난 것이다. 관리의 효율성을 추구하는 과정에서 나누게 되었고, 그 나눈 역할에 대한 권한을 나눠 가지게 된 것이다.

누군가와 친하고 그를 사랑한다면 누군가를 편애하는 것이다. "편애하거나 이로움과 해로움을 구별하는 자는 군자가 아니다."라고 말한다. 80% 이상 되는 영세 중소기업의 재해를 줄이지 않고서는 안전경영의 효과를 말할 수 없다. 그러려면 근로자를 편애하지 않아야 한다. 대기업이나 원청 근로자는 다치지 않아야 하고, 위험한 일은 중소기업이 감당해야 한다는 편애가 낳은 결과이기 때문이다. 고위험작업의 재하도급 금지라는 법적 규제를 하고 있다. 그러나 이러한 법이 존재한다는 것 자체가 이미 편애하고 있다는 증거다.

낮과 밤을 나눈 것은 인간이다. 자연은 그것을 구별하거나 나눈 적이 없다. 인간을 정규직이니 비정규직이니 하고 나누어서 신분으로 인식하는 것은 자연이 한 것이 아니다. 그렇게 하도록 시킨 적도 없다. 안전한 직장에 근무하는 것이 실력으로 둔갑하고, 공부 못하고 배경 없으면 사고 많은 직장에서 위험한 일을 하며 살아야 한다는 인식을 만들어 낸 것도 다 우리들이 한 것이다.

안전 관련 교육이나 컨설팅을 하러 가면 원청소속 근로자들은 과잉된 교육이나 안전 이벤트 때문에 권태로움이 도를 넘는 경우도 있다. 반면에 중소기업 근로자들은 법정교육 시간마저도 할애받기가 쉽지 않다. 열악한 환경에서 근무시간을 조금 할애해서 급하게 대충대충 진행하는 경우가 많다. 흡사 우리 지구촌에 누군가는 많이 먹어서 비만으로 죽고 누군가는 굶어죽는 것과 같다. 놀라운 사실은 비만으로 죽는 사람이 연간 350만이 넘는데, 빈곤으로 죽는 사람이 100만 정도라는 사실이다. 안전교육이나 안전환경마저도 양극화가 심화되고 있는 것이다. 대기업 교육을 갈 때마다 이야기한다. 어차피 실시하는 교육에 협력업체 관계자들을 참여시키라고. 많은 회사들이 동의하면서도 그렇게 하지 못하는 경우도 많다. 불필요한 비교치를 제공할 수 있다는 이유다. 식당이나 작업장에 웅크리고 앉거나 서서 안전교육을 받지 않아야 한다. 리더십 캠프처럼 멋진 곳에서 충분히 대접받으면서 교육받게 해줘야 한다. 그래야 그 교육을 소중히 여긴다. 그래야 그곳에서 강의하는 사람들도 준비를 하게 된다. 아무 곳에서나 하는 교육의 수준이 높아지기를 기대할 수 없다. 낮은 교육 수준으로 높은 수준의 성과를 기대할 수 없다.

이런 수준의 안전교육이나 시설을 중소기업들이 스스로 만들어 낼 수 없다. 그래서 무상교육 혹은 온라인 교육 등을 지원한다. 교육이 의지의 문제만이 아닌 환경의 문제임은 지금으로부터 2,500년 전에 '맹모삼천지교'에 의해 증명되었다. 한석봉의 모친이 한석봉을 집을 떠나 공부하게 한 것도, 수많은 사람들이 강남이나 명문학군에 거주하려 해서 그 지역 집값이 높아지는 것도 다 그 증거다.

장자의 말대로 안전경영에서 그 대상자를 편애하지 못하게 해야 한다. 이로움을 키우고 해로움을 줄여가고자 하는 안전경영마저 이로움과 해로움으로 편애하는 일이 생겨서도 안 된다. 중대재해가 발생하면 그 처벌을 도급인에게까지 확대하기 전에 사고예방을 위한 사전적 조치가 차별적이지 않아야 하는 것이 우선이다. 인간의 존엄에 차별이 없다면 그 존엄성을 지켜가는 행위에도 차별이 없어야 한다. 최소한 그 차별 없음을 지향해야 한다.

50인 미만 회사의 근로자를 호텔 교육장이나 연수원에 모셔놓고 안전경영과 안전문화에 대한 혹은 안전기술 발굴 및 사업화 전략 등에 대한 강의를 하는 날을 꿈꿔본다. 리더십이나 직무역량 향상교육을 연수원에서 한다면 안전교육을 그곳에서 못할 이유는 없다, 또한 그런 교육을 가장 재해가 많이 나는 규모나 업종의 근로자가 듣지 못할 이유도 없다.

이 주장에 대해 현실이라는 명분으로 무장된 많은 반대논리가 있는 줄 충분히 안다. 경쟁력을 확보하기 위해 더 좋은 환경에서 수준 높은 교육으로 차별성을 가져가는 것은 그것이 경쟁력이 되고 그것으로 우월적 지위나 혜택을 가질을 있기 때문이다. 자본주의 사회에서 살아가고 있으니 이런 것들은 인정한다고 치자. 그러나 사람이 다치거나 죽는 문제까지도 경쟁을 통해 우월성을 증명받는 영역으로 남겨둬야 속이 시원하겠는가? 그것만큼이라도 장자의 의견을 받아들이면 안 될까? 말로는 소외된 이들의 안전사고를 예방해야 한다고 하면서 말이다. 군자가 할 일이 아님을 넘어 비겁한 일이다.

제12장

새와 쥐의
리스크 매니지먼트는?

안전경영은 사법부의 몫인가, 기술자의 몫인가?
크고 화려한 꽃에 꿀이 없는 이유는?
드러내지 못하는 자의 특징은?
안전문화를 위해 장자가 제시하는 훈련방법은?
새와 쥐에게 배우는 리스크매니지먼트는?
멈춰선 물만 연못인가?

안전경영에서 어느 틈엔가 사법부가 담당하는 비중이 커지고 있다. 처벌이 강조되면 그 반발력도 따라서 커진다. 실무자 입장에서는 근원적인 사고예방보다 법리적 대응 역량이 더 급하고 중요해진다. '장자가 안전교육팀장이라면 어떻게 훈련프로그램을 작성할 것인가?' '쥐는 어떤 위기관리 능력을 보유하고 있을까?' 궁금하다. 화려한 꽃에 꿀이 없는 이유도 궁금해 진다. 드러내지 못한다는 것은 감춘다는 말이다. 문제는 위험이 감추어지는 것이다. 감추어진 위험은 찾아내기가 몇 곱절 더 어려워진다. '왜 감출까?'를 고민하기 전에 '무엇 때문에 감추게 되었는지?'를 생각해 보게 된다.

안전경영은 사법부의 몫인가,
기술자의 몫인가?

"그 하나라는 것으로 자연의 무리가 되고 하나가 아니라는 것으로 사람의 무리가 된다. 자연과 사람이 서로 다투지 않는다. 이런 사람을 진인이라고 한다."

한 고을에 어진 판관이 있었다. 시비를 잘 가려내야 명판관이 된다고 생각하는데, 이 판관은 시비를 가려서 판결을 내릴 줄을 몰랐다고 한다. 그래서 고을 사람들이 그를 가장 어리석은 판관이라고 흉을 보았다. 그래서 그 고을 사람들이 상의하여 옆 고을의 명판관을 불러오게 되었다. 새로 부임한 판관은 대쪽처럼 판결을 내렸다. 그러자 온 고을이 송사로 시끄러워져 매일 목이 잘려나가는 범인들로 쉴 날이 없었고, 날이 갈수록 털어서 먼지 안 날 사람이 없다는 공포감이 가득했다. 처음에는 이긴 자와 진 자가 분명해져 속이 시원하다고 떠들던 고을 사람들이 어느 날 누가 송사를 꾸며서 자기가 송사에 휘말리게 될지 공포에 시달리게 되었고 서로가 서로를 믿지 못하는 지경에 이르렀다. 그러자 고을 사람들은 자신들이 흉보고 내쫓았던 그 어진 판관이 옳다고 생각되었다. 찾아가서 물으니 하는 말이 "지금 판관은 인간을 벗으로 삼으니 모든 판결이 둘이 되어야 했을 뿐이오. 나는 오로지 산수를 벗 삼아 판결을 하다 보니 모두가 하나가 되어야 했던 것이오."라고 했다 한다.

장미꽃은 호박꽃을 무시하지 않으며 호박꽃은 장미꽃에 기죽지 않는다. 또는 꽃은 피라고 해서 피는 것이 아니다. 그저 필 때가 되었을 때 스스로 필 뿐이다. 바람에 날려가는 구름이 바람을 원망하지 않고 오히려 자신의 다리 역할을 해줌에 고마워한다. 이런 문장들이 무엇을 말하려는지 우리는 안다. 때로는 그런 문구를 통해 위안을 받기도 한다. 수칙 위반자와 수칙 준수자와의 구분에는 수칙 위반 후 지적되지 않은 자가 존재힌다. 정규직과 비정규직, 원청과 하청, 도급인과 수급인, 대기업과 중소기업이 동시에 만족하는 제도나 룰을 만들 수는 없다. 그렇다면 구별하고 구분짓고 그것을 통해 차별성을 확보하려는 식의 방법으로는 90점 이상을 맞기 어렵다. 품질관리 생산관리 혹은 경영관리는 90점을 맞아도 된다. 그러나 안전이란 부분은 성과를 조금 더 내느냐 덜 내느냐의 문제가 아니다. 조금 덜 죽고, 조금 더 약하게 다치는 것을 목표로 할 수는 없지 않은가?

규제와 처벌중심의 안전정책은 의도하는 것과 다르게 규제를 회피하려는 수준에서 방어적으로 진행될 수밖에 없을 것이다. 실재 거대 로펌에서 이런 컨설팅을 진행하고 있다. 로펌이 사고예방에 관심을 가지는 경우를 본 적이 없다. 사고가 발행한 후에 벌어지는 소송에도 거대 로펌은 관여하지 않았다. 그러나 최근에는 국내 거대 로펌이 이런 일들에 관여한다. 상당히 의미하는 바가 크다. 돈이 된다는 의미일 수도 있고, 그들이 참여해서 안전이란 영역이 고급스러운 법 기술의 영역으로 넘어가고 있다는 의미이기도 하다. 이럴 수도 있고 저럴 수도 있는 영역이 되면 본질이 가려질 것이다. 권력 또는 자금력 또는 막대한 인맥 등에 의해 그 처분 결과가 달라지기 시작할 것이다.

이러한 제도 전체를 부정하거나 없애자는 말을 하는 것이 아니다. 이러한 일련의 흐름과 변화를 알고 그로 인해 생겨날 또 다른 위험에 대비해야 한다는 것을 말하려는 것이다.

장자가 지적하는 대목이 바로 이것이다. 우리 사회에서 가장 인간의 지혜에 의존해야 하는 영역이 정치다. 그 이유는 사법적 판단이 가지는 폐해를 알기 때문이다. 그런데 그 정치가 사법에 자신들의 역할과 책임에 대한 판단을 넘겨주기 시작하면서부터 대화와 협상은 불필요한 일이 되어버렸다. 한 가지라도 더 증거를 확보해야 하기 때문에 실수를 유도하고, 불신을 전제로 모든 행위가 일어나기 시작했다. 이 점을 염려해야 한다. 기업에서도 구성원들 스스로의 주체적이고 자발적의 의식의 향상

없이 규제와 처벌 중심의 안전경영을 하지 않아야 한다.

상하가 따로 없어야 한다. 전후 그리고 내외, 중심과 외각이란 구별이 없어야 한다. 구별하고 싶겠지만 그것을 명확하게 구별할 수 없다. 기준을 어디에 두느냐에 따라 달라지는 것이어서 그렇다. 전후가 구별되는가? 서는 방향에 따라 달라진다. 그럴진대 그것을 구별하려 하면 시비에 휘말린다. 그러니 차라리 하나로 보려는 것이 더 쉬울지도 모른다. 근로자는 안전교육을 받는데, 최고 경영진은 왜 교육을 받지 않는가?

협력업체가 안전에 대해 조치할 것이 더 많은데, 그래서 위험에 대응하거나 혹은 그 위험을 감수하는 데 들어가는 비용이 더 많은데 왜 예산이나 인력 혹은 지원은 더 적은가? 거세다고 바람을 소송하지 않으며, 햇볕이 강하다고 사법부에 소송을 걸지 않는다. 그 바람이 혹은 햇볕에 의해 엄청난 재해가 엄연히 일어나고 있음에도 말이다. 행위의 주체가 특징되지 않아서 그렇다고 하겠지만 때문에 그 바람이나 햇볕의 유용함도 같이 가질 수 있는 것 아닐까?

크고 화려한 꽃에 꿀이 없는 이유는?

"샘이 마르면 물고기들이 땅 위에 남아서 서로 습기를 뿜어내며 서로 거품으로 적셔주지만, 강이나 호수에서 서로를 잊고 사느니만 못하다."

살 만큼 살다가 죽는 것은 자연의 이치다. 안전경영은 그러한 죽음이 근로라는 혹은 일이라고 하는 살고자 하는 행위과정에서 일어나지 않게 하겠다는 것이다.

샘 혹은 작은 연못에 살게 된 물고기가 있다. 사람들이 던져주는 먹이를 먹고 다른 물고기의 공격도 없이 평화로운 곳이다. 더러는 관광객들에게 귀여움 받을 수도 있다. 다들 평화롭지만 나름대로 열심히들 살아간다. 그런데 갑자기 물이 오염되거나 가뭄으로 말라가기 시작한다면, 또 이상 기후로 수온이 상승한다면 물고기들의 삶은 어떻게 될까?

장자는 그러한 상황을 비유하고 싶은 것 같다. 샘이 마르게 되면 물고기는 서로 몸을 부비면서 거품으로 몸을 적셔주게 될 것이다. 그 상황이라면 지금보다 불편하고 위험하고 먹이도 직접 구해야하는 만큼 수고롭겠지만 강이나 호수에 사는 것만 못할 것이 자명하다.

우리가 공기나 물의 소중함을 모르듯이, 물고기는 물의 소중함을 잘 모른다. 그렇게 때문에 우리는 공기를 오염시키고, 물을 더럽힌다. 자신을 제외한 외부의 모든 것을 환경이라 총칭한다. 우리는 자신에 대해서도 잘 모르지만 외부환경의 소중함을 곧잘 잊어버린다.

인간도 자연의 일부라면 자연이 가진 속성이나 성질에 맞춰서 살아갈 수밖에 없다. 아니, 그럴 때 가장 편하다. 그런데도 불구하고 자연을 훼손하거나 파괴한다. 그리고 그 속에서 영원히 살아갈 수 있다고 여기는 것은 얼마나 교만한 생각인가? 환경오염이나 파괴라는 말은 그저 지나가다 휴지를 버리는 수준 정도로 인식된다. 그러나 그 행위가 쌓이고 쌓여 결국 물고기가 살고 있는 물이 오염되거나 말라버리는 것과 같아진다고 생각하면 느낌이 달라질 것이다. 이것은 자연을 거역하는 행위이고, 자연을 거역하면 정해준 수명에 죽지 못한다. 이런 점에서 우리가 말하는 안전경영이란 자연을 거스르지 않는 행위라고 할 수 있다.

뿌리로 번식을 하는 꽃들은 꿀이 없다고 한다. 대신 크고 화려한 꽃을 피운다고 한다. 뿌리를 옮겨줄 손과 발이 필요하기 때문이라 한다. 반면에 작고 소담한 꽃일수록 꿀샘이 깊다고 한다. 벌과 나비를 불러들여 수정을 해야 번식할 수 있기 때문이라 한다. 이렇듯 주어진 환경에서 각자의 본성대로 살아가는 것이 자연이다. 이런 점에서 우리가 하는 환경관리는 매우 획일적이고 일방적이다. 앞에서도 언급했다. 습한 곳에 사람은 허리병이 나지만 미꾸라지는 그렇지 않다. 이 점에 주목해서 대상이 되는 사람에게 알맞은 환경과 상황을 고려하는 일이 필요하다.

드러내지 못하는 자의 특징은?

"작은 것을 큰 것 속에 잘 감추었다고 해도 역시 다른 데로 가지고 갈 데는 있다. 하지만 만약 온 세상을 온 세상에 감추면 가져갈 데란 없어진다. 이것이 만물의 커다란 진리이다."

에라스무스의 《우신예찬》에는 다음과 같은 구절이 있다. "사람들은 물동이는 현관에 두고 금은보화는 깊은 곳에 감춘다. 사람들은 어리석음을 감추려 든다. 어리석음이 귀중한 것이라는 명백한 증거다." 이 글은 "금은보화는 귀중하다고 생각해서 감추려 든다. 어리석음도 감추려고 드는 것 보니 귀중한 것이다."는 논리다. 재미있기도 하고 긍정할 수밖에 없기도 하다.

그런데 우리는 위험요인도 감추려 든다. 위험을 그대로 두면 점검 시 처벌받는 것은 두려워하면서도 사고가 발생할 것은 두렵지 않은 모양이다. 그래서 공공기관이나 상급기관에서 안전점검을 나오면 위험을 제거하거나 방어하는 데 물리적 시간이 부족하거나 비용이 수반되는 경우 감추려 든다. 장자는 무엇인가를 감추었었다고 해도 다른 곳으로 가져갈 데가 있다고 한다. 다시 말해 위험이 전가된다는 뜻이다. 실상 그렇다. 숨겨놓은 위험은 숨긴 사람은 피할 수 있을지 모르지만 그 사실을 모르는 사람에게 전가된다. 실제로 아차사고를 발굴하는 이유는 그 숨겨진 위험을 드러나게 하려는 것이다. 그렇지 않으면 누군가에게 적용될 수 있기 때문이다. 1:29:300이란 하인리히법칙에서 300번이란 횟수는 결국 숨겨진 위험이 보내는 신호인 셈이다.

필자는 이런 혜안을 가진 장자를 안전관리자로 임명해도 손색이 없다고 생각하는 것이다.

장자는 완벽하게 감추려면 세상을 송두리째 감추라고 말한다. 물 한 방울을 마르지 않게 하려면 그 물을 바다에 빠트리면 된다. 바다에 빠진 물방울은 감춰진다. 자연은 모든 것을 감추지 않고서도 밤이면 감추어 버린다. 하지만 낮이면 다시 드러나게 만든다. 이것이 자연의 방식이다. 이런 점에서 위험도 자연의 방식을 따라야 한다. 위험을 감추려면 완전하게 제거해야 한다. 아니면 온전히 드러나게 만들어야 한다. 그것이 자연의 방법이다.

위험성 평가에서 허용 불가위험에 대한 위험은 개선대책을 수립해야 한다. 개선대책을 수립하는 방법은 프로세스의 개념을 적용한다. 프로세스란 순서대로 해야 한다는 의미를 내포한다. 통상 1단계의 근원적 대책은 제거와 대체이다. 2단계는 공학적 대책으로 차단이나 분산 등이다. 3단계는 관리적 대책으로 교육이나 시스템 혹은 매뉴얼 제작 등이다. 4단계가 보호구 착용이다. 이 프로세스에는 장자가 말하는 세상을 송두리째 감추는 방식이 녹아있다. 완전히 제거하든지 대체해야 한다. 그렇지 않으면 노출시키고, 차단하거나 분산시켜야 한다. 이것은 위험을 드러나게 하는 일이다. 마지막으로 하는 것이 보호구 착용이다. 이것마저도 높은 곳에서 낙하물이 있다는 것을 드러나게 한 후의 행위이다. 그런데 이러한 위험요인의 평가 수준을 낮게 적용해서 허용가능한 위험으로 조정하기도 한다. 이것은 위험을 감추는 행위다.

장자의 말대로 보물을 감추면 반드시 도둑이 들게 되어 있다. 도둑질한 것은 근본적으로 감춰지려는 속성을 가진다. 여기서 감춘다는 것은 거짓말 한다는 것이다. 혹여라도 우리나리의 안전이 위험을 감추고 사고를 감추고, 법 위반을 감추는 능력으로 평가된다면, 그리고 그것을 발전이라고 말한다면 진정한 안전문화는 요원하다. 법이 엄한 나라일수록 감출 것이 많다. 감출 것이 많은 나라는 통상 독재국가이다. 독재는 나라를 훔친 것이고, 훔친 자는 또 다르게 훔치려는 자를 가장 경계한다. 그러니 법을 강제하는 것이다. 그러나 그 나라를 백성이 다시 훔치면 된다. 그러면 더 이상 감추지 않아도 된다. 감추지 않아도 되니 도둑질하지 않아도 된다. 도둑은 숨길 곳이 있어야 훔치기 때문이다. 위험은 감추지 말아야 한다. 대책을 세우지 못하더라도 드러나게 해야 한다. 그래야 도망을 가든지, 아니면 접근이라도 하지 않을 테니 그렇다. 숨기면 그 위험은 누군가에게 전가된다. 대안을 제시할 수 있는 자는 드러내지 못할 이유가 없다.

드러내지 못하는 자의 특징은?

안전문화를 위해 장자가
제시하는 훈련방법은?

殺生者(살생자) 不死(불사)하며 生生者(생생자) 不生(불생)

"삶을 죽이는 자에게 죽음이란 없다 삶을 살려고 하는 자에게 삶이
란 없다."

《장자》내편 〈대종사〉

남백자규가 여우(도를 터득한 사람의 이름)에게 물었다.

"당신의 나이는 상당히 많은데 안색은 마치 어린아이와 같은 것은
무엇 때문입니까?"

여우가 말했다.

"나는 도(道)를 들었다."

남백자규가 말했다.

"도(道)라는 것이 배워서 터득할 수 있는 것입니까?"

여우가 말했다.

"아! 어찌 배울 수 있겠는가. 3일이 지난 뒤에 천하를 잊어버렸고, 이미 천하를 잊어버리자, 내가 또 그를 지켜보니 7일이 지난 뒤에 모든 사물을 잊어버렸고, 이미 모든 사물을 잊어버리자 내가 또 그를 지켜보니 9일이 지난 뒤에 자기의 삶을 잊어버렸고 이미 삶을 잊어버린 이후에 아침 햇살과 같은 경지에 도달하였고, 아침 햇살과 같은 경지에 도달한 이후에는 홀로 우뚝 선 도를 볼 수 있었고, 홀로 우뚝 선 도를 본 뒤에는 시간의 흐름을 다 잊어버릴 수 있었고, 시간의 흐름을 잊은 이후에 죽지도 않고 살지도 않는 경지에 들어갈 수 있었다."

욕망에는 나를 위한 욕망이 있고, 남을 위한 욕망이 있다고 한다. 일명 이기적이냐 이타적이냐로 말하기도 한다. 여기서 삶을 죽인다는 것은 자신을 위한 욕망을 죽이고 남을 위한 욕망을 가지는 것이다. 삶을 살려고 하는 자, 즉 자신을 위한 욕망을 키우면 삶이 없으니 죽는다는 말이다.

현재 우리가 가지고 있는 재해 1위국이란 오명은 기술이나 자본, 혹은 시스템이나 제도의 문제라기보다는 과잉 경쟁과 성과 중심의 문화적 측면이 강하다. 결국 경쟁은 자신의 욕망을 더 중요하게 인식하는 속성이 있다. 가장 빠르게 성과에 도달하려면 치열한 경쟁이 가장 효과적일 수 있다는 말이기도 하다.

장자의 말은 한 마디로 "남을 살리려고 하면 죽음은 없다."가 된다.

한 마디로 '배려'다. 맹자가 말하는 물가에 놓인 아이를 보면 누구라도 안아서 위험을 벗어나게 하는 마음, 즉 측은지심(惻隱之心)이 생긴다. 공자가 말하는 이로움과 의로움이 충돌하면 의로움이 이루어진 후에 이로움을 취하라는 견리사의(見利思義)도 마찬가지다.

사망사고의 숫자는 부족한 배려의 숫자이기도 하다. 그런데 이러한 배려의 마음을 훈련하는 내용에 눈길이 간다. 자기계발에서 흔히 인용하는 습관 만들기 프로그램이 그 당시에도 적용되었다는 생각 때문이다. 바로 3일법칙, 7일법칙이 그것이다. 일반적으로 "3일을 반복하면 거부감이 사라지고, 7일을 반복하면 익숙해지고, 21일이 넘으면 장기기억에 저장된다."라는 것이다. 교육공학에 기반한 이 이론이 그 당시에도 적용되었다니 신기한 일이다. 7일이 되니 사물을 잊어버렸다고 한다. 사물은 소유욕을 발동하게 한다. 소유는 욕심이고 욕심은 편애를 낳는다. 소유욕은 공유가 아니다. 좋은 것은 가지려 하고 나쁜 것은 갖지 않으려 하는 이중성을 가진다. 9일째는 내 삶마저 잊어버렸다. 내 삶마저 잊어버리고 나니 도를 알 수 있었다고 말한다. 배려하지 못하는 것은 남을 해하려고 해서가 아니라 나의 소유를 우선하기 때문이다.

다소 장황스럽고 막연하게 생각될 수 있겠으나 안전문화의 완성단계를 보여주는 것이라 본다. 안전문화를 추진할 때 안전문화가 성숙되거나 선진화되는 것이 목표라고는 하지만 그 모습을 구체적으로 보여주지 못하는 것이 현실이다. 무엇이 선진이고 무엇이 성숙인가 말이다.

보이지 않는 것을 보이게 하는 것이 비전이다. 보이지 않는 것을 달성하기는 어렵거나 불가능하다. 누군가에 의해서라도 그 윤곽이 나와야 그것을 이루어 내는 것이다.

안전교육은 태도, 지식, 훈련의 3요소를 충족해야 한다. 그러나 우리나라 안전교육은 양적으로만 접근하려 한다. 최근 체험교육에 혜택을 주고 있기는 하지만 교육의 3요소를 구별해서 구체적으로 규정하지는 않는다. 당연히 접근하기 쉬운 태도나 지식 교육에 치중되는 경향이 있다. 안전습관 만들기가 이루어져야 한다. 월 2시간이란 규정도, 연 16시간이란 규정도 힘에 부치는데, 3일에서 21일까지 관리해 내는 것은 현실적으로 어렵다.

필자가 여러 회사에 '안전습관 만들기 21일프로그램'을 제안해 보았지만 채택되지 못하는 이유다. 교육을 실시한 후 그에 따른 행동을 팔로우업해 줄 필요가 있다. 인간은 들은 내용을 하루가 지나면 33.7%밖에 기억하지 못하고, 한 달이 지나면 21%만 기억한다는 예빙하우스의 망각곡선이 이론으로 소개되는 것은 의미가 없다. 학습(學習)은 배우고 익히는 것을 말하는데, 안전교육 프로그램에는 습(習)이 빠져 있다. 향후 안전교육에 습관 프로그램을 병행해서 진행하기를 바란다.

새와 쥐에게 배우는 리스크매니지먼트는?

"새는 높이 날아야 화살을 피하고 생쥐는 신단 밑에다 깊숙이 굴을 파야 연기에 그을리거나 파헤쳐지는 화를 면한다."

이 글은 장자가 공자 사상인 유가의 치도를 혹평하는 내용이다. 물론 유가에게도 수신(修身)하고 제가(齊家)하고 치국(治國)하라는 말이 있지만 그 수신이란 것마저도 따지고 보면 몸 밖의 것만을 앞세워 놓고 마음속을 제대로 하지 않으니, 그 치도란 것은 높이 나는 새만도 못하고 신단 밑의 생쥐만도 못한 것이다. 왜냐하면 먼저 스스로 올바르게 한 다음에야 세상을 다스리는 게 가능하기 때문이다.

그러니 "공자 말이나 따르는 것은 그 새나 생쥐만도 못 한거야."라고 꼬집는 내용이다.

그러나 이 글을 조금 더 다른 각도에서 접근해 보자. 사실 인문고전의 매력은 바로 이렇듯 상황에 따라 다르게 해석될 수 있다는 점이기도 하다.

"새는 날개를 가지고 있다. 살기 위해서 날아야 한다. 날아가야 먹이를 찾을 수도 있고 잡을 수 있기 때문이다. 반면 사냥꾼의 입장에서는 새가 날개가 없기를 바랄 것이다. 새의 입장에서는 사냥꾼이 돌을 던지더니 어느 순간 활을 쏘고 요즘은 총을 쏜다. 그때마다 나름의 매뉴얼을 만들어서 대응한다. 나뭇잎 뒤에 숨어도 보고, 지그재그로 날아도 본다. 간혹은 날아가다 급회전하는 기술을 연마하기도 할 것이다. 그러나 그 어떤 경우에도 사냥꾼의 눈에 보이지 않을 정도로 높이 날거나 화살이 날아오지 못할 만큼 높이 날아오르는 것만큼 안전한 것은 없다. 쥐도 마찬가지다. 신단에 차려놓은 정성스런 음식을 먹어치우는 쥐를 잡고자 고양이를 풀어 놓는다. 만약 쥐가 아무 곳에나 굴을 파서 숨어 있다면 고양이는 그 굴 입구만 지키고 서 있으면 언젠가 배가 고파서 나올 쥐를 쉽게 잡을 수 있다, 반대로 쥐는 쉽게 잡히고 만다.

쥐들도 나름 위험에 대응하고자 교육도 받고 시설도 설치할 것이다. 굴을 입구를 여러 개 만들어도 볼 것이다. 그렇다 하더라도 누군가 구멍 입구에 불을 피우면 도리 없이 나와야 하고 고양이에게 잡힐 것이다. 그러나 신단 밑에 굴을 파면 근본적으로 이런 위험에서 벗어날 수 있다. 신단에 불을 지를 일은 없을 것이기에 그렇다."

이 말은 위험 개선대책을 수립하는 근원적인 방법을 연구하는 일에 어떻게 접근해야 하는지에 대한 자세를 배우게 한다. 임시적이고 즉흥적인 대안은 오히려 위험을 키울 수도 있다. 경보시스템의 발달은 위험 발생의 근원적 제거보다는 위험을 알려주는 쪽에 더 집중하게 만든다. 문자 등으로 위험을 경고하지만 반복되면 오히려 둔감해진다. 자기 꾀에 자기가 넘어가는 경우다. 실상 사업장마다 수없이 부착해 놓은 위험 경고 표지판은 자신의 역할을 잃은 지 오래되었다. 부착되어야 할 정확한 곳에 부착되지 않은 위험 경고 표지판은 장식품에 불과하다. 이렇듯 표면적이고 임시적인 방법은 근본적 위험을 방치하게 만든다.

안전방호장치를 임의 해지하지 말라고 수없이 교육한다. 점검도 한다. 그러나 매년 방호장치 때문에 일어나는 사고는 수없이 반복된다. 방호장치를 해지하면 기계 기능이 자동 멈추게 하면 될 일이다. 안전공학에서 이야기하는 페일 세이프(Fail Safe) 개념을 생쥐는 본능적으로 채택해서 사용하고 있는 셈이다. 최근에 일어난 오송지하차도 침수 문제도 그렇다. 수위가 경고 수준으로 올라가면 경보가 울리는 것이 뿐만 아니라 진입 차단봉 같은 것이 자동으로 작동되도록 하면 된다. 이처럼 총을 쏠 줄도 모르니 하늘 높이 날아가는 새만도 못한 것이다.

보통 회사에서는 비상상황별 대응 매뉴얼을 작성하도록 하고 있다. 대응 매뉴얼을 검토해 보면 위기상황에 경보하고, 대피하고, 대응하는 방안이 적혀있다. 이 과정에서 놓치지 말아야 할 것은 바로 인간은 위기상황에서 이성적이지도, 합리적이지도 않다는 것이다. 휴먼에러가 당연한 존재한다는 사실을 간과한다. 위기상황을 대비해서 비상연락망을 붙여 놓으라 한다. 당연히 그래야 하지만 위기상황에서 그 비상연락망이 보일런지, 혹은 봐야겠다는 생각이 들지 또는 연락은 어떤 방법으로 할 것인지를 생각해 보자. 누군가 침착하고 차분하게 하나하나씩 대응할 것이라 생각한다면 너무 이상적이지 않은가?

우리 조직이나 시스템에 마련되어 있는 위험관리가 장자가 말하는 하늘을 높이 나는 새나 신전 밑에 굴을 판 쥐만도 못한지 확인해야 한다. 혹시 신전 앞뜰에 굴을 파서 물이 들어오지 않도록 치수를 하고 표지판을 붙이고, 안전수칙을 외우고 있는 쥐를 상상해 보자. 그것이 무슨 소용이겠는가? 그러나 신전 밑에 굴을 판다면 신전에 불을 지르지는 못할 것이고, 어느 순간 인간들은 "쥐도 먹고살아야지." 하면서 쥐의 생존을 인정해 줄지도 모르겠다.

멈춰선 물만 연못인가?

"소용돌이치는 깊은 물도 연못이요, 괴어 있는 깊은 물도 연못이며,
흘러가는 깊은 물도 연못이라."

《장자》〈응제왕〉

이 세상 만물은 변한다. 변하지 않는 것은 없다. 변하는 것은 익숙하지 않다. 익숙한 것은 편안하다. 편안함은 변하지 않으려 한다. 관성이다. 그러나 세상은 변한다. 그래서 변하지 않는 것만큼 위험한 것도 없다. 이것이 세상이다. 일을 한다는 것은 그 변함에 대응하는 것이다. 당연히 익숙함보다는 어색함을 동반한다. 어색함이 익숙해져갈 만하면 또다시 변해가고 그러면 또 어색해서 위험해진다. 이러한 순환 속에서 지금의 어색함이나 익숙함이 서로 구별해서 언쟁을 높이거나 다툴 일은 없다.

자연은 다투지 않는다. 아침에 해가 뜬다고 해서 새벽이 저항하는 것 봤는가? 어둠이 찾아온다고 해서 해가 지기 싫어 화를 내던가? 봄이 온다고 해서 추위가 시샘을 부리던가? 그저 인간들이 하는 말일 뿐이다. 그러나 인간은 그것을 가지고 불평하고 다툰다. 비가 오면 비가 온다고 불평하고 비가 안 오면 안 온다고 불평한다. 우산도 없고 걸어서 처마밑으로 숨을 수도 없는 꽃은 비를 그냥 맞으면서도 원망하거나 탓하지 않는다. 숲속에 가면 뱀도 있고 나비도 있다. 꽃도 있고 가시덤불도 있다. 우리는 이것을 구별하려고 하고, 뱀은 싫다고 죽이려 하고 가시덤불은 나뭇가지로 후려친다. 그러나 자연의 입장에서는 그것들을 구별하지 않는다. 다 하나이다. 뱀이 있을까 염려하여 조심하게 하고, 가시덤블이 있어 함부로 뛰지 못하게 하여 꽃을 보호한다.

안전문화의 가장 큰 걸림은 바로 이 구별이다. 무엇이 우선이고 무엇은 나중이라는 구별이다. 무엇은 비용이고 무엇은 성과라는 구별이다. 이러한 시비가 때로는 선이 되기도 하고 악이 되기도 한다. 그래서 그 갈등을 조정하고 이해시키는 데 조직의 에너지를 낭비한다. 이런 점에서 안전문화라고 명명하는 것조차도 구별이다. 아마도 장자라면 그것을 지적했을 듯하다. 품질문화니 고객만족문화니 하는 구분이 그 문화라는 것의 순위를 만들어 내는지도 모른다.

"소용돌이로 굽이치는 물도 연못이고 멈추어 괴어 있는 물도 연못이다."라는 말이 우리 조직에 적합한 말이겠다. 장자는 《장자》〈덕충부〉

편에서 사람이란 흐르는 물을 거울로 삼지 말고 멈춰 있는 물을 거울로 삼아야 하니, 오직 멈춰 있어야 모든 것을 멈춰 있게 할 수 있는 것이라고 했다. 그러면서도 흐르는 물도 연못이라고 말하는 것은 그것이 다 같은 하나라는 것을 말한다. 안전이 문화로 정착하려면 부서 간 직무 간 혹은 남녀노소, 대기업과 중소기업 간에 각자의 이해와 무관하게 서로를 인정하는 것부터 시작해야 한다. 다시 말해 구별되어 있는 것을 하나로 통합하는 것으로부터 시작해야 한다.

Epilogue

꽃샘추위기 매섭다. 화려한 꽃을 피우기 직전인 꽃망울들이 꽃샘 추위를 견뎌낼지 걱정이다. 꽃 한 송이가 피어나기까지도 추위라는 위험이 수반된다. 꽃이 피고나면 내리는 비와 바람도 위험이다. 더러는 누군가의 손에 의해 꺾여질지도 모른다. 어쩔 수 없는 것이라고 순응하면 안전은 흡사 발버둥처럼 보인다. 그러나 꽃도 그것을 대비해서 피어날 시간을 조절한다. 잎으로 바람을 막는다. 몸에 가시를 달아서 꺾이지 않으려 한다. 비가 내리면 꽃이 고개를 숙이기도 한다. 나름의 위험관리를 하는 것이다. 이런 이유에서 안전은 생존이고 생존에 대한 축적된 지혜는 자연이 훨씬 더 많이 가지고 있다. 이런 점에서 인문학은 안전을 이해하는 데 매우 유용하다.

책을 내기 위해 시작했다기보다는 평소 진행하던 강의를 기록하고 싶은 생각에서 시작한 일이었다. 시작이 반이라고 하지만 시작 한 지꼬박 1년이 걸렸다. 바쁘다는 이유로 몰입하지 못했다. ESH와 관련하여 ESG 경영이나 혹은 안전보건 관련 강의를 할 때 인문학을 접목해 보면 의외로 집중도나 반응이 좋다. 그동안 〈장자 안전을 말하다〉, 〈맹자 안전관리자 되자〉, 〈한비자에게 중처법을 묻는다〉, 〈호모데우스에게 경영을 묻다〉, 〈마이클 샌들에게 원칙을 배운다〉 등의 제목으로 꽤나 많은 수강자들을 만났다. 그중에서 맹자와 장자 이야기만을 기록으로 남겨본 것이다. 인문학을 전공한 사람이 아니다 보니 일천한 지식으로 혹시 이 분야에 권위자들에게 '누가 되지나 않을까?'하는 것이 가장 신경 쓰이는 부분이었다. 그러나 관념과 이론은 현실과 어우러질 때만 가치와 의미가 있다는 생각에 용기를 내기로 한 것이, 나름 결과물로 나오게 되어 기쁘다.

메타버스, 인공지능, ChatGPT가 세상을 뒤집을 듯한 기세다. 인류의 역사는 결국 자의든 타의든 변화라는 불확실성 속에서 생존을 위해 대응해온 과정이다. 어떻게 살아남을 것이냐의 문제였다면 그리 걱정할 일도 아니다. 우리는 최소한 살아남은 강력한 유전자를 품고 있는 호모사피엔스이기 때문이다. 다만 앞으로 생존하지 못할 무리들 속에 내가 속하지 않아야 한다는 소박한 절박함이 있을 뿐이다. 그러나 그 절박함은 너무나도 소리 없이 다가온다. 그래서 우리는 안전을 위해 살면서도 안전을 외면한 채 살아간다. 대형사고가 발생할 때마다 나와 내 가족이 그 속에 없었다는 것이 다행이고 위안일 뿐인지 모른다. 오늘도 교통사고, 자살, 산업재해 등으로 백여 명 가까운 사람이 사망하지만 세상은 관심이 없다. 어디 그뿐인가? 코로나19로 수백만 명이 목숨을 잃었지만 그저 그런 일이 생기지 않기를 바라는 수준 이상의 아무런 대책도 없다. 콘크리트처럼 굳어버린 무감각을 각성시키고 행동을 변화시키기 위해 교육이라는 행위가 오늘도 전국에서 실시되고 있다. 하지만 그러면서도 얼마나 무력한지를 실감하게 된다.

"책은 도끼여야 한다."고 주장한 사람처럼 ESH에 대한 교육과 강의도 도끼여야 한다. 과연 누가, 무엇으로 그 도끼의 역할을 해낼 것인가? 고민이다. 우리보다 2,500세 정도 나이도 많은, 그 누구도 부정할 수 없는 최고의 사상가인 맹자나 장자를 ESH 분야에 끌어들인 이유다. 그 정도의 권위가 있는 분들이라면 왠지 아무도 시비 걸거나 무시하지 않을 듯해서이다. 특히 맹자는 우리 유교 사상의 핵심에 있었고, 그분의 이야기로 500년 가깝게 살벌한 논쟁도 하지 않았던가? 당연히 익숙함도 있다. 또한 노자, 장자만큼 문화를 멋지게 설명할 사람이 누구겠는가? 그분들께는 죄송스러운 일이지만 말이다.

'다치느냐', '죽느냐'에 관계된 교육임에도 '재미있네', '강의 잘하네'로 반응하는 현실이다. 그러나 다르게, 끊임없이 시도해야 할 몫은 ESH 분야 경영책임자와 관계자, 교육담당자에게 있다. 그 시도 중에 작게나마 기억되길 욕심내 본다.

강사나 안전관계자에게 시비를 걸 수 있을지 몰라도, 맹자, 장자에게 시비를 걸 사람은 없을 것이다. ESH 관련 업무는 곧잘 시비에 휩싸

인다. "알고는 있지만, 당시 말이 맞지만, 현실은 어쩌고 어쩌고~~."
관계자들의 책임도 있다. 공감을 끌어내지 못한 것이다. 아니 이미 공
감하고 있던 것을 무관심하게 만든 것도 책임이라면 책임이다. ESH 분
야에 종사하는 사람들에게 이 책이 조금의 힌트라도 떠오르게 하면 좋
겠다. ESH 관계자들의 과중한 짐이 손톱만큼이라도 덜어지고 그 지친
마음이 위로받았으면 좋겠다.

2024년
꽃샘추위가 심한 날
연구실에서

참고문헌

《2023년도 산업재해현황분석》 (노동부)

《ESG 파이코노믹스》 (알렉스 에드먼스)

《노동안전분야의 마그나크르타 〈로벤스 보고서〉 분석》 (국회미래연구원)

《노자가 옳았다》 (도올 김용옥)

《노자를 읽고 장자에게 배운다》 (푸페이룽)

《소설 공자, 소설맹자》 (최인호)

《위험성평가 지침서》 (산업안전보건공단)

《장자 나를 깨우다》 (이석영)

《장자 노자 도에 딴지 걸기》 (강신주)

《장자. 학의 다리가 길다고 자르지 마라》 (윤재근)

《정의란 무엇인가》, 《공정하다는 착각》 (마이클 샌들)

《중대재해감축로드맵》 (고용노동부)

《중대재해 처벌법 및 안전보건관리체계구축 매뉴얼》 (산업안전보건공단)

《지식경영》 (피터드러커)

《표류하는 세계》 (스콧 갤러웨이)

《하버드 ESG 경영수업 자본주의 대전환》 (리베카 핸더슨)

《휴먼에러》 (제임스 리즌)

배귀희. (2007). 조직공정성과 조직시민행동에 관한 연구-조직신뢰 와 조 직몰입의 매개변수를 중심으로. 한국행정논집, 19(3), 473-500.

한덕웅. (2001). 한국의 유교문화에 관한 심리학 연구의 비판적 개관. 한국 심리학회지: 일반, 20(2), 449-479.

Adams, J. S. (1976). The structure and dynamics of behavior in organizational boundary roles. Handbook of industrial and organizational psychology, 1175, 1199.

Amabile, T. M. (1983). The social psychology of creativity: A componential conceptualization. Journal of personality and social psychology, 45(2), 357.

Amabile, T. M., Conti, R., Coon, H., Lazenby, J., & Herron, M. (1996). Assessing the work environment for creativity. Academy of management journal, 39(5), 1154-1184.

Ganesh, Catherine. *2005) Peraonality studies in aircrw: An overview. Ind. J. Aerospace Med. 49(1).